新时代江西改革发展智汇
首届省情研究特聘专家优秀成果选编

主　　编／罗勇兵
执行主编／汤水清
副 主 编／刘旭辉　姚　婷　刘忠林

图书在版编目（CIP）数据

新时代江西改革发展智汇：首届省情研究特聘专家优秀成果选编/罗勇兵主编. -- 南昌：江西人民出版社，2020.5

ISBN 978-7-210-12208-1

Ⅰ.①新… Ⅱ.①罗… Ⅲ.①区域经济发展—研究成果—汇编—江西 ②社会发展—研究成果—汇编—江西 Ⅳ.①F127.56

中国版本图书馆 CIP 数据核字（2020）第 055462 号

新时代江西改革发展智汇
首届省情研究特聘专家优秀成果选编

罗勇兵　主编

责任编辑：陈才艳
封面设计：上尚
出版发行：江西人民出版社
经　　销：各地新华书店
地　　址：江西省南昌市三经路 47 号附 1 号
编辑部电话：0791-88612505
发行部电话：0791-86898815
邮　　编：330006
网　　址：www.jxpph.com
E-mail：jxpph@tom.com　web@jxpph.com

2020 年 5 月第 1 版　2020 年 5 月第 1 次印刷
开　　本：787 毫米 × 1092 毫米　1/16
印　　张：17
字　　数：260 千
ISBN 978-7-210-12208-1
定　　价：58.00 元
赣版权登字—01—2020—130
版权所有　侵权必究
承　印　厂：南昌市红星印刷有限公司
赣人版图书凡属印刷、装订错误，请随时向承印厂调换

前　言

党的十八以来，习近平总书记就建设中国特色新型智库、建立健全决策咨询制度作出了一系列重要论述和指示，为建设中国特色新型智库提出了总体要求、指明了根本方向。2015年开年之初，中共中央办公厅、国务院办公厅印发了《关于加强中国特色新型智库建设的意见》，吹响了中国特色新型智库建设的号角。随后，我省积极跟进落实，出台了《关于加强江西特色新型智库建设的意见》。

江西省社会科学界联合会深刻领会中央关于建设中国特色新型智库重要精神的核心要义，认真落实省委关于新型智库建设的工作要求和决策部署，把新型智库建设作为一项重大而紧迫的任务抓实抓好，切实承担起新型智库建设的时代责任，担负起历史赋予的光荣使命。特别是，江西省社会科学界联合会抓住人才是第一资源这一关键，从智库人才队伍建设的现实需要出发，充分发挥自身"联"的优势，面向全省高校、科研院所、有关单位精心选聘了120名首届省情研究特聘专家。同时，通过多种有效方式激励和引导他们投身新时代江西改革发展的壮阔实践，将科研做在赣鄱大地上，把重点放在提高研究质量、推动内容创新上，积极为党和人民述学立论、建言献策。

从实际成效来看，各位省情研究特聘专家在全省新型智库建设中起到了积极的示范效应和带动作用。他们紧紧围绕省委、省政府的决策部署和战略需求，聚焦全省经济社会发展的重大理论和现实问题，推出了一批具有前瞻性、战略性和可操作性的研究成果。经统计，首届省情研究特聘专家聘期内共撰写应用对策研究报告231篇，获得副省级以上领导肯定性批示301人次，其中省委、省政府主要领导批示84人次，提出的政策建议得到有关部门的采纳和应用。

为便于让更多的社科工作者借鉴和参考，我们从这些优秀成果中选取了30篇，编辑成册、结集出版。全书按内容分为创新篇、协调篇、绿色篇、开放篇和共享篇,比较直观地展示了省情研究特聘专家以五大发展理念为指引开展应用对策研究的探索和实践。

凡是过往,皆为序章。今后,江西省社会科学界联合会将进一步团结带领全省社科界专家学者紧紧围绕中心、服务大局,深入开展省情调研,突出研究的战略性、前瞻性,提升成果的针对性、实用性,努力推动更多调研成果转化为政策举措、转化为推动全省经济社会发展的实际成效,为建设富裕美丽幸福现代化江西、描绘好新时代江西改革发展新画卷提供高质量的理论支撑和智力支持。

目 录

创新篇

01 破解"卡脖子"技术困境 推进稀土新材料产业高质量发展
.... 冯雪娇 等 / 003

02 江西加快打造"5G+VR"融合创新应用高地的思考与建议
.... 季凯文 等 / 021

03 学习江苏经验 高标准推进江西省"一站式"金融综合服务平台建设
.... 曾光 等 / 029

04 江西省加快打造VR产业"世界新名片"的政策建议
——世界VR产业大会后的"冷思考"
.... 陈运平 等 / 036

05 孕育独角兽企业 江西该如何破局
——北上杭深培育独角兽企业的主要做法及对江西省的建议
.... 熊花 / 042

06 江西省鼓励科技人员创新创业政策研究
.... 陈春林 等 / 050

07　江西省PPP项目资产证券化的思考与建议
　　……………………………………………………… 罗良清　许可　/ 060

协调篇

08　进一步提升南昌城市核心竞争力　加快构建大南昌都市圈
　　……………………………………………………… 彭峰　欧阳锦　/ 071

09　江西省推进乡村振兴战略的机遇、挑战与举措
　　……………………………………………… 江西农业大学课题组　/ 085

10　进一步理顺和优化赣江新区管理体制的建议
　　……………………………………………………… 熊小刚　彭贤鸿　/ 094

11　"稀土王国"的稀土困境和出路
　　………………………………………………………… 吴一丁　赖丹　/ 102

12　关于加快江西航空产业集群发展的思考
　　……………………………………………… 江西财经大学课题组　/ 110

13　当前农村土地整治工作面临的问题及建议
　　……………………………………………………………… 陈美球　等　/ 118

绿色篇

14　高铁时代江西经济新动能培育的"谋"与"思"
　　……………………………………………………………… 钟业喜　等　/ 125

15 加快江西省新旧动能转换亟须下大力气培育发展新型文化业态
.... 田延光 等 / 135

16 培育"康养胜地 健康江西"品牌 努力打造万亿康养产业
.... 彭峰 欧阳锦 / 144

17 旅游总收入突破万亿元后推动江西省旅游业提质增效的思考与建议
.... 梅国平 季凯文 / 158

18 推进江西省耕地重金属污染防控和修复工作的对策建议
.... 江西省农业科学院课题组 / 163

19 增强新时代质量意识 打造高效益农产品品牌
——关于江西农业提质增效的建议
.... 陈东有 等 / 169

20 江西省中药种植及加工产业发展对策研究
.... 李秀香 等 / 176

开放篇

21 中美贸易摩擦：江西的影响及应对选择
.... 江西省社会科学院课题组 / 185

22 粤港澳大湾区建设对周边地区经济社会发展的影响
——江西省的对接策略
.... 江西理工大学课题组 / 195

目录

23 新时代江西市县招商引资面临的难题及政策建议

　　……………………………………………… 中共江西省委党校课题组 / 203

24 江西营商法治环境存在的主要问题及对策建议

　　……………………………………………… 江西省社会科学院课题组 / 211

25 江西省"十佳营商环境县"的经验与启示

　　……………………………………………… 中共江西省委党校课题组 / 218

共享篇

26 打好"后三年、三年后"脱贫攻坚战必须转变几个理念

　　……………………………………………………………… 赵波　岳莉斯 / 227

27 赣南苏区全面小康建设的成效、差距与决胜之策

　　……………………………………………………………………… 彭道宾 / 233

28 完善产业脱贫长效机制　化解产业脱贫突出问题

　　——基于2019年贫困县退出专项评估引发的思考

　　…………………………………………………………… 杨头平　罗良清 / 241

29 以学科评估助推江西省高校跨越式发展

　　——全国第五轮学科评估形势分析及对策建议

　　……………………………………………………………… 王乔　汪金龙 / 247

30 加快乡村振兴　多管齐下推进江西农民持续增收

　　…………………………………………………………… 朱丽萌　雷怡琰 / 256

后记………………………………………………………………………… / 266

创新篇

—01—
破解"卡脖子"技术困境　推进稀土新材料产业高质量发展

冯雪娇　魏昌婷　邹慧　王曦

内容提要：稀土是重要的战略资源，目前世界各国都在稀土新材料领域宏观布局。江西省稀土资源储量丰富，稀土产业实力较强，在稀土开采、选矿及冶炼分离工艺技术等领域处于国际领先地位，但在高端稀土功能材料开发方面与世界先进水平存在差距，面临"卡脖子"技术难题依然存在、成果转移转化率偏低、科技创新支撑力度偏弱、科技合作水平偏低等问题。推动江西稀土新材料产业高质量发展，需强化政策引导，推进新材料高端应用；立足国家战略需求，努力攻克一批补短板技术；构建全产业链创新体系，强化稀土材料研究成果转化与技术应用；扩大高水平开放，开展协同创新、交叉综合性研究。

2019年5月20日，习近平总书记视察江西金力永磁科技股份有限公司时强调，稀土是重要的战略资源，也是不可再生资源。要加大科技创新工作力度，不断提高开发利用的技术水平，延伸产业链，提高附加值，加强项目环境保护，实现绿色发展、可持续发展。目前，江西省已建立了较完整的稀土工业体系，特别是在稀土开采、选矿及冶炼分离工艺技术等领域处于国际领先地位，但在高端稀土功能材料开发方面与世界先进水平尚存在一定差距。

一、全球稀土新材料产业发展格局

（一）稀土战略地位

稀土被誉为"万能之土"，广泛应用于军事、工业、农业等各个生产生活领域。

本文于2019年9月发表，获时任省委常委、常务副省长，副省长2位省领导肯定性批示。

稀土在工业领域被称为"工业味精""工业维生素",广泛应用于冶金、石油化工、玻璃陶瓷等领域,具有不可替代性;在生活中更是无处不在,手机、电脑、汽车等产品都需使用稀土材料。

稀土最大的特点是应用高端化,其最显著的功能是可以大幅度提高科技产品的质量和性能,是诸多高科技产品的润滑剂,被称为"军事的核心要素"。当前几乎所有高科技武器的核心部位都离不开稀土材料,如"爱国者"导弹之所以能精准拦截来袭导弹,得益于其制导系统中使用了大约4公斤的稀土永磁体,用于电子束聚焦。

稀土元素电子能级异常丰富,具有许多优异的光、电、磁、核等特性,能与其他材料组成性能各异、品种繁多的新型材料,起到点石成金的作用,因而被誉为"新材料之母"。稀土新材料种类繁多,主要包括稀土永磁材料、稀土发光材料、稀土贮氢材料、稀土催化剂材料、稀土陶瓷材料及其他稀土新材料。

(二)主要国家在稀土新材料领域宏观布局

1. 中国:重视稀土新材料开发和应用,产业结构向中高端化迈进

改革开放以来,中国凭借资源优势,稀土产业取得飞速发展,成为全球第一稀土生产大国。近20年来,中国稀土矿产量居世界首位,2018年达12万吨,全球占比63%。稀土冶炼分离产品产量2018年11.5万吨,占比78.8%。随着科技进步,高新技术对新材料的需求不断加大,2007年稀土冶炼分离产品下游领

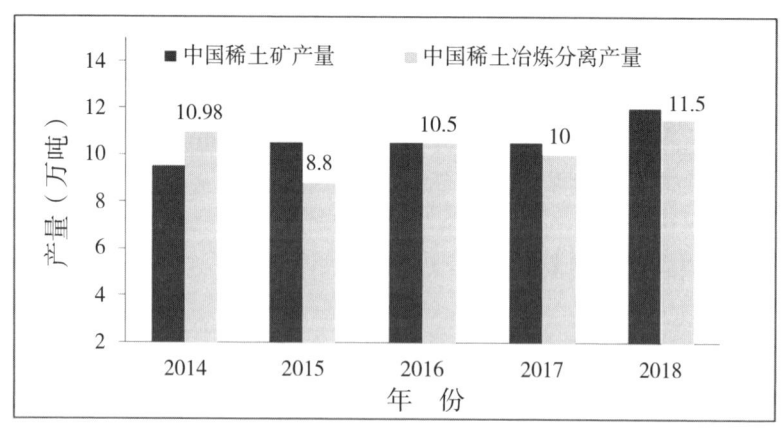

图1　2014—2018年国内稀土矿产量及稀土分离冶炼产量
（数据来源:中国稀土网）

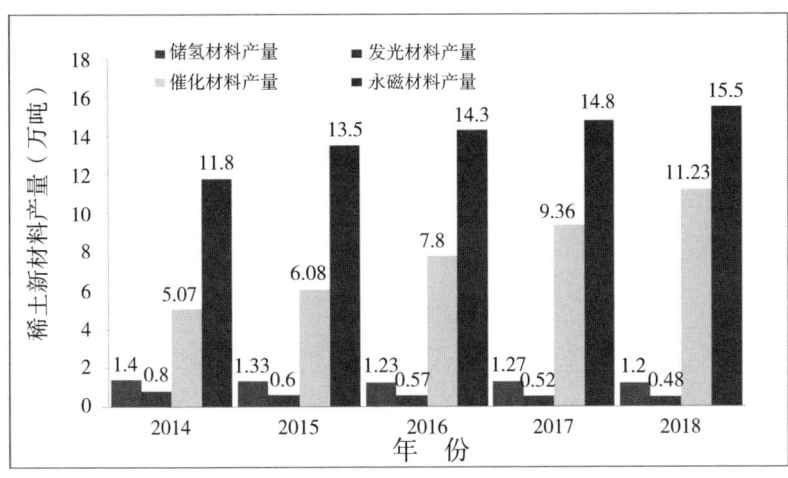

图 2　2014—2018 年中国稀土新材料产量
（资料来源：赛瑞研究）

域中，新材料消费占比约为 50%，2018 年稀土新材料领域消费占比稳定在 67%，新材料各类产品产量稳步攀升。从细分领域而言，稀土永磁材料、催化材料几乎占据了整个稀土新材料市场，尤其是稀土永磁材料产量占稀土新材料一半以上且呈现逐年增长的趋势；储氢材料和发光材料等其他新材料所占份额较小（如图 2 所示）。

目前，中国稀土的产业结构已经形成了稀土原料向深加工方向发展、稀土应用向高技术领域发展的良好趋势，在稀土新材料领域取得了一批具有自主知识产权的创新成果。据合享新创发布《全球稀土新材料产业专利分析报告》数据显示，2016 年中国稀土新材料专利申请量共计 35006 件，在全球位列第二，以涉及永磁、发光和催化材料技术分支的专利申请居多。排名前三的申请人为本土企业或科研院校，依次是中国石油化工股份有限公司、海洋王照明科技股份有限公司、浙江大学。

表 1　国内知名稀土新材料企业

企业名称	相关产品
北方稀土	稀土永磁材料、稀土抛光材料、稀土储氢材料、稀土发光材料、稀土催化材料
厦门钨业	稀土永磁材料、稀土储氢材料、稀土发光材料等
有研稀土	稀土发光材料、稀土催化材料、稀土永磁材料
南方稀土	稀土永磁材料、稀土发光材料等
广晟有色	稀土抛光材料、稀土永磁材料

续表：

企业名称	相关产品
盛和资源	稀土催化材料、稀土冶金材料
江钨浩运	稀土储氢材料、稀土永磁材料
中科三环	稀土永磁材料
宁波韵升	稀土永磁材料
金力永磁	稀土永磁材料
威孚力达	稀土催化材料
科恒股份	稀土发光材料

2. 日本：聚焦稀土高附加值应用，核心技术领跑全球

日本虽缺乏稀土资源，但一直致力于国际稀土进口替代国多元化，成为全球实现稀土附加值最高的国家。2000年以后稀土消费量一直保持在全球第二，2009年稀土消费大约29982吨。日本稀土用量最大的领域是永磁材料领域，其次为催化剂。从各领域产品产量变化趋势来看，近年来，日本在玻璃添加剂领域产品产量呈下降趋势，而在稀土催化剂、磁材料、储氢合金领域产品产量呈现上升趋势。

表2　2014—2017年日本各类稀土终端产品产量

终端产品	2014	2015	2016	2017
玻璃添加剂终端产品产量				
液晶显示器（亿台）	5.13	4.93	4.07	4.06
石英晶体振荡器（亿个）	25.72	29.24	27.92	30.58
汽车及火车用玻璃（万平方米）	1278	1256	1278	1370
数码相机（万部）	4277	3522	2385	2509
可互换相机镜头（万个）	—	2149	1905	1943
含稀土磁体终端产品产量				
混合动力电动车（万辆）	147.7	129.5	157.2	159.9
电动刹车系统（万个）	1054	1079	1511	2048
转向系统（亿个）	1.09	1.09	1.13	1.31
冰箱压缩机（万台）	2150	2000	2090	2190
空调（万台）	—	356	405	416
小型电机 <70W（亿台）	2.57	2.46	2.43	8.42
永磁电机 >70W（万台）	340	319	340	374

续表：

终端产品	2014	2015	2016	2017
含稀土催化剂产量				
催化剂产量（吨）	86184	87392	95125	92972
储氢材料终端产品产量				
金属镍氢化物电池（亿支）	3.58	3.65	4.26	4.46

（数据来源：根据稀土信息数据整理）

日本无论是专利申请总量，还是各技术分支的公开量，都位居各相关国家/地区的首位，具有较大优势。日本的专利申请中涉及永磁、发光和储氢材料技术分支的专利申请居多，而在稀土永磁材料领域专利占全球的一半以上。日本排名前三的申请人均为本土企业，依次为东芝、松下、日立金属。

3. 美国：重视战略协同合作，稀土技术地位领先

美国是世界上主要的稀土资源拥有国，也是20世纪全球最重要的稀土生产国，后出于对环境和资源保护的考虑，美国选择稀土生产境外化。当前，美国仍是重要的稀土资源加工国、进出口国和应用消费国。依赖于中国稀土产业的技术和成本优势，美国八成稀土进口来自中国。美国稀土应用的主要领域是石化和机动车尾气净化用催化剂，2018年该领域约占稀土应用量的60%，陶瓷及玻璃占15%，冶金及其合金、抛光各占10%。[1]

美国十分注重稀土技术开发，是全球最早出现稀土专利申请的国家，在1835年就出现了稀土专利申请，直到1960年，每年申请量都稳定在100件以内，1960年至2004年间，专利申请量逐年增长，在2004年达到了5252件。当前，美国在全球稀土新材料领域专利申请量排列第三，以发光、催化材料技术分支的专利申请居多。美国排名前三的申请人依次是通用、三星、东芝。

（三）国内主要省份在稀土新材料细分领域宏观布局

中国是稀土大国，多年来稀土的产量占全球的80%以上。目前，稀土资源总量的98%分布在内蒙古、江西、广东、四川、山东等地区，形成北、南、东、西的分布格局，并具有北轻南重的分布特点。随着我国科技革命和产业变革的不

---

[1] 王彦. 2018年美国稀土产业状况[J]. 稀土信息，2019（03）：26-27.

断深化，稀土新材料产业在国民经济和社会发展中的应用价值将进一步增强。根据国家发展规划，稀土新材料产业在"十三五"期间，构建稀土全产业链，改变数年来稀土散乱的状况，实现国际竞争力无疑是国家重要"蓝图"，而且，稀土新材料产业也要成为我国矿产资源领域整合的"样本"。

表3 六大稀土集团主要整合区域

六大集团	资源分布	组建完成时间
中国北方稀土集团	内蒙古、甘肃	2015.12.30
中国铝业公司	广西、江苏、山东、四川	2015.10.21
广东稀土集团	广东	2016.6.29
厦门钨业股份有限公司	福建	2015.12.29
中国五矿集团	湖南、云南、福建、广东	2016.12.27
中国南方稀土集团	江西、四川	2016.6.27

稀土永磁材料。目前，我国共有200多家企业从事钕铁硼永磁生产。浙江省的钕铁硼磁体生产发展较快，其产量占全国的47%左右，代表企业有横店东磁、杉杉股份、宁波韵升。江西从事永磁材料生产的主要有赣州东磁、金力永磁、江西粤磁等。

稀土发光材料。我国稀土发光材料企业主要集中于长三角和珠三角地区，其中广东、江苏、浙江、陕西四省合计占比80%以上。代表企业有陕西彩虹荧光材料有限公司（年生产能力1800吨，其中彩电粉1500吨，三基色粉300吨）、中国稀土控股有限公司（宜兴新城，年生产能力500吨，主要产品为三基色荧光粉和显示粉）、广东江门科恒实业有限公司（年生产能力300吨，主要产品为灯用三基色荧光粉和长余辉发光材料）等。

稀土催化材料。我国稀土催化材料企业主要分布在华北地区，占全国的51%，主要产地是内蒙古包头、山西太原等；其次华东地区以江西、浙江等地为主，占全国的22%；西南地区以四川为主，占全国的9%。在稀土催化材料下游应用市场中，汽车尾气净化及石油催化裂化的应用占比达90%。代表企业有中国石化催化剂有限公司、四川润和催化新材料股份有限公司、鸿达兴业股份有限公司、北京京运通科技股份有限公司、江西龙钇重稀土公司等。江西龙钇重稀土公司生产的系列稀土添加剂产品，占据国内大断面球墨铸铁专业市场80%。

稀土储氢材料。全球稀土储氢材料95%由我国和日本供应，我国储氢合金产量超过全球总产量的70%。目前我国拥有储氢合金生产企业十余家，在江西、广东、厦门、四川、内蒙古、甘肃等地均有分布。最大的储氢材料生产商为北京浩运金能科技有限公司，其次为北方稀土、厦门钨业，其他如金川科力远、四川和盛源、宁波申江、微山钢研、鞍山鑫普都有一定的储氢合金粉产能。

二、江西省发展稀土新材料产业的基础条件

（一）产业基础

1. 资源禀赋

我国稀土资源具有"北轻南重"的特点，江西省是我国离子型中重稀土矿第一大省，累计查明资源储量居全国第一。其中赣州已探明离子型稀土资源保有储量占全国离子型稀土矿储量的三分之一，离子型稀土占全国比重80%。截至2018年底，江西省保有稀土矿共计107.28万吨，其中赣州102.12万吨，占全省95.27%。江西稀土元素配分齐全，包含除人工合成的钷元素外的全部16种自然稀土元素。相比其他地方离子型稀土矿，赣州稀土拥有其他地区极少有的铽、镝、铒、镥、钇等高价值元素，且含量最高。

2. 产业实力较强

赣州稀土新材料及应用领域占全产业比重逐年提高。2018年占比达到37.51%，占全产业链的三分之一以上，已成为赣州市稀土产业最主要的营收及利润增长点，引领了稀土功能材料的新一轮转型升级。

一是产业链完整。江西稀土产业具有从稀土矿山开采、冶炼分离、金属及合金、材料加工、装备制造、地质勘探、工程设计、建筑施工、产品检测、科研教育到流通贸易的完整产业体系，可生产400多个品种1000多个规格的稀土产品，几乎覆盖了全部规格产品。

二是产业规模大。赣州中重稀土开采、冶炼分离生产总量控制计划均为全国第一，是全国乃至全世界最大的中重稀土产业基地。2018年，江西省稀土行业实现主营业务收入262.2亿元，约占全国40%，居全国第一，实现利润12.6亿元。其中，赣州稀土行业实现主营业务收入260亿元，利润10.8亿元，分别占全省比重99%、86%。2019年1—5月，江西省稀土行业实现主营业务收入93.2亿元，

同比增长9.7%，利润2.4亿元，同比增长46.9%，保持良好发展势头。

三是冶炼分离技术达到世界领先水平。资源开采方面，2007年开始由"搬山运动"彻底改为原地浸矿，资源利用率提高20%~45%，生产成本降低10%~28%，料液综合回收率达到80%~90%；冶炼分离方面，总回收率达93%以上，可实现元素全分离，有效解决了氨、氮环保指标居高不下问题；金属冶炼方面，能够生产出所有稀土金属，主要产品纯度达到99.999%。高端应用领域，江西理工大学建成全球首条磁浮空轨试验线，能很好适用于高寒、荒漠等非常规场合。总体来看，江西省在开采、分离、冶炼等上游环节及少数高端应用领域，技术领先，处于"领跑"，在全球具有绝对竞争力。

3. 部分稀土新材料技术并跑

2016年，江西省启动"中国稀金谷"建设，稀土新材料产业发展进入快车道。2016—2018年，赣州市稀土新材料占全产业比重分别为33.7%、35.8%、37.5%，产业结构不断优化。总体上，江西稀土新材料产业与内蒙古包头相当，弱于宁波、上海、厦门等发达地区，居全国前五之列。目前，全省稀土功能材料及应用产业主要生产稀土永磁材料、稀土发光材料、稀土陶瓷材料、稀土储氢材料、稀土催化材料等。部分稀土新材料技术并跑、部分高端应用跟跑。

稀土永磁材料。在产企业23家，钕铁硼合金及磁性材料年产能6万吨，次于浙江宁波位居全国第二（详见表4）。特别是金力永磁成功登陆创业板上市，行业综合排名进入全国前三。目前，在建产能2万吨（粤磁稀土10000吨、嘉园磁电6000吨、大华磁材4000吨），稀土永磁变焦马达年产能2500万台（信丰森阳），手机振动马达年产能4500万台（赣州东磁，2018年产量2245万台）。赣州近年又引进中科拓又达智能装备、中科三环年产5000吨高端稀土磁性材料等产业项目21个，总投资达147.4亿元。2018年，稀土磁材主营业务收入占赣州市稀土产业的三分之一以上。

表4 重点钕铁硼永磁材料企业情况

企业	产能（吨/年）	产量（吨）	主营产品
江西金力永磁科技股份有限公司	6000	4801	主营产品为钕铁硼，目前已批量供应50H、50SH、50UH、45EH、30AH（TH系列）等为代表的系列牌号的产品，产品种类齐全，稳定性强，综合品质及性价比较高，在行业中具有较强的竞争力

续表：

企业	产能（吨/年）	产量（吨）	主营产品
江西江钨稀有金属新材料有限公司	2000	1200	主营产品为粘接钕铁硼材料，年产2000吨高性能粘接钕铁硼磁体的加工能力
江西森阳科技股份有限公司	2000	1019	主营产品为钕铁硼，年产1200吨中高性能磁材毛坯的生产能力，具备年加工500吨磁材成品的加工能力，具备年产3600万台VCM变焦马达的制造能力
赣州鑫磊稀土新材料股份有限公司	2000	980	主营产品为高性能钕铁硼，专注新能源汽车驱动电机永磁材料。稀土金属、稀土磁性材料、发光材料、储氢材料的生产、加工、销售；单一稀土氧化物批发兼零售
赣州富尔特电子股份有限公司	1500	1003	主营产品为钕铁硼，生产的高性能稀土钕铁硼磁体规模为1000吨，可批量生产N35、N52、35M、50M、35H、48H、35SH、42SH、28UH、38UH、25EH、33EH等牌号
赣州嘉通新材料有限公司	1200	1020	公司产品主要有稀土合金、稀土永磁材料等产品。公司是江西省首家规模生产钕铁硼磁钢的民营企业。产品经过SGS质量安全检测，并出具合格证书，产品广泛应用于电机市场、电声领域、新能源汽车、电子器件、医疗设备、磁选设备等行业。年产2000吨钕铁硼
赣州诚正稀土新材料股份有限公司	1100	990	主营中高性能永磁产品的生产和加工，产品规格包括N52、N50M、N48H、N45SH、N40UH、N38EH等高性能钕铁硼永磁材料及器件，其被广泛用于风力发电、新能源汽车、无人机、电梯、空调等相关领域
江西荧光磁业有限公司	1500	1200	主营业务为稀土永磁材料的研发、生产和销售，目前具备年产3000吨烧结钕铁硼生产能力。产品具有"高矫顽力、高一致性、高热稳定性、高耐腐蚀性"等特点，主要被应用于汽车电机、曳引机、风力发电机、空气压缩机等高新技术领域
赣州市东磁稀土有限公司	1500	1300	主营产品为钕铁硼，生产的高性能稀土钕铁硼磁体规模为1000吨，以及通讯震动电机、高性能稀土永磁产品，分别销往中兴通讯、南京英华达、海尔、韩国LG、美国通用、湘电股份、韩国泰兴电机、德国包米勒、意大利、日本等国内外风电、汽车的知名企业

稀土陶瓷材料。主要企业有赣州虔东稀土、赣州晶环稀土新材料等。其中赣州虔东稀土年产3000吨钇锆结构陶瓷材料，高性能稀土复合结构陶瓷材料及制品等多个系列产品具有国际先进水平。

稀土储氢材料。现有江钨浩运科技和赣州虔东稀土两家生产企业。其中主要生产销售镍氢电池用储氢合金粉及钕铁硼磁性材料等新型高性能材料，年设计生产 5000 吨储氢合金粉，是国内最大的储氢合金粉企业之一。赣州虔东稀土年产储氢合金粉 1000 吨/年，是丰田普锐斯国内两家指定供货商之一。多次参与国际标准化组织稀土技术委员会（ISO/TC 298）开展的国际标准化制定工作。

稀土催化材料。主要有龙南龙钇重稀土材料有限公司、江西国瓷博晶新材料科技生产企业。其中龙南龙钇重稀土材料占据了国内大断面球墨铸铁专业市场的 80%，重稀土中间合金添加剂产品用户覆盖全国。江西国瓷博晶新材料科技年产铈锆固溶体 1000 吨，自主研发的核心产品铈锆储氧材料（OSC）和稀土改性氧化铝具有储氧量大、耐高温稳定性强等特点，可满足国六排放标准，在国产汽车尾气净化领域市场占有率较高。

稀土发光材料。由于三基色荧光灯粉基本被 LED 替代，目前江西省内仅有中国南方稀土集团旗下赣州中蓝新材料科技一家生产稀土发光材料企业，主要生产高端 LED 用黄色荧光粉、绿色荧光粉、黄绿色荧光粉、氮化物红色荧光粉体及其他各类荧光材料。

稀土轻量化材料。主要有龙南龙钇重稀土材料有限公司生产的稀土镁合金。已完成 10000 吨稀土镁合金锭、1000 吨镁合金棒材以及 1000 吨镁中间合金生产线建设，产品已销售至深圳、福建、湖南等地。

表 5　其他稀土功能材料情况

序号	名称	产能	重点企业
一、稀土功能材料			
1	发光	稀土金卤灯产能 1000 万支/年	龙南铨通
2	陶瓷	陶瓷刀具产能 1500 万把/年	赣州晶环、虔东稀土
3	催化	稀土催化材料产能 1000 吨/年	国瓷博晶
4	储氢	储氢合金粉产能 1000 吨/年	虔东稀土（丰田普锐斯国内两家指定供货商之一）
二、其他稀土材料			
5	高纯	超纯纳米级稀土产能 50 吨/年；稀土等有色金属高纯溅射靶材产能 10000 件/年	湛海工贸、睿宁高技术
6	合金	钇基重稀土合金添加剂产能 8000 吨/年；稀土镁、铝合金产能 20000 吨/年	龙南龙钇

（二）江西稀土新材料研发

1. 研发平台不断完善

一是筑牢产业阵地。"中国稀金谷"建设加快推进，基础设施不断完善，产业承接能力不断提升，被评为"国家新型工业化产业示范基地"；公共服务平台加快优化，成功引入国家钨与稀土检验检测中心、国家质谱科学与仪器国际联合研究中心、江西泰斯特新材料测试评价中心等一批专业检验检测平台。

二是强化创新支撑。稀金科创城建设加快推进，建成一批稀土领域重点实验室、工程技术研究中心，其中国家级创新平台3个，国家级产业创新基地5个，省部级创新平台8个，院士工作站4个。江西省稀土功能材料创新中心、中国稀金（赣州）新材料研究院、中科院海西研究院稀金新材料研发中心等科研平台正式投入运营。与中科院、中国钢研集团共建共享稀土领域研发平台。引进多名中科院百人计划A类人才、长江学者、澳大利亚两院院士、中国工程院外籍院士，柔性聘请一批稀土领域院士及专家团队开展研究。

2. 技术研发现状

利用WOS数据平台总计采集到江西省稀土新材料领域论文数据501条，数据采集于2018年8月1日，通过DDA分析软件以及人工筛选后得到210条有效数据，经数据分析，得到以下结论。

一是具备了一定研究基础。近年来，中共江西省委、江西省人民政府重视稀土新材料产业的发展，出台了《关于促进稀土新材料及应用产业发展若干政策措施的意见》等利好政策，从政策层面为行业发展提供支持。江西近年来在稀土新材料领域保持平稳增长趋势，2004—2018年累计发文210篇，在全国占比3%。

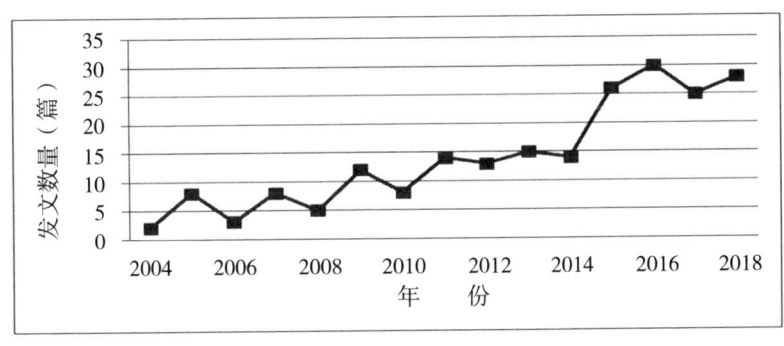

图3 2004—2018年江西在稀土新材料领域发文趋势

二是形成了发光、合金、催化等研究领域。江西省在稀土新材料领域的发文单位主要有南昌大学、江西理工大学、井冈山大学、南昌航空大学、江西师范大学、江西省科学院等,聚焦在发光、合金、催化等领域。江西理工大学以稀土技术打造的永磁磁浮轨道交通系统近来被广泛报道,展示出稀土在高新技术领域十分广阔的应用前景。

表6　江西主要发文单位及研究领域

发文单位	发文数量（篇）	研究领域
南昌大学	53	合金、发光、膜、催化
江西理工大学	45	合金、磁性、发光
井冈山大学	27	发光
南昌航空大学	18	发光、新能源、合金
江西师范大学	14	发光
江西省科学院	10	合金、机械性能
江西财经大学	9	发光、热性能
赣南师范大学	9	合金

三是具备了一定的研究团队。省内主要的新材料研究团队包括南昌大学材料成型及控制系闫洪教授团队,江西理工大学冶金与化学工程学院温和瑞教授团队,江西理工大学工程研究院汪航、杨斌团队,江西师范大学化学化工学院钟声亮教授团队,南昌航空大学测试与光电工程学院李清华教授等,江西省科学院陆磊、陆德平团队。这些团队在稀土合金、发光、磁性、储氢等领域作出了重要贡献。

表7　江西主要研究团队

研究团队	所在单位	研究方向
闫洪	南昌大学材料成型及控制系	合金、机械性能
温和瑞	江西理工大学冶金与化学工程学院	发光
陆磊、陆德平	江西省科学院应用物理研究所	合金、抗腐蚀
汪航、杨斌	江西理工大学工程研究院	导电性能、磁性能
钟声亮	江西师范大学化学化工学院	聚合物、发光
李清华	南昌航空大学测试与光电工程学院	新能源（太阳能电池）
蒋达国	井冈山大学	磁性能

四是建立了较为广泛的合作网络。省内主要的稀土新材研究机构与国内外众多知名机构建立了合作关系，与江西主要发文机构建立合作关系的包括澳大利亚维多利亚大学、釜山大学、天津大学、清华大学、中科院上海硅酸盐所、中科院物理研究所、中科院化学研究所等。

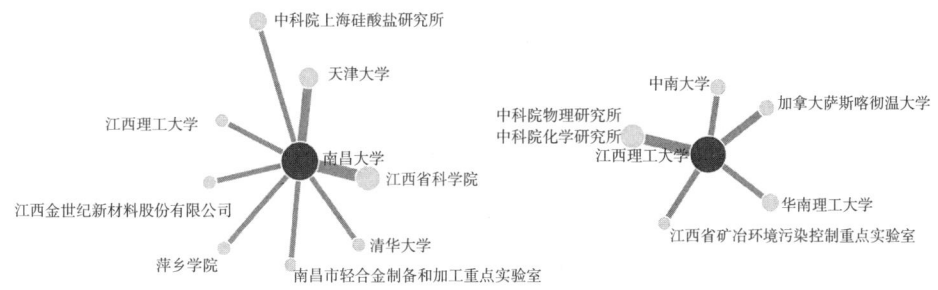

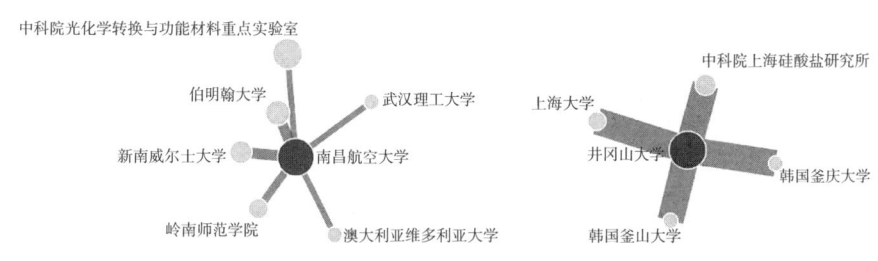

图4　江西主要四家发文机构开展合作情况
（仅显示合作论文两篇以上的合作机构）

三、江西省稀土新材料产业发展存在的主要问题

（一）"卡脖子"技术难题依然存在

一是高端材料领域基础研究欠缺。目前，由于江西省乃至全国稀土永磁等产品的关键材料和核心装备受制于人，导致产品低端化，难以完全支撑高精尖应用领域的发展需求。如何获得具有自主知识产权的高性能稀土新材料工程化制备及应用技术，是目前基础研究的重点。新型永磁材料在磁体一致性、抗腐蚀能力、表面处理、钕铁硼晶界扩散、热压磁环制备等方面技术与国际先进水平还存在差距，尤其是在提高烧结钕铁硼温度稳定性和添加碳、氟的技术手段，以及降低烧结时效承载钕铁硼产品成本等方面仍属于技术空白点。国六柴油车中脱销催化材

料专利壁垒。高端光电子芯片主要依赖进口，光通信与互联网等基础设施建设受到严重制约。

表8 突破封锁、重大战略需求的稀土新材料

重大需求	战略短板材料
新能源汽车	非晶电机用优异力学特性的低成本稀土永磁材料
	高容量稀土储氢材料
先进轨道交通装备	高矫顽力高稳定性稀土永磁材料
新一代电子信息技术	高稳定性稀土永磁材料
	稀土高纯靶材
	稀土发光材料
航空、航天装备	热压辐向永磁环
	加速度计用超低温度系数永磁材料
	陀螺仪用高磁能积高稳定热压多极永磁环
	超高使用温度稀土永磁材料、极端环境长寿命永磁材料
高档数控机床及智能机器人	耐高温稀土永磁材料
	高速电机用高性能钕铁硼材料
高端医疗设备	稀土闪烁晶体

二是缺乏稀土新材料综合研发平台。目前国家重点实验室仅有中国科学院长春应用化学研究所稀土资源利用国家重点实验室，江西省依托稀土集团，应用研究有国家离子型稀土资源高效开发利用工程技术中心，服务平台有国家钨与稀土检验检测中心，但没有材料方面综合科创研发的国家级平台。

三是高丰度稀土元素应用研究不足。随着稀土功能材料的规模生产和应用，以及国外需求量的迅速增加，导致了稀土元素需求不均衡问题。由于稀土是伴生矿，从而导致对镨、钕、铽、镝等资源紧缺元素需求量大幅增加，而铈、镧、钇等高丰度稀土元素大量积压，稀土资源的平衡利用矛盾突出。稀土矿产资源的消耗速度加快，也带来了资源浪费和环境保护问题。

（二）成果转移转化率偏低

一是成果转化数量不多。我国在稀土材料研究领域已拥有较多成果，多年来论文产出一直处于世界前列，但是我国稀土材料研究成果主要集中在国家科研机

构中，江西省稀土新材料的研究也是集中在江西理工大学、南昌大学等高等院校，科技成果转化效率较低，在稀土产业发展与转型方面仍然存在不足，主要有应用技术较少、成果转化数量不多、民用技术推广不足等。其次，2016年我国稀土新材料专利申请量在全球位列第二，但是转化不多，如烧结钕铁硼相关专利中，在"工艺改进""成分改进"和"微观结构改进"等领域的专利申请量均落后于日本。

二是终端应用推广速度缓慢。稀土永磁电机和稀土永磁传动装置具有高效、节能、节材等特点，在水泥、化工等高耗能行业应用前景广阔。同时，因其短小精薄且性能优异，稀土永磁产品应用于冰箱、空调可有效节能。然而，由于其价格高，企业采购意愿并不强，推广存在困难。消费者对永磁产品的功能性认识不足，对应用稀土永磁产品而产生的消费品售价上涨难以接受，这也在一定程度上阻碍了稀土中高端产品的应用。

（三）科技创新支撑力度偏弱

一是高端复合人才缺乏。当前我国缺乏稀土材料领域世界级的重大原创性成果和顶尖科学家研究团队。在稀土领域SCI论文中，2000—2018年发文量前十的作者中，中国只有2名，分别是同济大学闫冰和北京科技大学姜建壮。就SCI论文发表而言，我国具有代表性的科研人员仍然较少，江西省更少。国家稀土领域的院士有30余人、"千人计划"专家约70余人，但是没有一位稀土领域的院士、"千人计划"人才。同时，2016—2018年，江西省获国家科技奖励项目仅18项，而且牵头主持只有4项，其他均为参与（14项）。

二是科技支撑与稀土国家战略资源地位不匹配。2016—2018年，江西省科技厅安排计划项目4509项，下达省级科技专项资金18.84亿元，而稀土领域项目仅73项，经费不足2000万元；2017—2019年，江西省工信厅仅支持24户稀土企业，经费总额2537万元。2018年，江西省主营业务收入超过10亿元的工业企业数量为477户，其中，稀土领域的企业仅有6户，分别是晨光稀土集团有限公司（32.39亿元）、中国南方稀土集团有限公司（31.14亿元）、虔东稀土集团股份有限公司（27亿元）、五矿三德（赣州）稀土材料有限公司（16.69亿元）、江西荧光磁业有限公司（15.22亿元）、江西金力永磁科技股份有限公司（12.74亿元）。

（四）科技合作水平偏低

我国稀土材料领域学术研究的国际合作相对较弱，国内合作研究也较少，且大多集中在本地相关科研机构之中。江西省这一问题更为突出，虽然近年来，江西省科学院、江西理工大学等单位与中科院、省外高校合作增多，但合作深度不够；同时，与全球排名前十的发文机构合作甚少，与国内知名机构间的合作亦亟待加强。

四、推进江西省稀土新材料产业高质量发展的着力点

江西虽然具有以铽、镝为代表的中重稀土资源以及全国领先的稀土全产业链，但在稀土新材料产业存在"卡脖子"技术难题，限制其高值化发展。要破解"卡脖子"技术困境，实现稀土新材料在磁动力、储氢、照明与显示、信息与通信、医疗诊断等重大战略领域应用的突破，需要从以下几方面着力。

（一）强化政策引导，推进新材料高端应用

一是争取国家政策支持。大力争取国家出台支持稀土产业高质量发展的政策，抓住编制国家中长期科学和技术发展规划（2021—2035年）、"十四五"发展规划的有利时机，着力推动将稀土新材料的研发应用纳入国家制造业、新材料战略布局。

二是优化顶层设计。在政策层面，立足稀土产业高质量发展，进一步优化完善稀土产业发展政策体系，由省发改委、省工信厅、省科技厅联合出台稀土产业、稀土高层次人才专项政策，重点支持新材料应用，引导龙头企业开展海内外资本扩张、资源整合和并购重组，推进资产、资源、人才、市场向龙头企业集聚。在产业层面，省市县联动，共同建立稀土产业发展引导资金，发挥龙头企业示范引领作用，带动关联协作企业项目建设，推动产业上下游合作。

三是出台保障核心技术攻关的改革举措和激励政策。改革重大科技项目立项和组织实施机制，设立稀土新材料研发及高端应用"卡脖子"技术突破"悬赏制"项目；探索开展"卡脖子"技术相关项目经费使用"包干制"改革试点，强化高校主体责任和科研人员主体地位，在充分信任基础上赋予更大的人财物支配权，避免科研人员在项目申报过程中耗费大量精力，使科研人员潜心向学、创新突破。鼓励金融机构创新符合稀土新材料发展特点的信贷产品和服务，合理加大绿色信贷支持力度，支持符合条件的稀土新材料企业上市融资、发行绿色债券。

（二）立足国家战略需求，努力攻克一批补短板技术

一是全力争创国家级创新平台。依托中科院在人才、技术等方面的优势，打

破现有格局,将现有的分散体系整合为国家级创新体系,共建稀土研究院,积极争取组建稀土科技与材料国家实验室,着力攻克关键共性核心技术,如攻克高温磁体的使用温度超过600℃,满足国防军工和特殊环境应用的工业机器人需求;攻克高性能稀土永磁材料,使机器人真正走入家庭,成为新兴产业,力争2025年开发出一批具有原始知识产权的新型高性能稀土功能材料,并获得应用。积极组建专利联盟,必要时鼓励企业收购国外核心专利,抬高稀土产品的技术门槛,提升国际技术话语权。

二是突破高性能稀土新材料关键技术。孵化和培育一批创新型稀土新材料开发和应用高技术企业,加强稀土高频、磁传感、激光晶体、闪烁晶体等新一代稀土复合材料基础研究,以促进电子、航空、国防等战略领域发展。探索新型的稀土永磁材料,研发性价比更高的稀土永磁体;开发特殊用途的高工作温度、超高矫顽力磁体,扩大应用领域;开发热挤压变形和近终成型技术,开发高性能磁环。

三是突破高丰度稀土元素在新材料中的应用工程化技术。重点开发高丰度镧、铈、钇的应用技术,拓展新的应用领域,解决稀土应用不均衡问题,同时提高稀土的应用价值,实现宝贵稀土资源高效清洁、循环利用。大力发展混合动力汽车。镍氢动力电池产品中使用的是价值较低的镧、铈,比例高达94%,在发展镍氢动力电池的同时,大力发展无错、钕储氢材料,实现高丰度元素的平衡应用。优先发展规模储能低成本、长寿命合金储氢,规模储运用固态/高压混合储氢和高容量轻质储氢等项目。

(三)构建全产业链创新体系,强化稀土材料研究成果转化与技术应用

一是进一步构建稀土研究成果转移转化机制与模式。加强与稀土行业协会学会、稀土材料龙头企业的深入合作,组建军民融合的科技成果转移转化平台。由低成本资源和要素投入驱动,转向扩大新技术、新产品的创新驱动转变,逐步补足我国稀土材料高精尖领域的研发"短板",加强在军事装备、航空航天、新能源、机器人、医疗装备等领域的攻关。

二是建立协同创新平台。完善产学研用一体化,推进高校、科研院所、企业等深度合作,探索政府和龙头企业共同出资,或由企业联合高校院所单独设立协同创新平台,加快发挥中国稀金(赣州)新材料研究院、中科院海西研究院稀金新材料研发中心、中科院宁波材料所以及江西省稀土功能材料创新中心等科研平台创新作用,畅通市场与研发的两端对接,加快创新成果产业化,不断提升产业

协同创新能力。

三是制定稀土应用产品国家标准。围绕稀土永磁、发光等产品不同的应用领域，制定分行业国家标准。充分发挥优势企业、研究机构和中介组织的作用，鼓励联合开展标准研制。鼓励领军企业、优势企业参与国际标准的制定，促进标准走出去，提升我国稀土产业标准的影响力，实现国内标准与国际标准的衔接。

（四）扩大高水平开放，开展协同创新、交叉综合性研究

一是加大世界级人才与团队的引育力度。对于外省来赣稀土新材料领域高层次人才，放宽评审条件，简化评审程序，多采取"一事一议""特事特办"方式，妥善解决好职称层级对接问题，对成绩突出的稀土新材料领域博士和博士后，不受工作年限资历限制，可直接申报正高职称。加强与中国科学院、中国工程院、中国钢研院、北京有色研究总院等科研院所、高校联合培养高水平专业人才。支持江西理工大学材料科学与工程和机电控制类学科博士点申报建设，适度增加稀土新材料相关专业博士和硕士人才培养计划的名额。设立专门的人才项目、资助措施、管理机制等，选准队伍、稳定支持、减少考核，促进稀土材料领域世界一流人才和团队的培养。

二是加快产业招大引强。实施招大引强工程，突出"大企业引领、大项目带动"，紧紧围绕打造"中国稀金谷"世界级产业集群地，大力引进终端应用和研发企业，扩大以稀土功能材料和器件为主的应用产业规模。实施延链补链强链工程，重点推进稀土磁性材料 LED 显示器件、稀土催化材料工业窑炉脱销功能器件、稀土合金材料汽车及航空航天零部件等稀土深加工及应用产业一体化发展，推动产业加快向下游两端延伸。

作者：

冯雪娇　江西省科学院科技战略研究所副所长、副研究员，江西省首届省情研究特约研究员

魏昌婷　江西省科学院科技战略研究所助理研究员

邹　慧　江西省科学院科技战略研究所所长、研究员，江西省首届省情研究特约研究员

王　曦　江西省科学院科技战略研究所硕士研究生

─ *02* ─

江西加快打造"5G+VR"融合创新应用高地的思考与建议

季凯文　谭敏　陈熹

内容提要：5G 时代下，VR 将成为 5G 率先成熟的应用场景，5G 将成为 VR 赖以依存的通信技术。江西具有良好的 VR 产业基础以及"5G+VR"的先发优势，但也面临基础网络、技术融合、行业应用、资金人才等因素制约。建议江西加快 5G 基础网络建设，推进 5G 与 VR 技术融合，构建全方位、多领域的应用体系，强化政策、资金、平台和人才保障，努力打造"5G+VR"融合创新应用高地。

随着 5G 标准的落地及商用步伐的加快，5G 技术正在向各行各业融合渗透，并将引发一场深刻的社会变革。借助 5G 技术的持续赋能，VR 设备的数据传输速度、画面显示效果得到显著提升，VR 产业迎来重大变革和商业机遇。依托江西良好的 VR 产业基础和丰富的应用场景，抢抓"5G+VR"的先发优势，加快 5G 与 VR 的深度融合，构建"5G+VR"融合发展生态圈，打造 5G 与 VR 融合创新应用的"江西高地"，对于持续扩大 VR 产业的知名度和影响力，率先构建 5G 产业链、业务链、创新链，努力实现在加快革命老区高质量发展上作示范、在推动中部地区崛起上勇争先具有十分重要的意义。

一、5G 时代下 VR 产业发展面临的重大变革和机遇

作为 5G 的重要应用场景，随着 5G 商用步伐的逐步加快，VR 将成为 5G 率先成熟的应用场景，而 5G 将成为 VR 赖以依存的通信技术。

本文于 2019 年 7 月发表，获时任省委常委、常务副省长，省人大常委会副主任，副省长等 3 位省领导肯定性批示。

（一）5G 技术将推动 VR 产业发生重大变革

与 4G 网络相比，5G 网络具有高速率、大容量、低延时等特性，其数据下载的峰值速度可高达 20GB/s，而且传输的延迟不超过 1 毫秒。目前，VR 硬件设备大多承载在 4G 网络之上，普遍存在体积过大、质量过重、眩晕感严重等问题。而 5G 全新的网络架构、数十倍于 4G 的峰值速率、毫秒级的传输延时和亿万级的连接能力，将大幅提升 VR 的用户体验，有效解决 VR 技术面临的瓶颈制约。

首先，5G 将实现 VR 硬件从笨重到轻巧的改变。5G 所带来的计算上云不仅能大幅度提升 VR 设备的算力，同时也将极大节省本地存储，降低对计算的硬件要求，从而减少 AR 设备的体积和重量。

其次，5G 将显著提升 VR 设备的交互性与沉浸感。VR 设备与 5G 技术结合后，数据处理速度将大幅提升，网络延时将显著降低，用户体验与沉浸感将大大改善。

另外，5G 时代下 VR 的内容将更加丰富。借助 5G 超高速网络，VR 内容的生产门槛将显著降低，其数量将迎来爆炸式增长，并且将突破以往的限制，朝着立体多维、多向互动的方向发展。

（二）5G 的发展将为 VR 产业带来巨大的商业机遇

近年来，国内外对 VR 的投资在经历了一段时间的资本狂热后，逐渐趋于冷静和理性。2016 年全球 VR 领域的投资增长率高达 236.2%，而 2017 年、2018 年增长率分别下降至 32.8% 和 22.5%；国内也出现了同样的资本遇冷情况，2016 年 VR 领域的投资增长率为 128.4%，而 2017 年、2018 年增长率分别为 15.2% 和 38.9%。随着 5G 商用化步伐的加快，特别是 2019 年 6 月工信部 5G 商用牌照的正式发放，VR 产业将迎来重大利好。

VR 设备与 5G 技术结合，满足了实时观看超高清 VR 内容和实现顺畅人机交互体验的需要，整个 VR 行业将迎来新一轮爆发。根据华为发布的《5G 时代十大应用场景白皮书》，VR 是 5G 时代最值得期待的应用场景之一，到 2025 年全球 VR 市场规模将达到 1410 亿美元。艾瑞咨询发布的 VR 行业报告指出，5G 商用化普及速度将直接影响 VR 市场的增长速度，2019—2021 年，国内 VR 市场规模将从 230.4 亿元增加至 790.2 亿元。

（三）"5G+VR" 将成为 VR 产业发展的热点趋势

从运营商业务范围看，中国电信将 VR 作为智慧家庭方向上的重点产品，并与华为、视博云、Intel 等共同打造"5G+VR"生态闭环;中国联通发布了"5G+视频"推进计划,并将 VR 作为 5G 的重点创新业务,以 VR 为代表的 5G 网络超高清视频应用将构成"5G+ 视频"战略的核心;中国移动将"5G+VR"作为重要业务方向,已经在乌镇世界互联网大会等多地展示了"5G+VR"业务。

从企业媒体应用看,华为依托 5G、Cloud VR 等技术优势,大力推动"5G+Cloud VR";科技娱乐公司 Luci 携手 Nokia、Intel 联合推出基于"5G+VR"技术的新一代智慧展馆解决方案;中央电视台及地方新闻媒体通过"5G+VR"技术,实现了对两会、春晚及大型赛事的全景互动直播。

从各地布局发展看,福州、青岛、成都、长沙、合肥等地聚焦 5G 与 VR 的融合创新,探索开展"5G+VR"商业化应用示范,致力打造"5G+VR"应用创新高地。

二、江西推动"5G+VR"融合发展的优势条件及制约因素

(一)优势条件

总的来看,江西在新一代移动通信网和物联网建设、"03 专项"以及 5G 试点示范、VR 产业品牌塑造、"5G+VR"重大平台建设及行业应用等方面具备一定优势,为推动"5G+VR"融合发展奠定了坚实基础。

一是新一代移动通信网和物联网建设全面铺开。一方面,江西 4G 网络建设实现了城区、县城、乡镇、行政村和旅游景区、交通干线的全覆盖,由于 5G 网络建设初期主要采取与 4G 网络共站的形式部署,全面覆盖的 4G 网络将为江西 5G 网络的部署提供重要支撑。与此同时,全省 5G 试验网和 5G 基站建设正迅速铺开,特别是南昌 5G 基站已达近百个,鹰潭 5G 基站超过 50 个。另一方面,江西共部署 NB-IoT 基站 4.1 万个,NB-IoT 连接数达到 28 万个,NB-IoT 和 eMTC 网络建设领跑全国,基本实现全域覆盖,而作为 5G 三大应用场景之一的 mMTC(海量机器类通信),主要面向大规模物联网应用,NB-IoT 和 eMTC 将为基于 mMTC 场景的"5G+VR"提供基础网络支撑。

二是"03 专项"以及 5G 试点示范稳步实施。作为全国唯一承担"新一代宽带无线移动通信网"国家科技重大专项(简称"03 专项")成果转移转化试点示范的省份,近年来江西举全省之力推动"03 专项"试点示范落地见效,物联

网技术研发和推广应用取得了突破性进展，"物联江西"建设迈出了实质性步伐。未来一段时间，江西将继续依托"03专项"试点示范，重点在5G技术研发方面有所突破，推动5G支撑VR、物联网融合创新发展。同时，南昌成功入选中国移动和中国联通首批5G网络覆盖城市以及全国"5G规模组网建设及应用示范工程"示范城市，鹰潭获批成为中国移动首批5G重点建设城市、中国电信5G试点城市，为江西加快部署5G网络和推进"5G+VR"融合发展提供了重要窗口机遇期。

三是"5G+VR"重大平台建设加快推进。全球光学光电领军企业欧菲科技与10余家知名单位发起成立了南昌虚拟现实研究院，并以此为依托，全力推进VR创新中心建设，创建国家VR制造业创新中心。江西联通已与江西广电共建了"5G+VR"联合实验室，推进实施了基于5G网络的广电级4K/8K超高清视频和VR视频直播技术研究与业务推广试点。江西移动正在向集团公司申请成立中国移动5G联合创新中心江西开放实验室，并在南昌VR产业基地设立"5G+VR"联合创新中心。江西联通正在筹建VR云平台，以"5G+VR"组合技术为支撑，打造有线电视、IPTV、手机、互联网的多屏互动观看新模式。

四是与5G密切相关的VR产业已形成一定规模和影响力。江西VR产业发展步入快车道，特别是南昌VR产业基地规模效应明显，VR企业达80余家，引进了微软孵化器、联想新视界、清华紫光、中国网库、欧菲光、星宇时空、HTC威爱教育、海康威视等一批龙头企业。绿地集团与南昌市政府、华为公司正式签约联手打造南昌VR特色小镇，南昌VR体验中心、VR产业基地展示馆、"VR+5G"展厅、VR产业云平台等标志性重大项目加快实施，国内第一个VR标准检测平台、VR产业交易平台等项目已投入试运营。另外，2019年世界VR产业大会的主题已明确为"VR让世界更精彩——VR+5G开启感知新时代"，也将为江西推进"5G+VR"融合发展搭建开放合作平台。

五是"5G+VR"在多个行业得到初步应用。江西电信与鹰潭市政府联合推进的龙虎山"5G+VR"智慧旅游项目，成为全省首个"5G+VR"5A级景区；江西联通携手南昌八一起义纪念馆推出的"5G+VR红色旅游直播巡展"，成为全省首个"5G+VR"红色旅游示范样板；江西广电与江西联通联合打造了电视史上首台基于5G网络的超清全景VR春晚；江西日报社联合江西电信、华为公司，首次通过"5G+VR"对2019江西文化发展巡礼进行了360度全景实时直播；南昌电信与南昌市中级人民法院合作，推动了"5G+VR"在诉讼服务中的应用。

（二）制约因素

当前，江西推动"5G+VR"融合发展仍面临一些亟待解决的问题，主要表现在：

一是5G网络建设整体滞后，制约了与VR产业的融合进程。目前，国内5G商用步伐持续加快，全国各地正紧锣密鼓部署5G网络。从已建成的5G基站数量看，广东超过5000个，北京达到4300个，上海超过3000个，浙江2000多个，湖北1361个，福州990个，贵阳500余个。相比之下，江西5G网络建设较为滞后，南昌和鹰潭作为全国5G试点城市，5G网络建设在全省处于领先位置，但南昌已建成的5G基站数量不到100个，鹰潭仅为50余个，其他非5G试点城市数量更为有限。

二是VR技术尚处于部分沉浸期，与5G技术实现深度融合仍需时日。尽管江西VR产业发展态势强劲，但VR技术尚存在缺陷，相关技术和产品仍不成熟，优质内容还很匮乏，特别是4K/8K超高清视频内容开发明显滞后。超高清视频作为5G商用初期的主要应用场景，缺少内容源，将无法充分使用5G网络，无法体现5G网络速率快的特点，这将在较大程度上限制"5G+VR"的融合发展。另外，江西VR与5G的融合还面临技术互通、合作模式等问题，加之受限于尚未完善的5G网络设施和终端设备，实现"5G+VR"深度融合仍需较长一段时间。

三是"5G+VR"多以通信运营商为主导，VR企业参与的积极性、主动性不够高。从平台建设看，省内"5G+VR"联合实验室、"5G+VR"联合创新中心主要为江西移动、江西联通等通信运营商牵头组建，不仅没有一家由VR企业牵头组建的联合创新中心或开放实验室，而且现有平台也缺乏VR企业的参与。从推广应用看，江西现有的"5G+VR"应用项目主要为通信运营商联合地方政府共同推动，且局限于旅游、文化娱乐、影视等领域，缺乏工业、农业、教育、医疗等领域的应用案例。

四是专业人才缺口大，资金投入明显不足。5G和VR涉及图形图像、人机交互、光学通信等多个尖端领域，对于人才的要求较为严苛，而江西现有专业人才大多是从游戏、动漫、3D仿真、模型等行业转型而来，尤为缺乏既懂VR又懂5G的技术人才。同时，相比4G网络，5G基站设备单价高、能耗大、基站覆盖面积小、站址需求大，因此，5G 网络的投资成本非常高。在 4G 投资成本还未完全回收、5G 盈利模式尚不清晰等因素的影响下，省内通信运营商将难以应对 5G 网络建设的巨额资金投入。

三、江西加快打造"5G+VR"融合创新应用高地的对策建议

抢抓"5G+VR"的先发优势，以 5G 网络建设为基础，以技术融合为引领，以应用示范项目为载体，以政策、资金、平台和人才为保障，着力打造 5G 与 VR 融合创新应用的"江西高地"。

（一）加快 5G 基础网络建设，增强对 VR 产业的网络传输支撑

一要加快 5G 试点城市建设。以南昌、鹰潭 5G 试点城市建设为契机，推进试点区域 5G 站点配套改造和基站建设，积极争取中国移动、中国电信、中国联通三大运营商将赣州、上饶和抚州等地列入 5G 试点城市。

二要统筹 5G 试验网和基站建设。在江西联通全省 11 个设区市 5G 试验网全面开通的基础上，推动江西移动、江西电信开通更多的 5G 试验网，为重点应用示范场景提供 5G 网络支撑。同时，按照全省 5G 基站规划，由江西铁塔公司统筹建设需求，联合江西移动、江西联通、江西电信三家运营商及相关主管部门共同推进 5G 基站规划落地实施。

三要探索开展 5G 网络新型部署方式。根据 5G 基站分布密集的特性，引导通信、城建、交通、电力等行业共享杆塔资源及基站配套设施，并采用"微基站 + 智慧杆塔"的方式部署 5G 网络。

四要兼顾 5G 网络与现有网络协同发展。既要立足现有 4G 网络，超前布局 5G 网络，也要注重发挥 NB-IoT 和 eMTC 在全国的领跑优势，根据各自的技术特点、业务需求和场景模式，实现优势互补、协同发展、交叉覆盖。

（二）推进 5G 与 VR 技术融合创新，抢占"5G+VR"发展的制高点

一要开展基于 5G 的 VR 技术创新。导入 5G 的高速传输和低延时特性，突破近眼显示、感知交互、高速渲染处理、超高清内容制作等 VR 关键技术，加大"云 VR"技术研发，推出基于 5G 的高信息吞吐量、高速高效、稳定性强、能耗低和成本低的 VR 产品方案。

二要推动面向 VR 的 5G 技术创新。依托"03 专项"试点示范，大力发展面

向 VR 的新型大带宽信号处理、适应宽/窄频带融合场景下的 5G 传输与组网关键技术，推进 5G 高速大容量光传输设备、光交换设备、高端路由等关键设备研发，满足和适应 VR 在各种场景中的应用需求。

三要聚焦"5G+VR"建设一批新型研发机构。在江西联通与江西广电共建的"5G+VR"联合实验室的基础上，推动江西移动、江西电信在南昌 VR 产业基地加快设立"5G+VR"联合创新中心，支持国内外知名行业企业和科研机构在江西布局建设"5G+VR"融合应用创新中心，并引导省内 VR 龙头骨干企业主动参与建设。同时，依托南昌 VR 创新中心，全力创建国家 VR 制造业创新中心，力争在"5G+VR"融合创新上形成特色和亮点。

（三）融合 5G 的高速性与 VR 的沉浸感，构建全方位、多领域的应用体系

一要扩大"5G+VR"在文化旅游中的应用。开发基于 5G 的全景旅游 VR 地图、VR 景区地图、VR 导游导览、历史文化 VR 场景重现等，扩大 4K/8K 超高清视频在赛事直播、演出直播、游戏娱乐等中的应用，打造一批"5G+VR"文化旅游示范样板。

二要开展基于"5G+VR"的工业互联网应用试点。依托基于 5G 的工业互联网平台，面向有色、钢铁、石化、建材、航空、汽车、电子信息等行业，推广虚拟三维设计、虚拟制造、虚拟产品展示等新型生产方式，搭建工业互联网与 5G、VR 有机结合的智能制造平台。

三要探索基于"5G+VR"的智慧农业整体解决方案。以国家级现代农业产业园为重点，构建基于"5G+VR"的智慧农业互联网，推进"5G+VR"技术与农业生产、经营、管理、服务各环节加速融合，形成可向全国推广的整体解决方案。

四要推动"5G+VR"在教育医疗中的应用。开展"5G+VR"沉浸式教学，建设"5G+VR"医疗影像辅助诊疗系统，实施基于高清视讯的远程协同教育教学与远程协作手术。

五要加快"5G+VR"在城市管理服务中的应用。将"5G+VR"作为城市精准治理和惠民服务的新路径，推进"5G+VR"在交通、市政、司法、环保、社区服务、公共安全等领域的应用。

（四）强化政策、资金、平台和人才保障，打造"5G+VR"融合创新生态圈

一要加强对"5G+VR"的政策引导。出台"5G+VR"实施方案，在网络建设、

技术创新、产业发展与示范应用等方面加大政策引导力度，全面落实研发费用加计扣除、新产品奖励、首台（套）补贴等优惠政策，在用地申请、电力增容和直供电改造上为5G网络建设提供最大便利。

二要加大对"5G+VR"的资金扶持。统筹使用省级"中国制造2025"专项、重大科技专项等，加大对"5G+VR"关键技术研发、公共服务平台建设、应用示范项目的支持力度。在省发展升级引导基金的框架下，支持设立"5G+VR"子基金，引导创投基金、私募基金等支持"5G+VR"融合发展。

三要推进"5G+VR"公共服务平台建设。在高标准建设南昌VR特色小镇、"VR+5G"展厅的基础上，着力搭建5G网络在VR领域的公共检测认证、技术支撑、应用研发、交易展示等平台，完善"5G+VR"公共服务支撑。

四要建立5G与VR领域人才储备。借助2019世界VR产业大会、国际移动物联网博览会，面向国内外引进一批5G和VR领域高端人才。支持省内高校、科研机构与企业联合培养5G和VR人才，建设人才实训基地，提高应用型人才培养的精准度。

作者：

季凯文　江西师范大学江西经济发展研究院副院长、副研究员，江西省首届省情研究特约研究员

谭　敏　江西经济管理干部学院教师

陈　熹　南昌大学经济管理学院副教授，江西省首届省情研究特约研究员

—— 03 ——

学习江苏经验　高标准推进江西省"一站式"金融综合服务平台建设

曾光　陈熹

内容提要：江苏省综合金融服务平台，以其"一键式"实现融资供需对接、"一次性"查询企业征信信息、"一站式"提供综合金融服务、"全方位"享受融资扶持政策的显著特色优势，有效缓解了中小微企业"融资难、融资贵"问题。学习借鉴其经验及做法，高标准推进江西省"一站式"金融综合服务平台建设，要高位推动，加强省级领导和分工协作；以省级征信平台为突破口，加强专业化监管和服务；以"赣服通"为主载体，优化组织架构和功能设计；以服务中小企业为宗旨，鼓励个性化多样化金融产品创新；以省财政资金为引导，加大资金支持和保障。

近年来，江苏省积极运用互联网、大数据技术，有效整合政府扶持政策、公共信用信息、社会征信信息等资源，建设省级综合金融服务平台，打造网络化、一站式、高效率、公益性的金融服务基础设施，有效缓解了中小微企业"融资难、融资贵"问题。目前，江西省"一站式"金融综合服务平台建设正处于加快筹建和内部运营阶段。学习借鉴江苏成熟经验，对高标准推进江西省"一站式"金融服务平台建设具有重要的借鉴和参考价值。

一、江苏省综合金融服务平台优势及成效

江苏省综合金融服务平台（以下简称"苏金服"）是由江苏省金融办牵头，江苏省联合征信公司提供技术支持，利用互联网、大数据技术，有效整合政府扶

本文于 2019 年 1 月发表，获时任省委常委、常务副省长肯定性批示。

持政策、公共信用信息、社会征信信息等资源，打造网络化、一站式、公益性的金融服务基础设施。自 2018 年 5 月 8 日上线试运行以来，"苏金服"已由单一信贷产品发展到信贷、保险、担保、转贷、租赁 5 大板块多元化发展格局，全省金融机构和中小企业上线意愿强烈，各类融资对接日趋活跃。截至 2019 年 1 月 20 日，"苏金服"已成功实现全省 13 个设区市全覆盖，上线企业突破 10 万家，累计发布融资需求 6270.3 亿元，上线 109 家金融机构 599 款金融产品，成功撮合融资 5966.45 亿元，成为中小微企业获得普惠金融的重要平台。与一般金融服务平台相比，"苏金服"具有如下显著特色优势：

"一键式"实现融资供需对接。全省正常经营、具有融资需求的中小企业，均可免费注册使用平台，一键发布融资需求，与所有接入平台的金融机构实现"无缝"对接。

"一次性"查询企业征信信息。上线金融机构经企业授权，可通过平台查询企业税务、工商、环保等公共信用信息，有效降低银行风险控制对抵（质）押、担保等措施的依赖。

"一站式"提供综合金融服务。除融资撮合外，平台还向中小企业提供保险、融资性担保、融资租赁、股权投资、在线路演等综合性服务，有效满足中小企业个性化多元化金融需求。

"全方位"享受融资扶持政策。省市县三级面向中小企业建立的各类融资扶持政策，包括信用保证基金、中小企业风险补偿、政策性担保等，均可在平台查询对接，符合条件的中小企业可直接享受相应政策扶持。

二、江苏建设省级综合金融服务平台的主要经验及做法

"苏金服"，是江苏省委、省政府对苏州综合金融服务平台建设经验的完善与推广，是政府、金融机构和企业协同配合、多方共赢的典范。

（一）坚持高位推动与部门协同、融资平台与征信平台建设"两结合"

早在 2015 年苏州市率先推动建设了"苏州综合金融服务平台"[①] 和与之配套

---

① 自 2015 年上线以来，截至 2019 年 1 月 21 日，苏州综合金融服务平台上线企业 31577 家，发布企业融资需求 5815 亿元；上线金融机构 56 家，发布金融产品 165 款，成功对接融资 5625 亿元。

的苏州企业征信公司,采用"线上+线下"的金融服务模式,有效缓解了中小企业融资难问题,引起了江苏省委、省政府的高度关注。2016年12月,江苏省金融办、人民银行南京分行组织课题组赴苏州调研,并形成调研报告上报省政府。2017年7月,江苏省人民政府召开省长办公会,研究《江苏省综合金融服务平台建设方案(审议稿)》和《江苏省联合征信公司组建方案(审议稿)》。2017年9月,江苏主要领导要求放大苏州经验,加快搭建省级综合金融服务平台。2018年,"苏金服"建设列入省委常委会工作要点、省委深改组重点改革任务和省政府年度工作任务。

根据江苏省委、省政府有关部署,江苏省金融办牵头,会同江苏省国资委、人民银行南京分行、江苏银监局等部门,在推进平台建设方面做了大量工作。江苏省金融办组织江苏银行、苏州征信成立江苏省综合金融服务平台技术团队,用3个月时间顺利完成了平台系统开发工作,并于2018年5月8日正式上线试运行。同时,成立了由江苏省金融办、人民银行南京分行和江苏银监局等省有关部门共同组成的江苏省综合金融服务平台指导小组,负责政策制定、业务指导和协调推进等工作,办公室设在江苏省金融办。

(二)坚持政府搭台、企业(金融机构)唱戏、市场化运作"三原则"

"苏金服"功能定位为省级金融服务公共基础设施,立足"公益平台、共享服务",免费为金融机构与中小微企业提供类"网络零售市场"对接平台,充分体现了"政府搭台、企业(金融机构)唱戏、市场化运作"的原则。在组织架构上采用"母子平台、双层架构"模式,省级层面建立"母平台",13个设区市建立"子平台"。坚持因地制宜原则,有序推进各设区市上线对接工作。针对未自建平台的南京、徐州、常州等9个设区市,首批向其统一开通"子平台";针对苏州、无锡、扬州、泰州已自建平台,采用接口方式对接融合,逐步接管系统开发运维工作。

省级"母平台"主要提供省级法人金融机构和非法人金融机构省级分支机构的接入、统计查询等综合类服务,各设区市"子平台"主要提供辖内法人金融机构和企业接入、融资对接、政策对接、征信产品支持等服务,县(市、区)接入所在地设区市"子平台"。依法经营、照章纳税的合规企业,都可以在线注册,依法合规实时发布融资需求;持牌金融机构可依相关规定正常接入,按要求合法合规查询政策信息、发布金融产品、主动对接企业需求、及时更新业务信息;双方按照市场化原则进行贷款区域、期限、额度、机构类型、担保方式等产品筛选对接。

（三）坚持服务中小企业的"五单标准"

按照《金融机构接入江苏省综合金融服务平台管理办法》，接入平台的金融机构，必须按照"五单标准"建立"中小企业金融支持中心"。一是单独配置人力资源，有专职运营管理人员；二是单列信贷计划，专项用于支持符合创新驱动发展方向的中小企业；三是单独建立信贷评审制度，试行分类授权管理，面向平台内企业500万以下融资需求，逐步建立相对独立、快速便捷的信贷审批机制；四是单独建立考核机制，以支持中小企业融资为主要考核目标，不考核存款、中间业务收入等传统银行业务指标，淡化利润考核，适当提高不良贷款容忍度；五是单独建立尽职免责制度。

同时，要求接入的金融机构要为用户提供便利化金融服务，包括关注后首个工作日要与用户取得联系，进入审贷流程后3个工作日要主动上门拜访，信用贷款审批周期不超过7个工作日，有抵(质)押或者担保类贷审批低于30个工作日。

（四）坚持政银合作，推出多元化金融创新产品

江苏省联合征信公司就是由江苏省金融办、人民银行南京分行牵头负责组建，江苏银行等金融企业和13个设区市政府投资平台共同发起设立，注册资本5亿元人民币，其中各设区市政府投资平台各持股2%（合计占26%）。充分发挥省、市财政资金的引导作用，和相关银行业金融机构、部门配合，设立一系列银政合作产品，推出了苏微贷、苏科贷、鑫科保、小微e贷、保贷通、智慧保、创业担保贷等系列政策性产品（详见表1），重点支持"专精特新"和科技型中小微企业健康发展。泰州市作为国家金融改革试验区，分类归集扶持政策和金融产品，探索开展了应急转贷、融资担保、涉外融资、股权融资、应收账款融资、外汇预受理、智能农业管理等金融创新产品。

表1 江苏省综合金融服务平台政策性产品一览表

产品名称	参考利率（%）	贷款额度（万元）	产品特点
南京银行-小微E贷	4.35—5.75	1—500	专用于支持贷款在500万元以下的小微实体企业，利率优惠，最低可至基准利率
农业银行-苏微贷	4.35—4.77	1—1000	担保方式和承贷主体灵活，以财政风险补偿基金为主，并视风险情况追加其他担保

续表：

产品名称	参考利率（%）	贷款额度（万元）	产品特点
民生银行-商贷通	6.35—7.85	1—1000	准入条件宽松，融资利率优惠，抵押物广泛、贷款期限长，可随借随还、免还本续贷
建设银行-抵押快贷	4.35—5.66	1—1000	在线评估，押品实时查询，成本低廉、超快办理，申请到放款3天完成
江苏银行-科技之星	4.35—4.35	1—500	为科技之星提供基准利率，经科技部门推荐企业无需提供担保，优先获得科技扶持政策
农业银行-苏科贷	4.35—4.35	1—500	担保方式为纯信用方式，贷款利率优惠采用基准利率
交通银行-保贷通	4.35—5.44	100—500	无抵押、低利率，以"小额贷款保证保险"为单一担保，产品纳入科技银行风险补偿
如东农商银行-创业担保贷	4.35—6.53	1—200	财政贴息，要求企业取得《劳动密集型小企业吸纳失业人员认定证明》
大丰农商银行-金丰随易贷	5.88—9.31	100—3000	可按固定周期还本付息或按固定周期付息，但每半年至少偿还一次本金
南京银行-鑫科保	4.35—4.78	1—500	为科技型企业提供低于市场平均水平的优惠利率及担保条件，最高可达500万元

三、江西省加快"一站式"金融综合服务平台建设的政策建议

学习借鉴"苏金服"前期筹建、征信平台、组织架构和产品设计等经验，有利于高起点、高标准推进江西省"一站式"金融综合服务平台建设。

（一）高位推动，加强省级领导和分工协作

省金融综合服务平台建设是一项系统性工程，同时专业性比较强，需要省级层面的统筹协调。目前，江西省金融综合服务平台的筹建主要以省地方金融监管局和省发改委在牵头负责，做了大量前期工作。考虑到平台建设的紧迫性、重要性和复杂性，建议学习江苏经验，高位推动，在2019年上半年试运行、2019年底正式公开运行。

一是将省金融综合服务平台建设列入2019年省委常委会工作要点和省政府年度重点工作任务，作为江西省推动金融服务实体经济、优化营商环境的重大改革举措。二是成立以常务副省长为组长，以省发改委、省地方金融监督管理局、人民银行南昌支行、省财政厅、省国资委、省工信委、省税务局等为主要成员的

省金融综合服务平台建设领导小组，形成部门协同推进合力。三是由省地方金融监督管理局和省发改委牵头，联合有关部门起草《江西省金融综合服务平台建设方案》，并提交省政府有关会议讨论。

（二）以省级征信平台为突破口，加强专业化监管和服务

无论是苏州还是江苏综合金融服务平台的建设，都是与同级征信公司的组建同步推进的。目前，江西省征信资源分散于各部门，并且没有专门的市场化运作和管理的征信公司。为此建议，学习"苏金服"经验，由江西省地方金融监督管理局、人民银行南昌分行牵头负责组建江西省联合征信公司，注册资本5亿元人民币，江西省财政厅、省国资委和江西银行等政府和金融机构以及11个设区市政府投融资平台共同出资设立，其中各设区市政府投资平台各持股2%~3%为宜；并从人民银行南昌分行、江西银行、江西省信息中心等部门抽调专门的技术骨干集中办公，加快筹建前期工作。

江西省联合征信公司经省政府授权、人民银行南昌分行备案后，具体负责省级层面政府部门、金融机构和企业接入江西省金融综合服务平台的各项具体业务，在合法合规的基础上，积极开展与企业经营相关的非银信息采集，依法使用企业信贷信息，为获准接入省综合金融服务平台的政府部门、金融机构和企业提供专业优质的征信服务。

（三）以"赣服通"为主载体，优化组织架构和功能设计

从运行情况看，江苏省以及苏州市、泰州市综合金融服务平台已经比较成熟，尤其是在组织架构、页面设计、产品创新和运营管理方面值得江西省学习借鉴。可以考虑在"赣服通"的基础上，有效整合银行、证券、保险、租赁、担保等金融产品，有效整合各级政府中小企业融资扶持政策，有效整合人民银行南昌分行的企业信用信息，加快推动省市场监管局的企业申报、营业执照和企业名称核准以及省税务局的有关信息接入"赣服通"，科学搭建开放性、全覆盖的江西省金融综合服务平台，实现省市县三级全覆盖。

在组织架构上，建立省级"母平台"和11个设区市"子平台"。在页面设计上，设计政府、金融机构和企业三个登录口，突出贷（我要贷款）、保（我要保险）、担（我要担保）、转（我要转贷）、租（我要租赁）等融资主渠道，实时在线显示注册企业数、金融产品、融资需求和融资动态。建议由省地方金融监督管理局牵头，会同省有关部门为平台接入的金融机构及时、准确地提供各类政策服务和企业融

资信息。

（四）以服务中小企业为宗旨，鼓励个性化多样化金融产品创新

"苏金服"成功的一个重要经验，就是坚持服务中小企业的"五单标准"，推出了一系列政策性和普惠性金融产品，以满足中小企业个性化多元化融资需求。要学习借鉴江苏经验，强化为中小企业服务宗旨，加强对金融机构服务中小微企业的刚性约束和业绩考核，对推出创新产品并取得明显成效的予以奖励。

同时，充分发挥省、市财政资金撬动作用，与四大国有商业银行以及地方股份制金融机构合作推出赣微贷、赣科贷、鑫科保、小微e贷、保贷通、快易贷等系列政策性产品，以及鼓励金融机构创新推出"发票贷""上市贷""云税贷""科创贷""税金贷"和"政采贷"等普惠金融产品。特别是要大胆学习借鉴江苏绿色金融发展经验，针对环保企业推出环保贷、固废贷、低排贷、光伏贷、排污权抵押贷款、碳金融、绿化贷和合同能源管理贷款等绿色金融产品，充分发挥绿色金融在调结构、转方式、优生态等方面的积极作用，为更高标准打造美丽中国"江西样板"提供金融支持。

（五）以省财政资金为引导，加大资金支持和保障

充分发挥省级财政资金杠杆作用，整合现有各类融资支持政策，综合运用财政贴息、信用保证金、风险补偿、设立政府引导基金以及政府购买服务等手段，调动银行、保险、担保等金融机构积极性，探索形成"政银保担"多方联动的融资体系和政策支持体系。比如，研究设立江西省级综合金融专项资金池，为平台内中小微企业融资提供风险补偿；鼓励各地增设地方财政风险补偿金，省财政厅对各县（市、区）按1∶1足额配套省财政风险补偿金，完善创业担保贷款、财园信贷通、财政惠农信贷通等政策。

探索设立10亿元以上的江西省中小企业信用保证基金，由省政府出资和金融机构、其他组织捐资组成，重点为中小型、微型企业融资提供信用担保；并视基金运行情况、地方可用财力和中小微企业融资需求，逐年追加做大基金规模。

作者：

曾　光　中共江西省委党校经济社会发展战略研究所副研究员，江西省首届省情研究特约研究员

陈　熹　南昌大学经济管理学院副教授，江西省首届省情研究特约研究员

—04—

江西省加快打造 VR 产业"世界新名片"的政策建议

——世界 VR 产业大会后的"冷思考"

陈运平 何珏 黄小勇

内容提要：世界 VR 产业大会在江西省的成功举办，从项目带动、产业聚集、平台建设、国际关注等方面产生了积极效应，有效促进了 VR 产业活力。但江西 VR 产业的发展还面临不少困难和问题，如龙头企业数量少，产业集聚效应不明显；产业链不完善，上下游衔接不紧密；核心技术未突破，产品同质化严重；示范应用刚起步，行业融合度不高等。江西省加快打造 VR 产业"世界新名片"，需要构建世界 VR 大会定期举办机制，打造 VR 产业发展智库平台，瞄准世界 VR 产业前沿，发展有江西特色和优势的 VR 产业。

2018 年 10 月，南昌成功举办世界 VR 产业大会，吸引了世界的目光，这将有利于让世界有关各方从更高层次、更深层面关注南昌、支持南昌。

当前，江西省 VR 产业还面临龙头企业数量少、产业链不完整、产业融合不深、核心技术未突破等问题。为有效应对全球 VR 产业竞争，全力以赴将南昌打造成中国虚拟现实产业的集群中心、创新中心、应用中心和标准中心，并在全国虚拟现实产业发展格局中处于领先地位，课题组对全省 VR 产业发展状况进行了深入调研，提出了促进江西省 VR 产业快速发展的相关思路与对策，供领导参考决策。

一、世界 VR 产业大会给江西省带来的积极效应

世界 VR 产业大会在江西省的成功举办，引发了世界的关注，有效地促进了

本文于 2019 年 2 月发表，获时任省委常委、常务副省长肯定性批示。

VR产业活力,从项目带动、产业聚集、平台建设、国际关注等方面产生了积极效应。

(一)项目带动效应:签约项目和投资额大幅度增加

2018世界VR产业大会,引导全球资源要素向中国汇聚,向江西集中,在此次大会上共有157个协议和项目达成意向,总投资额631.5亿元。其中,南昌市及各县区签约成功项目108个,投资总额351.1亿元,占据全省签约投资总额的半壁江山。此外,江西省在此次大会上签约合作框架协议3个、硬件项目76个、软件项目32个、应用类项目46个,电子触控显示一体化、智能穿戴和物联网终端研发生产等60个项目在大会期间签约,总投资额达191亿元。

(二)产业集聚效应:行业龙头企业加速入驻

此次世界VR产业大会,吸引了华为、联想、百度、网易、微软等158家虚拟现实领域的龙头企业参展。大会期间,江西省与华为技术有限公司、杭州海康威视数字技术股份有限公司分别签订战略合作框架协议,分别在虚拟现实、云平台、人工智能等领域开展合作。此外,欧菲光、先锋软件、星宇时空、联创电子等一批拥有自主知识产权的精密光电制造企业、软件研发企业、VR内容制作企业和重点配套企业入驻江西省,彰显全省在智能制造、模组配件等领域表现出的较强生产能力和市场影响力。

(三)平台建设效应:"四大中心""四大平台"正在形成

为激活VR产业发展潜力,南昌市全力建设"四个中心"和打造"四大平台",支撑产业发展并加快投入运营。"四个中心"分别是创新中心、体验中心、展示中心、云中心,旨在高效衔接VR与各种应用场景的运用、体验VR带来的视觉享受、展示全球最新的VR软硬件技术和建设首个VR产业云服务管理体系。"四大平台"分别是资本平台、教育平台、标准平台、交易平台,从资本扶持、人才培养、行业标准制定、产品交易等方面全方位扶持VR企业发展。

(四)国际关注效应:世界目光聚焦,国际影响力提升

此次世界VR产业大会备受业界瞩目,汇聚全球VR龙头企业、顶尖技术和高端人才。来自美国、法国、德国等18个国家的国际权威机构、知名专家学者、领军企业代表围绕VR产业链条,从研发、制造、应用等各个环节,全面加强对接,努力把江西打造成世界级VR产业集聚高地。同时,大会聚焦虚拟现实领域的关键和共性问题,围绕产品技术、标准体系、行业应用、国际合作、投融资等多个议题，探讨产业发展趋势和解决之道，推动行业应用和消费普及。

二、江西省打造 VR 产业"世界新名片"面临的突出问题

世界 VR 产业大会为 VR 产业发展带来了机遇。但调研发现，江西省 VR 产业的发展还面临不少困难和问题，要打造 VR 产业"世界新名片"，需要冷静思考和解决面临的突出问题。

（一）龙头企业数量少，产业集聚效应不明显

南昌作为全省 VR 产业发展的核心区，尽管入驻了一批 VR 骨干企业，但与国内发达城市相比，无论是产业规模还是企业数量，都存在明显差距。截至 2018 年 9 月，江西省已有欧菲光、先锋软件、星宇时空等 50 余家相关 VR 制造企业入驻办公，但龙头企业数量还是相对较少，影响了 VR 产业集聚化发展。相比之下，2017 年上半年，全国 VR 企业数量已超过 800 家，仅深圳就达到 500 家左右，企业量占据全国的半壁江山，并集聚了暴风、奥飞、华闻传媒等国内领先的龙头企业。相较于发达城市的发展态势，江西省虚拟现实骨干企业较少，平台发展还有很大的上升空间。

（二）产业链不完善，上下游衔接不紧密

VR 产业链包括软硬件设备制造、内容及应用开发、服务平台建立等多个环节。目前，江西省大多数企业偏重于硬件设备制造，包括头盔、眼镜、一体机制造，并对空间沉浸感、稳定性、低延时、多方位反馈、兼容性等提出较高要求，但零部件制造和 VR 产品应用开发企业偏少，特别是芯片技术、信息采集、操作系统等基础软硬件领域面临很大缺失。目前，北上广深等地占据了国内现有的近 200 家 VR 硬件厂商，而江西目前只有十几家，芯片生产厂商目前仅有一家，导致了上游生产商严重缺失，产业链上下衔接不紧密，产业间联动效应明显不足，各企业间无法达到协同合作。

（三）核心技术未突破，产品同质化严重

目前，随着 HTC、Oculus 等硬件生产商技术的不断突破，江西省 VR 技术取得了飞跃性发展。但对南昌市 300 家 VR 用户问卷调查显示，46.9% 的受访者反映体验效果一般或差，60.2% 的用户反映 VR 设备佩戴繁重，35.4% 的用户反映存在眩晕感，34.5% 的用户反映画面不清晰，32.7% 的用户反映沉浸感不强。显然，

VR核心技术仍未突破,人机对接技术、传感技术等有待提高。加上当前VR技术尚处于研发阶段,虚拟现实成本高、技术和商业模式尚不成熟,行业技术普遍以大众化标准来衡量自己的产品,导致产品同质化水平较高。

(四)示范应用刚起步,行业融合度不高

继世界VR产业大会在南昌召开后,江西省着重拓展VR教育产品的高端运用,并在全国率先推进VR技术与教育产业的深度融合,有效解决职业教育中"看不见、动不了、不理解"等实践性教学问题,着力打造国内规模最大、内容最完善的虚拟现实教育内容交互平台。但与此同时,在医疗、文化、旅游、工业等领域,创新性明显不足,VR技术仍面临空白,还未真正形成产业间的技术对接和全方位的产业融合。

三、加快打造VR产业"世界新名片"的政策建议

江西省加快打造VR产业"世界新名片",需要构建世界VR大会定期举办机制,打造VR产业发展智库平台,瞄准世界VR产业前沿,发展有江西特色和优势的VR产业。为此,应做好以下工作:

(一)抓契机,谋布局,促进VR产业联动升级

一要抓住"智慧南昌"建设的有利契机,融合用好VR产品的技术优势。目前南昌市"智慧城市"建设较为成熟,虚拟现实技术将逐渐渗入到智慧城市建设中,在智慧教育、智慧汽车、智慧旅游、智慧工地等领域开展广泛的运用,助力"智慧南昌"的发展。

二要积极谋划和布局5G网络建设,推动5G技术与虚拟现实产业深度融合。2018年初,南昌市已迈入5G时代,目前,30个5G基站正在建设,但"5G+VR联合实验室"仍需加速推进,集中力量加快启动5G网络的VR视频直播技术,为新型"智慧城市"建设增添一份色彩。

三要积极运用"移动物联网技术+VR+大数据"等现代信息技术,促进产业联动升级。江西省要充分发挥各城市的资源优势,以鹰潭的移动物联网技术、南昌的VR技术以及上饶的大数据基地为有利条件,加速整合资源与应用,服务于全域覆盖的智慧美丽城市建设,实现万物互联、智能互通。

（二）引龙头，育本土，推动VR产业集群发展

其一，加快制定VR产业投资引导目录，引进一批龙头骨干企业。目前国内VR龙头企业大多集中于北上广等地，面向这些VR产业实力雄厚区域，着力引进一批在全国乃至国际上有影响力的芯片技术，硬件设备制造及内容制造企业，尽快弥补江西省VR产业发展面临的短板。

其二，增强本土企业培育力度，促进产业上下游协同发展。鼓励并扶持本地企业开展重大技术攻关和应用集成创新，加快虚拟现实硬件设备制造，并对现有VR产业进行兼并重组和产业链整合，积极构建以南昌为核心的VR产业集聚区、其他市协同发展的VR产业整体布局。

其三，创造与互联网领军企业的合作机会，不断提高江西省VR企业的影响力。坚持定期持续举办世界VR产业大会，深化与阿里巴巴、华为、腾讯、中兴等知名企业的合作，不断拓宽业务范围，以此带动一批优质VR产业项目长期扎根、发展。

（三）重创新，促融合，打造VR产业示范样板

一要注重产研结合，制定协同创新机制。南昌市应率先扩大创新力度，突出企业创新的指导作用，设立江西省VR企业国家和省级技术研发中心，攻克关键性、前沿性技术。

二要加快产业的全方位融合，实现VR产品的高端应用。基于江西省内丰富的旅游资源和工业资源，推进文化创意产业与VR产业的融合，赋予VR产业新的灵魂，实现VR产品的高端应用。

三要强化合作，率先打造VR示范样板。在教育、医疗等领域开展与VR企业的合作，并发展一批代表性强的企业率先实现VR产品的融合运用，一方面对其他企业发挥典型示范的作用，避免其他企业走弯路，另一方面更快实现VR产品的推广。

（四）优服务，活金融，加大VR产业资金支持力度

一是政府把经营管理权下放给企业，积极引导社会资本参与VR产业建设。针对VR产业基础设施建设，本着"谁投资、谁管理、谁受益"的原则，政府管规划，企业来建设，鼓励企业和个人投资，形成政府、企业和个人多元化投资机制。

二是搭建VR融资服务平台，吸引多元主体参与投融资活动。提高VR融资

平台人员专业能力和服务水平，为各类投融资主体提供针对性服务，解决各种投融资问题，提高投融资主体信息获取度、认可度和参与率。

三要完善VR金融投资产品，为VR产业发展提供金融支持。由政府牵头，向社会发起VR产业发展基金，提供利益共享、风险共担的集合投资制度，并鼓励相关部门和企业共同构建风险投资基金、产业投资基金等基金体系，支持VR产业发展应用和创新创业。此外，积极引进和鼓励相关投融资机构，设立专门的VR风投基金和创投基金，做大VR产业发展资金池。

（五）引人才，强技术，驱动VR产品质量升级

一要建立高层次VR人才引进目录，充分发挥人才的溢出效应。为吸引高层次人才流入，可放宽政策，为来赣的VR人才提供购房退税等政策。同时，提倡高层次人才在企业间全方位流动，充分发挥高层次人才的效用最大化，采用以引带培的方式，为本土培养更多的VR高技术人才。

二要突破核心技术，打造全国一流的VR产业基地。以高端VR人才为基础，加大全省资源整合力度，依托现有的VR研究中心和开放实验室，突破芯片技术、信息采集、操作系统等关键核心技术，吸引上下游企业联合开展VR技术攻关。

三要提高产品质量，争取更高的参与度。对江西省VR产品质量进行严格把关，避免山寨品流入市场形成对正品市场的冲击。构建相应的指标体系对VR产品质量进行精准、科学评价，为推动全省企业参与国内、国际行业技术标准制定打下基础。

作者：

陈运平　江西师范大学副校长、教授，江西省首届省情研究特约研究员

何　珏　江西师范大学财政金融学院产业经济学硕士研究生

黄小勇　江西师范大学财政金融学院副院长、教授，江西省首届省情研究特约研究员

— 05 —

孕育独角兽企业 江西该如何破局

——北上杭深培育独角兽企业的主要做法及对江西省的建议

熊花

内容提要：当前，我国正迸发"百兽奔腾"新热潮，预计未来在更多新经济领域还会出现越来越多独角兽企业。北上杭深作为我国独角兽企业主要集聚地，其培育做法值得借鉴。江西要从瞄准特色优势产业、强化金融支持力度、落细落实人才新政、夯实信息平台支撑、优化创新创业生态五方面入手，早日实现独角兽企业零的突破。

独角兽企业是新经济的典型代表，是城市、区域创新创业生态的集中体现。近年来，我国掀起独角兽企业发展新热潮，尤其是北上杭深独角兽企业发展迅猛，对引领产业新技术、新业态、新模式的升级以及经济结构的调整起到了重要作用。如何加快打造有利于独角兽企业孕育成长的良好环境，实现独角兽企业零的突破，为全省创新发展注入新动能，是当前江西经济发展面临的重要课题。

一、我国迸发"百兽奔腾"新热潮

（一）我国独角兽企业发展情况

独角兽企业，一般指创办时间相对较短（成立时间不超过10年）、估值超过（含）10亿美元的创业企业。估值超过（含）100亿美元的称为超级独角兽企业。据《2017中国独角兽企业发展报告》显示，截至2017年底，中国独角兽企业共164家，总估值6284亿美元，平均估值38.3亿美元。其中，新晋独角兽企业62家，

本文于2018年8月发表，获时任副省长肯定性批示。

"毕业"（上市及并购、创立超过十年）独角兽企业20家；超级独角兽企业10家，估值达到3353亿美元，占总估值的53.3%；164家独角兽企业主要分布于19个城市，83.5%的独角兽企业聚集于北上杭深，76.2%的独角兽企业聚集高新区（如表1所示）。预计在今后一个时期，我国各种新经济领域还会出现越来越多的独角兽企业，影响力会越来越大，在全球占比会更高。

表1 2017年全国独角兽企业分布情况一览表

城市	数量	占比（%）	特点
北京	70	42.7	主要集中在前沿科技、电子商务、互联网金融、文化娱乐、交通出行和互联网教育等区域。中关村前沿科技独角兽企业占全国数量的一半，聚集于人工智能、基因组学、精准医学、区块链、新能源等领域的前沿科技型独角兽企业，引领全国前沿科技新趋势。在新晋的中关村独角兽企业中，"衣食住行乐"为分布最多的领域
上海	36	21.9	主要分布于电子商务、互联网金融、医疗健康、汽车交通、软硬件、物流服务几大领域。上海的独角兽公司率先瞄准消费升级，均专注于相对垂直细分领域，并已形成相对优势，体现出上海相对清晰的高质量发展路径
杭州	17	10.4	主要集中在"互联网+"、电子商务、企业服务、金融科技、文娱影视、新能源新材料、医疗健康、人工智能等领域。蚂蚁金服为全国最大的独角兽企业，杭州被誉为一座拥有独角兽群的科技之城
深圳	14	8.5	深圳独角兽企业以技术驱动型为主，在细分领域创新尤为凸显，互联网金融、物流、家装等纵深行业的"黑马"频出，"腾讯系"独角兽企业在全国拥有很强的影响力
其他	27	16.5	武汉5家，香港4家，广州3家，南京、天津、镇江各2家，成都、东莞、贵阳、宁波、宁德、沈阳、苏州、无锡、珠海各1家。其中镇江、成都、宁波、东莞、无锡、沈阳等6座城市首次出现独角兽企业

（二）我国独角兽企业基本特征

从独角兽企业成长周期来看，目前独角兽企业大多成立于2011年、2012年前后，在2013年、2014年快速发育成长，这也是我国经济遭遇增长速度换挡期、结构调整阵痛期、前期刺激政策消化期"三期叠加"的特殊历史阶段，传统增长方式的转型升级为新技术、新产业、新商业模式破茧而出提供了历史机遇。

从独角兽企业的分布领域来看，我国独角兽企业共分布于18个领域，其中电子商务、互联网金融、大健康、文化娱乐和物流成为独角兽企业集中爆发领域，数量占比达到56%，人工智能、大数据、云计算、新能源、生物医药等技术驱动型企业成为独角兽群体的重要组成。

从独角兽企业的分布地域来看，共有 125 家独角兽企业分布在全国各地高新区内，国家高新区内良好的创新创业生态和丰富的创新创业资源为独角兽企业的指数级增长提供了重要支撑。

从独角兽企业创始人的履历来看，独角兽企业创始人大部分毕业于国内知名院校或有留学经历，有近 2/3 的人曾有多次创业和平台成长经历，丰富的创业经历及开阔的视野为创始人提供了宝贵资源和经验。

二、北上杭深培育独角兽企业的主要做法

独角兽企业在短期内高速成长需要良好的生态环境。综观北上杭深独角兽企业发展历程，跟四地优惠的创新扶持政策、完善的创业服务体系、浓郁的创新创业文化、活跃的创新创业人才、良好的创业投资环境和众多的科技创新企业所构成的良好发展环境紧密相关。

（一）优惠的创新扶持政策

北京中关村在国家层面出台了一系列关于科技成果、股权激励、外籍人才出入境等先行先试政策，在北京市层面先后推动实施了"京校十条""京科九条"等政策助推科技成果转化，推出了"1+4"资金政策支持体系和科技型小微企业研发经费支持政策。上海出台了《上海市促进科技成果转化条例》、"人才 30 条""科创 22 条"等一系列创新扶持政策，形成了良好的辐射带动效应。杭州出台《杭州市独角兽企业培育工程实施意见（2018—2020）》，从总体思路、主要目标、重点举措、组织保障等四个方面做了总体设计，欲将杭州打造为国际知名的独角兽企业集聚地与新经济重要策源地。深圳 2018 年以来陆续出台了《深圳经济特区国家自主创新示范区条例》等系列文件，支持高校、科研机构、企业开展科技合作，《深圳市培育独角兽企业行动方案》，提出把深圳打造成为具有全球竞争力的"创新之都"。

（二）完善的创业服务体系

北京中关村构建了由创新型孵化器、创业加速器、创业社区、大学科技园组成的 220 家创新型孵化机构为代表的服务体系，产业联盟、协会商会、民办企业组织 50 家，形成了小政府、大社会的独角兽企业孵化格局。上海以"专业化、品牌化、国际化"为培育目标，通过项目支持，引导科技创业苗圃、科技企业孵

化器、科技企业加速器等各类众创空间进一步提升创业服务能力。杭州"最多跑一次"的政府服务、"不孤单"的创客氛围、"阿里巴巴梦想起航"的朝圣号召力、相对北上广深更为低廉的房价和生活成本等，形成了完善的创业服务体系。深圳建立了领导联系企业制度，由市、区领导挂点服务，按照独角兽、准独角兽、潜在独角兽企业的不同情况，精准服务，重点协调解决存在的突出问题。

（三）浓郁的创新创业文化

北京中关村聚集了清华大学、北京大学、中科院等著名高校、科研院所，形成了具有中关村特色的创新创业文化。上海形成了充满激情温度的"科技驱动、崇尚改变"的企业家精神和"容忍失败、鼓励创新"的创业者文化。杭州拥有"电商之都"的创新氛围、开放包容的创业文化，形成了"互联网巨头+高校科研"的企事业格局。深圳着力打造国际科技产业创新中心核心区，形成了深圳特有的开放、包容、注重创新的城市气质。

（四）活跃的创新创业人才

北京中关村通过实施"海聚工程""高聚工程""雏鹰计划"，构建起多层次、广覆盖的人才支撑体系，吸引海归人才到北京创业。上海实施"量身定制、一人一策"政策，两年内累计引进国内科技创新创业人才超过7.5万人，其中受益于科创人才引进新政的企业高管、科技技能人才、企业家等重点人才近9000人。杭州2017年新增全球引才"521"计划人才55名，带动引进海归人才4068名，新增市"115"计划高端外国专家年薪资助项目23项、引智项目206项。深圳2017年底人才资源总量达510万左右，包括全职院士26人、国家"千人计划"人才274人、省市创新创业团队129个。

（五）良好的创业投资环境

北京中关村建立了天使投资和创业投资的引导基金，目前约有2万名天使投资人，约占全国总数的80%，知名创业投资机构600余家。上海2018年建立"科创金融示范区"，为科创企业及科创型人才打造全生命周期金融服务体系，并针对初创期、成长期、高成长期等不同发展阶段的独角兽企业提供个性化的金融服务。杭州5个基金小镇集聚了3500多家各类金融服务机构，管理资产规模超万亿元，全市私募管理人达到1000多家，备案资产管理规模超过3000亿元。深圳南山区拥有移动支付巨头微信支付，南山VC（风险投资）、PE（私募股权投资）

机构总量约占深圳的80%、全国的1/8，科技与金融融合不断加深。

（六）众多的科技创新企业

北京中关村形成百度系、联想系、金山系、小米系、京东系等一批领军企业和潜力企业，为多种类型的独角兽企业发展构造了多层次生态环境。上海2018年3月累计企业数量达到193.91万，相当于每1000人拥有77户企业，密度居中国首位。杭州2017年底众创空间总数达182家，其中新增市级众创空间31家，新增国家级众创空间20家，累计入驻项目数达4126个。深圳2017年底国家高新技术企业数量首次突破1万家，仅次于北京位居全国第二，平均每63人拥有1家科技类企业。

三、江西加快培育独角兽企业的对策建议

随着消费和服务升级、千禧一代主力消费人群的崛起以及三四线城市的消费增长，未来一个时期将是独角兽企业发展的战略机遇期。江西要抢抓机遇，从产业、金融、人才、信息、生态五个方面入手，加快发力，力争早日实现独角兽企业零的突破。

（一）瞄准特色优势产业

结合江西省战略性新兴产业发展规划，编制独角兽企业引进和培育计划，确保独角兽企业培育有目标、有计划、见成效。

一是大力发展VR产业。加紧全省VR（虚拟现实）产业关键技术布局，力争VR捕捉和互动等前沿技术、颠覆性技术在全球率先取得突破，促进全球VR企业、项目、技术、人才和资金向江西聚集。以2018年世界VR产业大会在南昌召开为契机，大力推动VR产业和教育、医疗、工业等重点领域融合发展，促进信息消费扩大升级。

二是大力发展优势产业。高标准打造南昌、景德镇通用航空产业综合示范区，大力支持航空研发、飞机制造、航空小镇建设，加快实现"航空产业大起来、航空研发强起来、江西飞机飞起来、航空小镇兴起来、航空市场旺起来"的江西"航空梦"。围绕锂离子相关产业，依托江特电机、赣锋锂业的资源优势、集群效应，延伸锂电新能源产业链，着力打造以锂离子电池为生产中心，不断向锂电材料、配套及锂电应用产品两端扩散的"橄榄型"产业结构。抓住海南全岛建设自由贸

易区和中国特色自由贸易港的重大机遇，推动江西旅游、大健康等现代服务业开放合作发展，逐步建立起生物医药、医疗服务、康体旅游、健康食品、养生养老、健康管理"六位一体"的大健康产业体系。

三是加快发展大数据产业。深化与阿里巴巴和蚂蚁金服的合作，引进阿里前沿技术、创新人才、文化理念等资源，带动一批数字化领军企业落户江西，加快全省数字化、智能化建设，实现信息技术合作创新。借阿里资源打造若干具有江西特色的数字化产业园，如 VR 产业园、航空产业园、中医健康医疗大数据产业园和数字小镇等。

（二）强化金融支持力度

金融支持是独角兽企业实现价值倍增、持续发展的坚实基础。

一是设立独角兽企业股权投资基金。广泛撬动全社会资本投入，构建和培育多元化投资主体，为处在不同成长期的独角兽企业提供有效资金支持。独角兽企业股权投资基金可按照企业融资金额 3%~9% 的比例对企业进行投资，其中投资金额的 1/3 份额所购股权 1—2 年内按"投资额 +8% 收益"由企业核心团队回购，帮助企业团队锁定股份。

二是建立完善的现代金融体系。建议学习美国做法，构建以种子和天使投资、早期 VC、晚期 VC 等为主要内容的创业融资体系。努力构建直接融资体系，完善政策性担保和周转基金政策，加大风险补偿力度，为风险投资提供退出通道，促进风险投资实现价值最大化。审慎探索风险信贷，可在南昌试点成立"南昌创业银行"，并加快推广科技保险，共建信贷风险控制体系。充分发挥江西省企业融资服务网络系统作用，实现独角兽企业融资需求网上对接常态化。

三是鼓励上市并购重组。加大独角兽企业上市培育力度，加快推进企业在境内外上市并购重组。建议将符合条件的独角兽企业优先列入重点拟上市企业名单并加以培育，抓住证监会大力支持"四新"企业的有利机遇，加强与证监会、沪深交易所的沟通协调，为独角兽企业上市创造条件。

（三）落细落实人才新政

独角兽企业既需要集聚技术精通的专才，更需要懂管理、熟市场、通金融、善驭人的通才。

一是拓展人才引进渠道。加大科技创新、文化创意、管理、金融、高技能等人才和团队的引进力度，拓展遴选引进范围，简化引才手续，在人才的引进、评价、激励等方面打出"组合拳"，为人才提供居留和出入境、落户、医疗、保险、住房、配偶安置、子女就学等服务，用平台、事业、待遇、感情留住人才。

二是为本土人才提供成长空间。对标中组部"千人计划""万人计划"、科技部"创新人才推进计划"、人社部"百千万人才工程"、教育部"长江学者奖励计划"等国家级、省部级人才项目，遴选推荐优秀的本土人才，对特别优秀的人才在团队建设、职称晋升、岗位聘任等方面开通绿色通道，促进本土人才快速成长。同时，推进众创空间与高校合作，完善创业导师体系，深化创新创业教育体系，激发大学生创业热情。

三是大力推动人才国际化。可借鉴杭州做法，通过实施"全球聚才十条""开放育才六条"等政策，聚焦国际人才引育留用机制，重点围绕外国人才引进和本土人才国际化培养，针对企业家、专业技术人才、高技能人才、金融人才等系统开展国际化能力培养。

（四）夯实信息平台支撑

互联网时代，信息是生产之基、利润之源。要着力打造信息平台，为独角兽企业孕育成长营造良好的生态圈。

一是加大平台型企业培育力度。大力推行"平台型企业培育计划"，着力培育具有较强整合能力的大型互联网平台型企业和制造业平台型企业，构建行业发展生态圈，为科技创新型企业拓展渠道、降低风险等提供支撑。

二是建立高水平创新服务平台。在重点区域整合公共服务资源，建立"跨区域公共服务平台"，形成区域性公共服务竞争优势，吸引更多创业人才和团队开展创新活动，通过创新服务平台整合资源、链接资源、高效配置资源，实现跨界融合。

三是加强资源整合。通过集聚创新资源，打造创新支持、导师辅导、投融资平台、新经济企业俱乐部等在内的一体化创新生态环境，不断优化技术、人才、资本、信息等创新要素供给能力，为独角兽企业成长提供多维度资源。

（五）优化创新创业生态

独角兽企业是典型的创新型企业，对创新环境要求更严更高，政府应主动作为，精准施策。

一是建立健全独角兽企业梯度培育体系。借鉴北上杭深培育独角兽企业的经验做法，由第三方机构根据国际标准遴选出"江西种子企业、瞪羚企业、独角兽企业、行业龙头企业排行榜"，每年定期进行更新，从企业认定、政策扶持、金融支撑、人才赋能、专业服务等方面着力，为不同梯度的新经济企业开展针对性服务，构建符合市场规律的培育机制，助力独角兽企业孵化成长。

二是加强知识产权保护。加快制定《江西省重点跟踪保护商标名录》，建立健全技术事实查明体系，推进知识产权民事、行政、刑事"三合一"审判机制改革，严格知识产权司法保护。深化知识产权执法维权"雷霆"专项行动，突出涉外高知名度商标和专利等保护，扩大重点企业范围。

三是提升服务水平。以各省（自治区、直辖市）同类事项最优服务为标杆，进一步下放审批权限，精简办事手续和流程，在社会投资、不动产登记、纳税、水电气接入、信贷等方面出台一揽子政策，完善"只跑一次""一次不跑""一次办好"清单，提高企业投资和客商办事的获得感和舒适度。

作者：

熊　花　景德镇陶瓷大学人事处副处长、研究员，江西省首届省情研究特约研究员

江西省鼓励科技人员创新创业政策研究

陈春林　林浩　邹慧　尹钢

内容提要：江西省鼓励科技人员创新创业有关政策的出台，有效促进了省属科研院所和部分高校科研成果的转移转化和科技人员的创新创业。但该政策在执行过程中仍遇到基础性制度变革跟进不足、忽视科研和科技成果转化规律、其他人文社会环境因素阻碍等问题。进一步推动江西省科技人员创新创业，建议做好政策与配套政策之间的衔接，从源头引导科研方向注重市场意识，重视基础研究建设，倡导科研团队式创业模式，扶持新产品与市场对接，设立专门事务部门承载各环节衔接难题。

党的十八届三中全会以来，中国经济发展进入新常态。作为落实创新驱动发展战略的重大举措，"大众创业、万众创新"已上升到国家经济发展新引擎的战略高度。科技人员不但是创新创业的主体，还是创新创业的践行者，更是各国提升国际竞争力的核心。

为把科技人员打造成创新创业的主力军，国家层面出台了不少政策。自2015年以来，我国密集出台了多部与科技成果转化相关的政策法规，初步形成了科技成果转化"三部曲"，即《中华人民共和国促进科技成果转化法》（2015年修订）、国务院发布的《实施〈中华人民共和国促进科技成果转化法〉若干规定》（2016年3月）和国务院办公厅发布的《促进科技成果转移转化行动方案》（2016年5月）。2016年7月，国务院出台了《"十三五"国家科技创新规划》，第二十一章专门聚焦完善科技成果转移转化机制。2016年10月，中共中央办公

本文于2017年11月发表，获时任省委书记、时任省长、时任省委常委、常务副省长，副省长等4位省领导肯定性批示。

厅、国务院办公厅印发了《关于实行以增加知识价值为导向分配政策的若干意见》，鼓励科技人员通过科技成果转化获得合理收入，加强科技成果产权对科技人员的长期激励。2017年3月，人力资源和社会保障部印发了《关于支持和鼓励事业单位专业技术人员创新创业的指导意见》。

2015年前后，北京、天津、江苏、黑龙江等地都出台了一些政策推动本地创新创业工作的开展，比如北京的"京九条""京校十条"、天津市的《科技企业创新创业新十条》、南京"科技九条"、哈尔滨"科技创新39条"等。在国家创新创业政策的指导和推动下，全国31个省市区相继出台了地方政策，推动本区域内创新创业工作的有效展开。

为深化科技体制机制改革，激励广大科技人员创新创业，2015年4月1日，江西省人民政府办公厅印发了《关于鼓励省属独立科研院所科技人员创新创业的试点办法》（以下简称"赣八条"），在政策方面最大限度地给了科研院所及科技人员创新创业的自主选择权。2016年4月20日，江西省人民政府出台了《江西省鼓励科技人员创新创业的若干规定》（以下简称"赣十条"），进一步扩大了鼓励科技人员创新创业的试点主体和范围。

一、取得的成效

为了持续跟踪"赣八条"和"赣十条"两项政策的执行成效，课题组通过向试点单位发放调查问卷、座谈调研等方式，对省属独立科研院所及部分省内高等院校在科技成果转移转化、收益分配、科技人员离岗或在岗创新创业等方面的情况进行了统计，具体情况如下。

（一）科技成果转移转化情况

"赣八条"实施半年，省属独立科研院所共转移转化科技成果174项，取得转移转化收入2245.188万元；"赣十条"实施半年，省属独立科研院所共转移转化科技成果166项，取得转移转化收入2572万元（同比增长14.56%）。

2015年，省属独立科研院所共转移转化科技成果189项，取得转移转化收入2842万元；2016年，省属独立科研院所共转移转化科技成果174项，取得转移转化收入4673.22万元（较2015年增长64.43%）。

表1 江西省属独立科研院所科技成果转移转化情况

统计周期	转移转化成果（项）	转移转化金额（万元）
"赣八条"实施半年	174	2245.188
"赣十条"实施半年	166	2572
2015年	189	2842
2016年	174	4673.22

"赣十条"实施半年，省内高等院校（部分）共转移转化科技成果96项，取得转移转化收入2475万元；2016年共转移转化科技成果189项，取得转移转化收入6247.31万元。

表2 江西省高等院校科技成果转移转化情况

统计周期	转移转化成果（项）	转移转化金额（万元）
"赣十条"实施半年	96	2475
2016年	189	6247.31

（二）成果转化收益分配情况

省属独立科研院所在"赣八条"实施半年时，分配的科技成果转移转化收益仅为57.4万元，而2015年全年收益分配金额则达到702.7万元；在"赣十条"实施半年时，收益分配金额为429.7万元，2016年全年收益分配1099.13万元，较2015年增长56.4%。按照"赣八条"和"赣十条"规定比例执行奖励的单位在半数以上。

表3 江西省属独立科研院所科技成果转移转化收益分配情况

统计周期	收益分配金额（万元）	占转移转化收入比例（%）	按规定比例分配的单位占比（%）
"赣八条"实施半年	57.4	2.56	50
"赣十条"实施半年	429.7	16.71	57.1
2015年	702.7	24.73	50
2016年	1099.13	23.52	62.5

省内高等院校（部分）在"赣十条"实施半年时，收益分配金额为2165万元；2016年全年收益分配2292.5万元；83.3%的高等院校按照"赣十条"规定比例执行了对研究开发和科技成果转移转化团队的奖励。

表4 江西省高等院校科技成果转移转化收益分配情况

统计周期	收益分配金额（万元）	占转移转化收入比例（%）	按规定比例分配的单位占比（%）
"赣十条"实施半年	2165	86.95	66.7
2016年	2292.5	36.7	83.3

（三）离岗和在岗创业情况

截至2015年底，参与试点的省属科研院所离岗创新创业31人（其中处级及以上领导离岗创新创业1人），在岗创新创业23人，科技人员创办领办企业12家，企业注册资本563万元。

截至2016年底，参与试点的省属科研院所离岗创新创业42人（其中处级及以上领导离岗或在岗创新创业3人），在岗创新创业38人，科技人员创办领办企业8家，企业注册资本2504万元；参与试点的省内高等院校（部分）离岗创新创业20人（其中处级及以上领导离岗或在岗创业11人），在岗创新创业62人，科技人员创办领办企业52家，企业注册资本18080万元。

表5 江西省科研院所及高等院校离岗、在岗创新创业情况

	2015年	2016年
离岗创新创业（人）	31	62（科研院所42，高校20）
在岗创新创业（人）	23	100（科研院所38，高校62）
处级及以上领导离岗或在岗创新创业（人）	1	14（科研院所3，高校11）
科技人员创办领办企业（个）	12	60（科研院所8，高校52）
企业注册资本（万元）	563	20584（科研院所2504，高校18080）

对比来看，省属科研院所2016年较2015年离岗创新创业人数增长了35.48%（其中处级及以上领导离岗创新创业增长200%），在岗创新创业人数增长65.22%，科技人员创办领办企业数量减少33.33%，但企业注册资本增加了344.76%，说明科技人员创办领办的企业规模在壮大。

参与试点的科研院所和高等院校，对政策进行了认真解读和宣讲，在充分征求各方意见的基础上，结合单位的实际情况，大部分单位都制定了相应的"实施细则"，超过半数的单位有专门的成果转移转化机构，为政策的落地实施提供了保障。

政策给予了科研院所、高等院校充分的成果处置自主权,以提高科技成果转移转化比例。通过2015、2016年省属独立科研院所科技成果转移转化的情况对比,以及科技人员在岗和离岗创新创业情况对比,笔者认为"赣八条"和"赣十条"有效地促进了科技成果的转移转化和科技人员的创新创业。

二、遇到的问题

(一)基础性制度变革跟进仍然不足

通过对江西省内主要科研机构和部分高校的调研,课题组发现,相关联的政策本身不能配套跟进,仍然是目前的根本症结之一。江西省内针对科研事业单位的财务、审计、纪检、人事等方面的地方政策,在实际操作过程中并未随"赣八条""赣十条"作相应调整,这导致创新创业中的那些涉及财务、审计、纪检、人事等方面的事项,操作上尚无细则可遵循,这也就形成政策制定和政策执行内在逻辑不顺的问题。

1. 产权归属内在矛盾隐性存在

虽然"赣八条"和"赣十条"明确了单位对科技成果的使用、处置和收益分配权,但是涉及实际操作时,仍然障碍重重。因为没有很好的成果对外公开机制、成果获取机制、成果定价机制,多年来存储的成果,合理合法的推入市场仍然很难,没有明确的体制机制可依循。产权制度和形成竞争环境的市场制度的底层基础性制度变革是当务之急。高校、科研机构仍需要开展大量探索,积极创新机制,在实际运作中,一些政策"隔离墙"和风险仍需不断破解。

2. 收益分配执行问题依旧存在

通过调查问卷及调研座谈等方式发现,试点以来,省内很多科研院所及高校结合自身情况,及时地制定了相应的执行细则,但仍有部分单位没有贯彻"赣八条"和"赣十条"精神,科技成果转移转化收益的分配方案仍延续老原则、老办法,未能充分调动科技人员从事成果转移转化的积极性。尤其是收益分配税收制度,现有细则未明确规定对科技成果转移转化净收益及作价股权这类收益的个人所得税如何征收,按照传统税收方式,很难起到激励作用。

3. 人事等制度没有配套跟进

推进科技人员创新创业,一方面要有一套与之相适应的人事制度,集聚相应人才，给予人才相应的待遇，从而辅助科技人员创新创业政策的推进。另一方面，科技人员是否选择创新创业，往往会和传统科研能获取的成本收益进行对比，一套符合科技人员"双创"大背景的职称评价制度，必然有利于科技人员轻松上阵，摆脱对传统名利的追逐。如果职称评定制度并没有与时俱进，没有配合创新创业活动，按照现有的单一的成果评价体系，评价主体非市场化（现有的职称评定指标主要是项目和论文），不少科技人员会担忧，一旦工作重心往创业倾斜，势必影响他们的项目和论文数量，如此会不利于其职称评定，从而弱化科技人员的创新创业热情。

（二）没有充分重视科研和科技成果转化本身的规律

1. 忽视了科技成果转化为生产力需要的时间过程

长期以来，科技成果进入市场、获取市场价值这一关键环节，基本是不受重视的最弱一环。科技成果转化为生产力，需要一个过程，从成果初步应用，到形成产品，直至达到规模化、产业化阶段，是一个长周期过程，有的三年五年，有的十年八年甚至更长时间。区域科技创新局面的升华是方方面面因素逐渐积累、由量变到质变的过程。"赣八条""赣十条"是一座航标，它将全省的科研工作逐步导向市场、导向应用领域，但千万不能操之过急。相关激励政策应长期实行，其政策红利可待长期释放。

2. 基础研究与应用研究的冲突

事实上，科研很重要的一部分属于基础研究，它们不需要转化，也不能转化。例如，一些基础性或公益类研究，其科研成果本身并不存在直接转化的问题，该类研发活动主要通过知识的创造和传播来对经济社会发展发挥重大作用，现行科技成果转化指标无法体现该类成果的价值。此外，像农林类等公益性强的科研单位，单位的科研成果一般存在周期长、公益性大、开放性强、保密性不够的问题，同时，农林行业服务对象商业化低，大型企业较少，科技成果转化市场弱，这些特点决定着农林类等公益性科研机构在进行科技成果转化时相对其他应用型研究机构处于劣势。另外，相当一部分本来为了应用的技术成果，因为在科研立项的时候就"脱离了实际"，成果鉴定之后，只能束之高阁成为"展品"。还有，因为企业与科研机构，特别是高校的价值体系不同，一些产学研合作"拉郎配""重形式、轻内容"，产生了许多难以消化的"夹生"技术。

3. 成果转化以隐性形式变通，以规避风险

由于现有成果转化机制的不够完善，目前有一些成果转化以变通形式进行。特别是在科技成果转化法修订前，由于涉及国有资产转移问题，政府资助形成的科技成果在成果估值、转让收益处置等环节手续繁琐，规定不明，机构和个人都不愿承担成果转化中的风险。对成果显性转移转让的主动回避，导致大量的科技成果转化活动都以委托开发、技术服务等隐性形式变通开展，无法纳入现在的成果统计体系。此外，基于科技成果转化收入分配的纳税标准缺少激励机制，为了少纳税，科技成果转化的净利润也会以增加成本的形式来隐性变通。

4. 成果转化和创业依托科研团队形式，明显优于个人

"赣八条"和"赣十条"并没有明确指出科技人员以个人名义还是团队名义投入科技成果转移转化或者创业。省内主要科研院所从事科技成果转移转化活动，往往是以科研团队的形式参与，而从事创业活动尤其是离岗创业，往往是以科技人员单个人的形式出现。创业是一个复杂的经济社会活动，而且科技创业涉及的风险很大。相较于技术转移转化和技术服务依托于科研团队承接，科技创业更需要单位提供相应的科研设备和科研团队支撑。但在现有政策条款下，显然科研单位不支持也不愿意如此操作，在缺乏一定的政策引导和破壁基础上，科技创业基本不可能依托于科研团队。调研发现不少有创业意愿的科技人员都表示了对科技创业难度、科技创业风险的担忧，也希望获得更多的创业支持，如果能依托原所在科研团队的力量，想必科技人员投入创业的热情，还有实际行动人数都会大大提高。当然，如果能由课题组成员以团队的形式在岗创业，势必更会大大激发创新创业热情，降低创业困难和风险。

（三）其他人文社会环境因素

1. 存在"不求有功但求无过"的思想

调研发现部分科研单位的领导觉得一旦涉及大额度的科技成果转化收益分配、科技成果定价评估出现明显偏差时，无法承担这些问题背后可能存在的失职风险，甚至希望将成果的定价、使用审批等权限还回上级主管部门。究其原因是对"赣八条""赣十条"文件理解还不够透彻，存在"不求有功但求无过"的思想。

2. 科研单位基于自身利益对政策潜在地抵制

一些应用型的科研院所担心一旦员工离岗创业，尤其是掌握核心技术的科技

人员走出去创业，作为同行可能在市场上成长为单位的竞争对手，对单位自身的发展非常不利。此外，一些科研院所领导指出，如果大量的科技人员出去创业了，那么单位的日常科研谁来承担，这必然会削弱单位的科研实力。

3. "双创"依托的三大投入要素匮乏

"双创"依托的三大投入要素是人才、资金和成果。在促进科技人员创新创业过程中，很多单位反映缺乏复合型人才。一方面，江西不是教育大省，自己培养的优秀人才相对较少；另一方面，由于经济发展水平等因素，江西还是人才净流出的省份。江西省的风险投资机构相对全国而言数量也是很少的。目前江西在科技金融上政府投入力度还不够大，市场规模还较小，且市场投入结构不太利于初创企业的投融资发展。江西省的科研机构有效发明专利及专利转让许可数量和获得的收入在全国的排名非常靠后，可供转化的科技成果数量不足。

三、对策与建议

（一）做好政策与配套政策之间的衔接

在政策实际执行过程中，进一步延展财务、审计、纪检、人事等方面的执行细则，使之与江西创新创业新政相衔接。进一步提高政策的可操作性，利用财政、税收等手段激励科技成果转移转化，尤其在个税方面寻求一些突破。

（二）从源头引导科研方向注重市场意识

从现在起必须从源头抓起，重市场意识，提升可转化的科技成果的数量。要将科研立项的主导思维一步步扭转，将"学术思维""专家思维"主导的立项更多地引入"市场思维"的立项，同时还建议给予一些高科技企业的技术负责人部分权限，来共同核准科技项目的立项。毕竟某一个应用技术项目应不应该立项、立项时机是否恰当、应该投入多少经费、如何监督执行，这些问题企业往往比专家更清楚。在科研项目指南的确定和立项评审中，让相关领域有代表性的企业负责人拥有更多的发言权，可以减少"学术思维"主导带来的立项误区。

（三）基础研究建设同样不容忽视

当今世界，科技发展正孕育着一系列革命性突破，发达国家和新兴工业化国家纷纷加大重大科技基础研究投入，扩大覆盖领域，抢占未来科技发展制高点。不能忽视基础研究的重要性，虽然不需要完全覆盖各大科研前沿领域，但是全省重点科研领域和配套产业领域,基础研究的合理布局和支持力度一定不能松懈,创新创业政策在紧盯科技成果转化和应用研究的同时,也要适度重视科技成果的研发土壤。

(四)政府在成果中试阶段要承担重要角色

科技成果转化过程包括技术研发、中试、产业化三个环节,按国外统计数据,三个阶段资金需求比例是1:10:100。第一阶段一般由国家投资完成,第三阶段为有企业愿意投资,而中试阶段风险最大,形成了科技成果转化的"死亡谷"。资金瓶颈是"死亡谷"首先要解决的难题。目前我国政府和市场化风险投资公司通常注重两头,即"1"与"100"的投入,而关键的中试环节"10"却鲜有问津。

在中试阶段,建议政府可统筹科技、财政、银行共同设立科技贷款风险补偿资金,通过政府提供信用担保、与银行风险共担的方式,为科技成果中试期输血;同时,加快产权交易平台的建设,完善股权登记托管、知识产权登记评估、企业信用服务、各类产权交易功能,帮助科技人员解决融资难题。

(五)倡导科研团队式创业模式

鉴于科技创业涉及的风险大,技术转移转化和技术服务需要单位相应科研设备和科研团队的支撑,因此,需要鼓励和探索由课题组成员以团队的形式在岗创业的模式,解决个人创业顾忌太多和成功率太低的难题。此外,在高等院校和科研院所设立一定比例流动岗位,鼓励有创新实践经验的企业家和企业科技人才到高等院校和科研院所兼职,鼓励科技人员在事业单位和企业间合理流动,强化科研和科研产业化间的沟通渠道。

(六)扶持新产品与市场的对接

将自主创新产品及时纳入政府采购范畴,以此支持江西本省的科技创业,可以有效扶持新产品和市场的对接。新的技术产品走向市场,既是研发的目标,也是持续创新的动力。科技创业人员的新产品如何及时纳入省内采购范畴,这中间的时滞如何缩短,纳入采购范畴的申请流程、评断标准等具体体制机制的设定等仍需要继续跟进。此外,不只是自主创新产品的购买,政府推进科技中介服务机构发展的有效措施之一就是购买服务。但是相对于自主创新产品的购买,我们对科技中介服务的购买更为薄弱,这也是未来要关注、重视并解决的重点。

（七）设立专门事务部门来承载各环节衔接难题

调研中，科技人员反映的科技成果转化和创业过程中很多流程的不那么顺畅是一个突出的事实。除了落实产业链和创新链的载体建设，建议配套一个专门的事务性部门，接受有关科技成果转化和创业过程中问题的申诉，给予必要的协调解决。这个事务性部门要承担为科技人员成果转移转化和携成果创业解决细节的耐心，也要承担法律条款冲突这类原则性问题的修正作用。毕竟"双创"这么重要的一件大事，完全凭借市场主体，或者完全凭借政府的政策法规，都不足以发挥足够作用，而设立一个承上启下的事务性部门，就非常有必要了。据悉，2017年8月，武汉市成立了全国首个科技成果转化局，以充分挖掘在汉高校院所的科技成果这个"富矿"，促进就地产业化，形成源源不断的现实生产力。

作者：

陈春林　江西省科学院科技战略研究所副主任、助理研究员，江西省首届省情研究特约研究员

林　浩　江西省科学院科技战略研究所主任、副研究员，江西省首届省情研究特约研究员

邹　慧　江西省科学院科技战略研究所所长、研究员，江西省首届省情研究特约研究员

尹　钢　江西省科学院科技战略研究所助理研究员

07

江西省PPP项目资产证券化的思考与建议

罗良清　许可

内容提要：PPP项目存在明显的投资回收期长、资本流动性不足等问题，由此PPP模式与期限分割、信用分层和流动性多样的可上市交易的资产证券化产品有着天然的结合需求。PPP模式有短期依靠政府补贴、长期依靠运营效率提高、资运动作贯穿始终等3个支点。从当前江西省PPP项目现状及资本运作的角度看，资产证券化可以作为江西省PPP项目建设期首轮融资后的再融资和退出的重要金融工具。

当前，城镇化融资压力巨大，按照到2020年实现60%城镇化的目标和目前近2亿"半城镇化"人口市民化测算，预计新增投资将超过50万亿元。在城镇化、基础设施大力推进的同时，中央加强对地方债务的规范治理，可能出现我们担心的"债务断层"或者说"债务断崖"现象——地方政府基础设施建设需要大量资金，旧有的以土地财政为核心的融资模式遭遇瓶颈，再融资受阻于资产负债率红线，贷款压力和债务风险逐渐积聚和暴露。

从2014年8月31日通过新的《预算法》开始，国务院和各相关部门陆续发布了一系列具体措施，PPP模式成为地方政府新的融资模式。国务院及财政部、发改委等有关部门从政策法规、融资支持等方面给予PPP模式直接的指引和扶持，尤其是在城镇化建设中，为应对资金缺口、减轻政府债务负担，PPP发展空间巨大。PPP项目通常是设立专门的SPV，由SPV负责项目投融资、建设和运营管理。但不同于地方融资平台，该模式下的SPV融资不再纳入政府债务，PPP项目通常投资期限长、投资规模大、投资收益率不高，为方便搭建复杂的表外融资

本文于2018年5月发表，获副省长肯定性批示。

结构，实现融资的有限追索或无追索，有效隔离投资风险，项目还款来源主要为项目自身收益及政府补贴，通过 PPP 模式形成的项目公司债务不再纳入政府债务，项目融资不再有政府信用兜底。社会资本可依法设立项目公司，项目融资可以由社会资本或项目公司负责。尤其是随着江西省城镇化进程的推进，银行贷款将进一步深入县级平台，银行及相关金融机构有动力要求地方政府将一部分优质的存量资产证券化。

一、江西省 PPP 项目资产证券化的必要性分析

根据财政 PPP 综合信息平台数据分析，截至 2018 年 4 月末，江西省入库项目 549 个，投资金额 3795 亿元，涉及市政、生态建设与环境保护、社会保障、农业、能源、交通运输、水利建设、旅游等 19 个行业。其中，项目管理库（是指已发布的准备、采购、执行和移交阶段项目，已完成物有所值评价和财政承受能力论证的审核）193 个，投资金额 1648 亿元；项目储备清单（是指已发布的识别阶段项目，是地方政府部门有意愿采用 PPP 模式的备选项目但尚未完成物有所值评价和财政承受能力论证的审核）294 个，投资金额 1715 亿元。但全省入库项目落地率为 33.7%，表明经过三年多的努力，江西省 PPP 发展迅速，但落地情况仍不太乐观，融资难和退出渠道不畅依旧是掣肘 PPP 落地的关键因素。而资产证券化可同时破解这两大难题，有效助力项目落地，对于 PPP 模式推广十分必要。PPP 项目资产证券化对 PPP 项目的发展主要有四个方面作用。

一是拓宽融资渠道。对于有符合要求的基础资产的 PPP 项目，通过发行资产支持证券为项目融资，能盘活存量资产，将原本只能在一级市场上交易的资产在二级市场流通，提高其流动性，有效拓宽 PPP 项目的融资渠道，破解项目融资难题。

二是降低融资成本。资产证券化产品一般会进行结构化设计，一般分为优先和劣后两级，部分还可增加中间级，通过风险收益匹配，再加上增信措施提升债券的信用评级，可达到降低融资成本的目的。

三是优化财务状况。资产证券化通过设立 SPV，可将基础资产和原始权益人的其他资产分离，实现基础资产和其他资产的破产隔离。基于此，资产证券化可视为表外融资，进而增强资产流动性，优化资产结构。

四是丰富退出方式。对于PPP项目投资产生的收益或稳定的现金流，如高速公路、桥梁、供水、供热、供气所产生的收费收益权，可借助资产证券化，转化为可上市交易的标准化产品，实现资本流动，丰富社会资本的退出方式。

二、江西省PPP项目资产证券化可行性分析

在江西省开展PPP项目资产证券化是否可行，以下将从资产证券化的相关文件和PPP政策法规两方面进行论证。

（一）PPP项目资产证券化文件支持

2016年5月13日，证监会发布《资产证券化监管问答（一）》，能够资产证券化的PPP项目范围得以界定：PPP项目开展资产证券化，原则上需为纳入财政部PPP示范项目名单、国家发展和改革委员会PPP推介项目库或财政部公布的PPP项目库的项目。PPP项目现金流可来源于有明确依据的政府付费、使用者付费、政府补贴等。其中涉及的政府支出或补贴应当纳入年度预算、中期财政规划。比如，江西省分四批次入选财政部全国政府和社会资本合作示范项目24个（包含调出项目），投资金额186亿元。除去因尚未落地和推进困难被调出的5个项目，其余19个项目均可实施资产证券化。

（二）PPP项目资产证券化的政策支持

表1　PPP项目资产证券化的相关文件和政策

日期	政策	主要内容
2014年9月21日	国务院关于加强地方政府性债务管理的意见（国发〔2014〕43号）	推广政府和社会资本合作模式。投资者或特别目的公司可以通过银行贷款、企业债、项目收益债券、资产证券化等市场化方式举债并承担偿债责任
2014年11月16日	国务院关于创新重点领域投融资机制鼓励社会投资的指导意见（国发〔2014〕60号）	支持重点领域建设项目开展股权和债权融资。大力发展债权投资计划、股权投资计划、资产支持计划等融资工具，延长投资期限，引导社保资金、保险资金等用于收益稳定、回收期长的基础设施和基础产业项目。支持重点领域建设项目采用企业债券、项目收益债券、公司债券、中期票据等方式通过债券市场筹措投资资金。推动铁路、公路、机场等交通项目建设企业应收账款证券化

续表：

日期	政策	主要内容
2015年4月25日	基础设施和公用事业特许经营管理办法（第25号令）	鼓励通过设立产业基金等形式入股提供特许经营项目资本金。鼓励特许经营项目公司进行结构化融资，发行项目收益票据和资产支持票据等。鼓励特许经营项目采用成立私募基金，引入战略投资者，发行企业债券、项目收益债券、公司债券、非金融企业债务融资工具等方式拓宽投融资渠道
2015年5月5日	交通运输部关于深化交通运输基础设施投融资改革的指导意见（交财审发〔2015〕67号）	对于特许经营收入不能完全覆盖投资运营成本的项目，可采取政府对BOT项目在建设期（或运营期）给予适当政府投入的方式。投资者或特别目的公司可以通过银行贷款、企业债、项目收益债券、资产证券化等市场化方式举债并承担偿债责任
2015年8月10日	关于银行业支持重点领域重大工程建设的指导意见（银监发〔2015〕43号）	增强信贷投放能力。扩大信贷资产证券化基础资产范围，加快信贷资产流转，盘活信贷存量。探索创新融资模式。积极推进资产证券化，盘活重大项目信贷资产。针对政府和社会资本合作（PPP）项目的特点，创新金融服务，拓展重大工程建设的融资渠道和方式
2016年8月30日	国家发展和改革委员会关于切实做好传统基础设施领域政府和社会资本合作有关工作的通知（发改投资〔2016〕1744号）	构建多元化退出机制，推动PPP项目与资本市场深化发展相结合，依托各类产权、股权交易市场，通过股权转让、资产证券化等方式，丰富PPP项目投资退出渠道
2016年12月6日	国家发展改革委、农业部关于推进农业领域政府和社会资本合作的指导意见（发改农经〔2016〕2574号）	创新金融服务与支持方式。着力提高农业PPP项目投融资效率，鼓励金融机构通过债权、股权、资产支持计划等多种方式，支持农业PPP项目
2016年12月26日	国家发展和改革委员会、中国证监会关于推进传统基础设施领域政府和社会资本合作（PPP）项目资产证券化相关工作的通知（发改投资〔2016〕2698号）	这是国务院有关部门首次正式启动PPP项目资产证券化，明确PPP项目资产证券化的范围和标准，优先选取符合国家发展战略、主要社会资本参与方为行业龙头企业的PPP项目开展资产证券化
2017年6月19日	关于规范开展政府和社会资本合作项目资产证券化有关事宜的通知（财金〔2017〕55号）	财政部、中国人民银行、证监会联合发文规范推进PPP项目资产证券化工作，分类稳妥地推动PPP项目资产证券化，扩大了PPP项目资产证券化的相关主体，细化了PPP资产证券化的相关规定

从上分析得出，无论是文件方面，还是政策方面，在江西省开展PPP项目资产证券化是可行的。

三、开展 PPP 项目资产证券化可供选择的基础资产及基础资产需满足的条件

（一）可供选择的基础资产

根据财金〔2017〕55 号文的要求，对于项目公司开展资产证券化是最为鼓励的，一是发行时间无要求，项目公司股东需在建成运营满两年，项目公司其他相关主体是在运营期内，项目公司则可探索在建设期内发行资产证券化产品；二是发行额度无限制，项目公司控股股东有股权带来现金流现值 50% 的上限，其他股东有 70% 的上限。因此，对于 PPP 项目公司，可进行资产证券化的基础资产分为两类。一是经营性项目建成后的运营收益，即 PPP 项目带来现金流的收益权。如水电气热收益权、高速公路收费收益权、公园门票收益权、医院特定收费收益权等。二是非经营性项目的政府支出或补贴。但需要纳入年度预算、中期财政规划，对于不能产生收益或者收益难以覆盖成本的 PPP 项目，往往需要依赖财政支持，通过将涉及的政府支出或补贴纳入预算和规划，PPP 项目现金流来源将有明确依据，独立且可预测，进而可作为资产证券化的基础资产。

（二）基础资产需满足的条件

一是符合法律法规规定。基础资产必须合乎法律法规、规章及其主管机构规范性文件的规定，不能由发起机构（原始权益人）与特殊目的机构自己创设。二是权属明确。在 PPP 模式中，原始权益人合法拥有基础资产，对基础资产具有完整的财产权利和处置权利，不存在任何权利瑕疵。三是现金流独立、可预测。资产证券化是以基础资产未来产生的现金流作为偿付支持，因此必须高度关注基础资产的现金流状况。四是可特定化。一方面可便于计划管理人能够对基础资产的筛选、专项计划存续期间的资金流转过程实现有效监督；另一方面通过基础资产特定化，能够将基础资产与发起人的任何财务风险区分开来，通过真实出售，实现破产隔离。

四、江西省在推进PPP方面所做的主要工作及开展PPP项目资产证券化的政策建议

（一）主要工作

一是建立了工作专职机构。为加强对PPP工作的组织领导，进一步加大PPP工作的协调力度，江西省财政、发改等部门专门成立了PPP工作机构，落实相关人员负责PPP工作。

二是加强制度建设和宣传培训。江西省先后出台了在公共服务领域深入推进政府和社会资本合作工作、物有所值评价指引、项目以奖代补政策、政府和社会资本合作项目财政管理暂行办法、关于规范开展政府和社会资本合作项目资产证券化有关事宜的通知等文件，为PPP工作提供业务指导支持。同时，通过讲座、电视、报纸、网站等媒体宣传PPP政策，推介项目。《中国经济周刊》和《中国财经报》深度报道赣州市章贡区居家养老服务中心项目。

三是加强项目融资和扶持支持。江西省出台了《支持政府和社会资本合作模式发展专项奖励资金管理暂行办法》，按照示范项目新引入社会资本金额给予实施地政府一次性奖励。省财政厅组织江西省廖坊水利枢纽灌区二期工程等32个项目作为争取国家PPP基金支持的重点项目与中国政企合作基金有限公司进行洽谈，萍乡市湘东区麻山生态新区人居环境建设项目获得中国PPP基金3亿元的资金支持。省发改委在全省重点筛选了前期工作比较成熟、适合社会资本对接的18个传统基础设施领域PPP项目，总投资327.93亿元，作为2018年江西省第一批传统基础设施领域PPP示范项目向社会发布推介。其中，昌九客专项目是省政府按照国家政策导向，明确以PPP模式推进实施的省级重点重大项目。项目拟采用BOOT模式实施，投资回报机制为"使用者付费+可行性缺口补助"。此项目采取PPP模式推进，将对全省推广运用PPP模式产生重要影响。

（二）政策建议

虽然全省各地政府推进PPP模式的积极性很高，但是融资难仍然是江西省PPP实践较难跨越的一道坎，是很多PPP项目最终难以落地的主要原因。因此，开展PPP项目资产证券化势在必行。建议如下：

1. 以项目为主，开展PPP项目资产证券化

江西省PPP资产证券化能否健康开展，根本上讲还是要进一步增强全省各级地方政府的风险意识，采取有效措施，加大监管力度，提高PPP项目质量。省财政厅、省发改委要加大督导力度，坚决纠正明股实债、固定回报、政府兜底等"伪PPP"项目，强化财政能力论证10%的硬约束，坚决防范PPP项目运营的风险蔓延到投资人、投资市场。

2. 针对发行人不同类型，分类推动PPP项目资产证券化

从基础资产看，管理库中江西省能源、交通运输、水利建设、市政等具有收费收益权领域的113个项目，都能带来持续稳定的现金流，契合资产证券化基础资产特征，均可开展资产证券化。实质是将未来收入提前变现，实现项目再融资，降低项目总体融资成本。PPP项目公司股东以股权收益权开展资产证券化，能够盘活存量资产，回笼部分现金，实现轻资产运作的目的。因此，针对发行人不同类型和定位，分别设置发行条件和标准，对股权和收益权的变化实施比例控制。

3. 不能将PPP项目资产证券化作为社会资本方提前退出的渠道

PPP项目资产证券化虽然可以实现未来现金流的提前变现，但主要作为项目再融资和提高资产流动性的一个手段，不能放任社会资本方从PPP项目中全部退出，否则将导致项目专业化运营主体的缺位，这样做不符合PPP与运营商运营核心的要求，也不利于保障资产证券化产品投资人的利益。

4. 简政放权，优化PPP项目资产证券化审核程序

政府方和社会资本方应在PPP合同中事先约定相关各方的资产证券化权利和义务，相关发行人按照合同约定，依法履行资产证券化决策实施程序。全省各级地方政府不得因PPP项目增设审批审核事项，省财政厅、省发改委等相关部门可会同行业主管部门择优推荐资产证券化项目。进一步优化PPP项目资产证券化审核程序。与江西证监局共同研究建立PPP项目资产证券化业务受理、审核及备案的绿色通道。

5. 地方政府积极作为

PPP项目资产证券化的开展离不开所在地政府的高效协作与配合，地方政府还可以从以下几点助力PPP项目资产证券化的开展。

一是适当减少对于PPP项目开展资产证券化的行政干预。江西省有部分政

府与社会资本签署的PPP项目协议或特许经营协议中，往往存在政府方对于社会资本通过资产证券化等市场化方式实现退出或者对于项目经营权、收费权转让的限制性条款。而这种干预已经违背了依托各类产权、股权交易市场丰富PPP项目投资退出渠道的初衷。省直相关部门应要求各地政府在合同条款中减少对于市场化融资手段进行不必要的干预。

二是加快政府信用体系建设，防止PPP项目资产证券化进程被迫中断。在国内PPP项目资产证券化实践中，政府方违约、项目被征收或者提前收回经营权等情形的发生，势必将导致PPP项目资产证券化产品面临重大风险。同时，地方政府的信用以及负债水平也直接影响PPP项目证券化的开展。建议在PPP合同中明确所在地政府对项目进行征收、征用、提前收回经营权、建造（或批准建造）竞争性项目的限定条件以及出现前述情形时的合理补偿机制，以实现政府信用风险的合理转移。

作者：

罗良清　江西财经大学统计学院首席教授，江西省首届省情研究特约研究员

许　可　江西财经大学统计学院博士研究生

协调篇

08

进一步提升南昌城市核心竞争力 加快构建大南昌都市圈

彭峰 欧阳锦

内容提要：城市核心竞争力是城市为发展而进行资源优化配置的能力。近年来，南昌发挥要素集聚、科技引领、综合服务和辐射带动作用，城市首位度和综合实力稳步上升、主导产业和龙头企业显著增强、创新引领和人才驱动竞相发力、城市功能与品质大幅提升，"龙头昂起"效应初步显现，具备了进一步提升城市核心竞争力、打造大南昌都市圈的基础和条件；但也面临总量规模偏小、产业竞争力较弱、区域格局地位有弱化趋势等问题。为此，建议南昌做大城市规模、拓展腹地空间，建设现代化品质都市；弘扬城市美学、彰显城市特色，推进城市有机更新；提升创新能力、营造创新生态，建设"科技+金融"的新型城市；集聚各类人才、提升人才质量，打造中部地区人才高地；繁荣城市文化、发展文化产业，建设国家历史文化名城；提升开放水平、优化营商环境，打造内陆开放新高地。

城市核心竞争力是城市为发展而进行资源优化配置的能力，在一定程度上代表了发展要素在城市的集中程度，可以反映该城市的经济实力、城市影响力和辐射带动力。城市核心竞争力体现一个城市在特定区域内的强势指数，反映该城市对资源的集聚力和对周边的带动力；它的本质是集聚和辐射，先集聚引领后辐射带动。

随着省会城市日益壮大，我国经济发展正进入"强省会"时代，省会城市作为强有力的资源配置中心，对区域引领作用举足轻重。江西省委十四届六次全会提出推进大南昌都市圈建设，作为"一圈引领"的核心；打造大南昌都市圈，关

本文于 2019 年 4 月发表，获省长，时任省委常委、常务副省长 2 位省领导肯定性批示。

键是要让南昌这个"核心"强起来。当前,南昌要不断提升城市核心竞争力,加快引领带动大南昌都市圈发展。

一、提升南昌城市核心竞争力的有利基础和面临的问题

2012年6月,中共江西省委、江西省人民政府召开全力支持南昌发展、打造核心增长极动员大会,使南昌发挥要素集聚、科技引领、综合服务和辐射带动作用,成为全省先进制造业和服务业发展的先导示范区,真正昂起江西经济发展的"龙头"。经过多年的发展,南昌龙头昂起效应逐步显现,已具备了进一步提升城市核心竞争力的基础和条件。

——城市首位度和综合实力稳步上升。2018年南昌城市首位度是2.06,排在全国26个省会城市(拉萨除外,下同)第16位,比2012年前进2位。2018年,南昌GDP和财政总收入占全省比重分别为24.3%和24.7%,比2012年提高1.0和2.5个百分点,南昌综合实力进一步增强。从各类主要经济指标值和比重来看,地区生产总值、规模以上工业增加值、固定资产投资、实际利用外资、社会消费品零售总额等五项指标增速稳居全国省会城市第一方阵,地区生产总值和规模以上工业增加值两项指标增速位居中部省会城市首位。南昌成为我国经济发展最具活力和竞争力的城市之一,对全省的支撑引领作用明显增强。

——主导产业和龙头企业显著增强。南昌作为省会城市的要素集聚能力持续增强,成为国内外产业转移承接的重要目的地,集聚了一批大产业、大企业。当前,南昌已初步形成了由四大战略性新兴产业(汽车、电子信息、生物医药、航空装备)、四大传统优势产业(食品、纺织服装、材料制造、机电制造)和若干生产性服务业组成的"4+4+X"的产业发展体系。2018年,南昌拥有汽车、食品、电子信息三大千亿产业,与2012年比实现零的突破;龙头企业加速壮大,南昌有12家百亿企业,超过全省的一半,与2012年比,新增6家。其中,江铃集团主营业务收入突破1000亿元,正邦集团、双胞胎集团突破500亿元,一批成长性强的企业迅速崛起壮大。

——创新引领和人才驱动竞相发力。南昌市深入推进国家创新型城市建设和国家"两创"示范城市建设,创新成果丰硕。南昌航空科创城、南昌国家大学科技城以及中科院苏州纳米所南昌研究院等创新平台加快建设,国家级重点实验室、

工程技术研究中心、企业技术中心等研发机构不断增加。2018年，全市R&D经费占GDP比重1.7%，高新技术企业总数突破1000家，专利授权量13000件，每万人有效发明专利拥有量9.5件。2018年，出台"人才新政"22条，制定配套细则34个，人才落户超万人。实施"洪"字号系列人才计划，引进海内外"高精尖缺"人才137人次，柔性引进院士40人。设立全省首家诺贝尔奖院士工作站和国家级人力资源服务产业园，优化人才创新创业环境，致力打造人才蓝海。

——城市功能与品质大幅提升。近年来，南昌统筹推进、建管并重，城乡面貌大为改观，城区面积扩大了一倍，"大南昌"框架基本形成。立体交通项目加快建设，以"十横十纵"干线为基础的"三环"路网体系基本成型，地铁1号线、2号线首通段已开通运营，南昌西站成为高铁枢纽，昌北国际机场年旅客吞吐量突破1000万人次，龙头岗综合码头一期建成投入使用。学校、医院、商超、文娱等城市配套功能均衡布点，海绵城市、地下综合管廊、装配式建筑等城市建设加快推进，城市功能品质不断提升。深入实施了"美丽南昌·幸福家园"城乡环境综合整治三年行动，城市更整洁、更干净、更畅通、更文明，城乡环境质量显著提升。高铁等现代综合交通体系建设加快推进，缩短了南昌至周边城市的时空距离，提升了南昌城市内外通达能力，增强了区域辐射带动力。

纵向看成就，横向比差距。跳出南昌看南昌，把南昌放到全省、全国乃至全球的坐标考察，提升南昌城市核心竞争力的潜力仍然较大。

——总量规模偏小。从经济总量看，南昌在全国和中部地区排名较低。2018年南昌GDP总量只有5440亿元，远低于毗邻省会城市：广州超过2万亿元，杭州、武汉、长沙均过1万亿元，福州和合肥也都在7000亿元以上。南昌GDP排在全国26个省会城市的第16位、中部第5位，是排名全国第1位广州的23.3%、中部第1位武汉的37.3%。从人口分布看，南昌人口规模小、密度高、常住人口增长慢。2017年末南昌常住人口只有546万人，远低于毗邻的省会城市：广州超过1500万人，杭州、武汉都是超1000万人，合肥、长沙、福州也都超800万人；单位面积人口密度为长沙1.3倍、广州1.4倍、武汉1.5倍，城市承载功能较弱。南昌常住人口相比2012年仅增加了28万，人口年均增量只有5.6万，列中部省会第5，远低于郑州的14.7万、武汉的12.4万、长沙的10.1万、合肥的9.2万。随着2018年各地尤其是二线城市抢夺人才的愈发激烈，比如西安抢夺人才出狠招，3个月迁入人口便达21万，同时北上广深加入抢人大战，南昌面临更大挑战。从劳动力和高层人才数量来看，数量都偏少。南昌15—64岁的人口占总人口的72.8%，而武汉、长沙、合肥这一比例分别为81.9%、77.4%、73.1%；南昌每10万人中具有大学文化程度的为1.88万人，而武汉、长沙、合肥分别为2.52万人、2.36万人和2.18万人。

——产业竞争力较弱。从工业来看，产业规模不大、层次不高，既缺乏顶天立地的大企业，又缺乏铺天盖地的企业群体。目前，南昌千亿产业只有3个，而武汉、长沙、合肥分别有8个、7个和5个；南昌高新技术企业只有1000家，而武汉、长沙、合肥分别有3100家、2300家和1700家。从服务业来看，2017年南昌服务业增加值以2145亿元列全国省会城市第18位、中部省会城市末位，是全国第1位广州的13.8%、中部第1位武汉的29.6%；南昌服务业增长10.2%，增速仅快于GDP 1.2个百分点，占GDP比重仅为42.9%，相对增速和占GDP比重列全国省会城市末位，第三产业对经济增长贡献率较低。从产业层次来看，各地都在抢抓新的发展机遇，重视云计算、大数据、人工智能、区块链等新一代信息技术产业发展，南昌与毗邻的省会城市差距越来越大。福州有主板上市企业84家，数字经济类企业25家；合肥拥有主板上市公司44家，包括科大讯飞这样前景良好的数字经济类企业；南昌只有18家上市企业，几乎全是传统资源型制造企业，没有数字经济龙头企业。在未来的竞争中，南昌的产业结构缺少后发优势。

——区域格局地位有弱化趋势。从交通格局来看，南昌与中部省会城市的差距有所扩大。南昌虽然是全国42个综合交通枢纽城市之一，但在全国"五纵五横"综合运输大通道格局中，只有东西向的沪瑞运输大通道以南昌为节点，而武汉、长沙、郑州都有一纵一横贯穿境内。特别是近年来合肥的交通格局得到极大提升，成为京沪和沿江运输大通道的枢纽城市。从区域格局来看，南昌集聚辐射带动力受到周边区域的挤压。长三角、珠三角、海西经济区综合实力强，武汉经济圈、长株潭城市群、皖江经济带增长态势强劲，这些区域经济体的集聚辐射半径正在加速扩大，南昌的集聚辐射带动作用明显受到牵制。

二、国内城市演变发展趋势

1949年以来，国内城市格局的变化，实际上源于我国经济发展阶段的变化，在这样的大趋势下，我国城市格局不断洗牌。新中国成立初期，我国实行计划经济体制，国家投资多、项目安排多的城市，就是影响力最大的城市，以资源富饶而著称的东北，经过国家大规模资源开发而兴盛。改革开放后，我国逐步从计划经济体制转向社会主义市场经济体制，承载商品集散中心作用的城市，其地位自然就上升，以广州为代表的沿海城市，因为地理优势，成为我国重要的商业中心和外贸中心，成为具有全国性影响力的城市。新世纪以来，资本在我国社会主义市场经济的作用日益显现，比商品流更重要的是资金流，比货物贸易市场更有价值的是资本市场，金融中心在全国经济资源配置过程中的地位远远超越了商业中心，上海经历浦东开发开放后，一跃成为全国金融中心，以浦东陆家嘴金融商务区为核心，加快上海产业结构优化升级和生产力布局整体性重塑，全面促进上海产业结构高级化，从而再创上海城市发展的新辉煌。党的十八大以来，我国经济正在转型升级，具备很强创新能力的城市迅速崛起。杭州借着数字经济的东风，成为"新一线"城市，深圳搭乘科技的高速快车，经济总量超过广州与香港。时代深刻变化，带来城市竞争力支撑要素深刻变化，未来一线城市之间的竞争，将是创新力、数据流、资金流的综合比拼，科技与人才的重要性远远超过资本、土地、劳动力等要素。展望未来，城市发展将呈现出五大趋势性变化：

（一）人口和经济日益向大城市集聚

城市规模对经济效率的影响越来越重要，特别是随着城市基础设施建设和公共服务水平的提高，产业集聚对吸引人口迁入、提升经济效率的作用越来越明显。目前我国中高端产业处于在第一级体系扩散时期，就是从北上广深一线城市向武汉、成都、杭州、南京等二线城市进行扩散，在这个过程中，人口和经济不断被中高端产业吸引而向大城市集中，反映了我国城市发展的分化背后是资源配置、人口迁移和经济增长的分化。比如，京津冀、长三角和珠三角三大城市群以巨大的开放空间和发展能量引爆了大规模人口流动。三大城市群以占全国23.4%的常住人口，创造了全国36.2%的经济总量，接纳了超过6000万人口的净流入，成为我国经济的三大引擎。与此同时，杭州、武汉、长沙、合肥等二线城市也在快速崛起。

（二）城市未来发展潜力取决于创新能力

作为知识经济时代重要平台的大城市，不但需要建设支撑知识经济的物理性功能，还需要兼备能够容纳来自全国乃至全球各地人才的宽容性和多样性。信息技术革命条件下全球制造业重新整合，出现了工业产品持续贬值、知识产品价值飙升的显著特征。在这种背景下，创新能力的强与弱，知识经济发展的快与慢，左右着一个城市的未来。提高知识经济接触效应的最佳途径是促使具有各种知识和文化背景的人聚集在同一空间，作为拥有巨大人口和与世界交往大平台的大城市，正是实现接触的多样性、意外性和便捷性的理想空间。

（三）城市发展水平与开放程度密切相关

在全球化时代，全球供应链不仅谋求生产的低成本，还追求物质、库存和时间的低成本。因此，全球供应链的各个环节都需要具备高度的专业性和灵活快速的开放体制。城市的港口、机场、高速公路和高铁等，为全球供应链高效率运转营造了良好的交通环境，反过来又促进了城市的快速发展。综合发展名列前茅的城市，无一不具有持续对外开放、与国际市场实现大交流大融合的特点，在开放度、营商环境、利用外资方面走在了全国前列。三大城市群迅猛发展的缘由，要归结于持续30多年的对外开放，以及由开放带来的大交流，从而引领着我国的开放经济、交流经济加快发展，承担了我国经济转型升级的重任。

（四）重视绿色发展的城市更具魅力

发展追求与环境制约的矛盾已经困扰了我国几十年，以生态环境保护为前提的绿色发展、循环发展为本的观念正逐渐成为我国城市发展的主流。我国城市综合发展指标倡导的是发展品质，其追求的"绿色"背后包含着经济品质、产业结构、生活品质等深层内容。综合发展排名靠前的城市，基本也都是在这些方面表现较好的城市，如深圳、上海，成为兼顾发展与环境的城市典范。未来的城市发展要坚持生态文明的理念，推进绿色发展、循环发展、低碳发展，尽可能减少对自然的干扰和损害，节约集约利用土地、水、能源等资源；要高度重视生态安全，扩大森林、湖泊、湿地等绿色生态空间比重，增强水源涵养能力和环境容量；要改善环境质量，减少主要污染物排放总量，控制开发强度，增强抵御和减缓自然灾害的能力。

（五）以文化充实城市内涵渐成新趋势

在以往30多年提速急行的城镇化过程中，出现了很多单纯鼓励"硬"的指标，如GDP、铁路、公路、楼宇建设的指标，建城、造城、扩城成风；在今天的大转折时期，则出现了以文化建设充实城市发展内涵、带动城市发展的新趋势。文化建设给城市发展带来的影响无可估量。以旅游业为例，三大城市群入境国外游客数合计占全国城市比重为53.22%，国内游客数合计占全国城市比重为27.28%，给城市带来丰厚的旅游收入。不重视文化建设、不重视文化传承、不善于处理文化遗存保护和利用关系的城市，是不可能有发展后劲和未来的，这正成为诸多城市的共识。加快人文城市建设，必将彰显城市独特的文化个性和文化魅力，全面提升城市内在品质和形象，从而提高城市的核心竞争力。

放眼未来，在高质量发展的赛道上，城市群成为城市化的主体形态，城市的竞争要素已经由过去的"资源+区位"转变为"科技+金融"，这才是提升核心竞争力的"金钥匙"。现在全球的超级城市普遍是像纽约、东京等金融服务业的中心城市，但是未来的城市插上"科技+金融"翅膀才能飞得更高更远更具可持续竞争力，像深圳、硅谷一样，年轻的城市迅速崛起为全球科技、经济创新引擎类型的城市。因此，立足未来看城市发展大势，全球的顶级城市必将从金融中心转向"科技+金融"的中心。

三、提升南昌城市核心竞争力加快构建大南昌都市圈的对策建议

南昌要进一步做大城市规模、拓展腹地空间，弘扬城市美学、彰显城市特色，提升创新能力、营造创新生态，集聚各类人才、提升人才质量，繁荣城市文化、发展文化产业，提升开放水平、优化营商环境，不断提升城市核心竞争力，在辐射带动周边区域、服务引领江西省发展上展现更大作为。

（一）进一步做大城市规模、拓展腹地空间，建设现代化品质都市

按照统筹融合的理念，以大南昌都市圈区域协同发展为重点，以城市功能与品质提升三年行动计划为抓手，全力做好建格局、提品质、强产业的文章，推动南昌全面建设现代化品质都市。

一是构建大都市空间格局。适时修编城市总体规划、调整行政区划，进一步推动"东提西拓""南延北进"，构建"一江两岸、一城多区"和"网络化、组团式、生态型"的空间布局，构建主城区、副中心、功能镇、新农村相互协调的城镇体系。紧跟国家政策变化，启动南昌市行政中心"二次搬迁"战略研究，加速红谷滩新区"腾笼换鸟"，加快扬子洲开发，进一步优化市域主题功能和城市空间格局，

打造南昌都市"升级版"。推动城市从"倚湖而兴"向"沿江跨江"发展,从"摊大饼"向"蒸小笼"、从以红谷滩为中心的"红谷滩时代"向以儒乐湖、九龙湖为轴线的"沿赣江时代"转变。力争用5年时间,城市人口增加100万,城市建成区面积增加100平方公里。

二是完善大都市功能品质。树立"紧凑城市"理念,实施"多规合一",明确"成长坐标",科学规划利用地下空间,做到框定总量、限定容量、盘活存量、做优增量、提高质量,优化城市形态、经济业态、功能状态、文化神态、自然生态。加强城市设计,管控好城市空间、建筑形体,展示特色风貌。在城乡融合发展中完善农村交通网、能源网、生态网、公共服务网,建设一批具有全国影响力的特色古镇、名镇,培育一批布局美、产业美、环境美、生活美、风尚美的示范乡镇和村庄。建设海绵城市,提升吸水、蓄水、渗水、净水功能。建设智慧城市,把南昌打造成为"宽带中国"和国家5G示范城市。

三是提升城市产业竞争力。借鉴合肥引进京东方和集成电路设计的经验,通过招引和一线城市没有代差的先进中高端产业,以高价值资源给城市发展带来飞跃式的向上动力。加快实施制造强市战略,推进"智能+"行动,深度促进"两化融合",打造一批智能化示范企业。推动汽车、食品、电子信息、新材料等优势产业实现倍增,培育VR、LED、中医药、航空、移动物联网等新的"千亿级"产业,发展北斗导航、机器人、3D打印、人工智能等前沿科技产业,实现"南昌制造"向"南昌创造"升级。拥抱"新服务经济时代",推进"优二兴三",围绕发展提速、比重提高、层次提升,做大做强金融、物流、会展、电子商务、科技服务等生产性服务业,大力推进服务业高端化,培育一批营业收入"百亿级"的服务业集聚区。力争用5年时间,服务业增加值占GDP的比重达到50%,年均提高1个百分点以上。

四是加快构建都市经济圈。围绕拓展南昌经济发展的腹地和空间,以南昌主城区为核心,以南昌县、安义、进贤等市域3县为主体层,以永修、德安、共青城、丰城、樟树、高安、鄱阳、余干、万年、靖安等邻昌的县市为紧密层,以九江、抚州、新余3市为联动层,以福银、沪昆、昌樟、昌铜等高速公路和沪昆高铁、昌九城际、昌吉赣客专等高速铁路为主骨架,以沿线县城、工业园区、重点镇为重要节点,形成以点带轴、以轴促面、圈层发展的城镇发展格局,加快构建南昌

"一小时经济圈",努力构建"大南昌"新格局,从而进一步发挥中心城市集聚辐射引领作用,全面提升大南昌都市圈整体实力与综合竞争力。

(二)进一步弘扬城市美学、彰显城市特色,推进城市有机更新

坚持走科学城市化之路,把城市作为一个生命体对待,突出"有机"二字,在注重空间拓展的同时,大力推进南昌城市形态、历史建筑、景观、道路、河道、产业、管理的七大"城市有机更新"。

一是城市历史建筑的有机更新。从传统的"拆旧建新"向以旧楼改造、存量提升为核心的阶段发展。遵循"规划先行、法律保障、分类保护"原则,制订历史街道建筑保护规划,完善政策措施,加大资金投入,大力推进南昌历史街道建筑的综合保护与有机更新,使绳金塔民俗风情街、胜利路步行街、万寿宫历史文化街区等一批历史街区恢复历史风貌,整合各方资源搞好文旅结合,建设赣文化艺术精品长廊,并建设美食夜市一条街,打造满足"吃、住、行、游、购、娱"旅游六要素的旅游综合体和"宜居、宜文、宜商、宜游"的品质生活街区。

二是城市景观的有机更新。展示大都市生态之美,让好山好水好风光遍布南昌的城乡大地,展现青山环城、碧水绕城、绿树融城、繁花簇城的魅力。彰显滨水城市特色,把赣江、抚河两岸打造成城市特色景观区,把扬子洲建设成城市中央生态公园带,保护好大南昌都市圈"生态绿心"。实施"三年造绿行动",进一步增绿添景、"增花添彩",建设环城林带,创建国家生态园林城市,申办中国国际园林博览会,建设美丽中国"江西样板"的示范区。统筹推进清洁城市、畅通城市、绿色城市、靓丽城市建设,实施"清霾""碧水""净土"行动,让南昌天更蓝、地更绿、水更清,使"城市绿""南昌蓝"成为常态。

三是城市河道的有机更新。围绕"水清、岸绿、景美"要求,以市区河道综合整治与保护开发工程为抓手,强化河道的生态、文化、旅游功能。精心编制规划,引进一体化设计理念,围绕河道交通、景区、土地利用、引配水与长效管理等,做到"一河一规划""一河一设计",防止"千河一面"。改善自然生态,做到清淤、护岸、截污纳管、架空线"上改下"、大面积绿化、水闸和船闸建设"一步到位",慢行系统、旅游休闲廊道、景区景点、码头换乘中心建设和引配水"分步到位"。全线贯通建设游步道和自行车道,将河道周边打造成南昌慢行交通系统的示范区。

四是城市老旧小区的有机更新。按照"经济、绿色、美观"的原则,完善南

昌老城区、老旧小区环境功能和基础设施。加强小区公共空间环境整治，全面拆除小区范围内违章建筑以及影响空间布局的车库、柴间等，对小区内乱堆物、乱摆摊、乱竖牌、乱停车等"四乱"行为进行重点治理，提升小区空间利用率，优化小区环境秩序。全面提升小区功能配套，按照"缺什么、补什么"的原则，实施道路改造提升、消防安防设施设备完善、"污水零直排区"建设专项行动，合理布局公共停车泊位和建筑小品，完善小区绿化设施，增强小区功能性、实用性。

（三）进一步提升创新能力、营造创新生态，建设"科技＋金融"的新型城市

创新决定城市格局、引领城市未来。必须把创新作为发展基点和核心战略，大力提升城市创新能力，激活高校创新活力，完善全过程创新生态链，努力建设"科技＋金融"的新型城市。

一是打造"科技＋金融"集成优势。把握全球顶级城市从金融中心转向"科技＋金融"中心的趋势性变化，按照资源禀赋布局梯度型增长极目标，努力让南昌插上"科技＋金融"的翅膀。全面了解和准确掌握国家科技金融政策动态，制定南昌市科技金融政策体系。促进科技与金融深度融合，探索设立天使投资引导基金，吸引更多的风险投资基金，包括金融机构、中介机构、私募股权等投资新兴科技企业，为创新企业提供金融支持，共同建设"科技＋金融"的生态系统。推动金融机构服务科技创新，探索开展知识产权证券化业务，在关键领域对专利申请实行特殊审查通道。完善科技金融服务体系，拓宽企业科技成果转化的融资渠道，吸引社会资本和金融资金投入到技术创新和科技成果转化中来。

二是打造高校创新活力之城。借鉴合肥成立中科大先进技术研究院的经验，成立南昌高校技术转移中心，建立一个具有开放性、联系产业与技术的信息交流平台，实现技术资源与产业界的双向对接，形成催生重大创新成果的"孵化器"，让科技成果转化跑出"加速度"。建立高校科技成果转化成效与增量财政拨款挂钩机制，转化成效主要由企业来评价，而不是由企业简单出个证明、发表论文及获奖情况来决定。发挥南昌东、西、北方向布局大学城的区位优势，以赣江科创大走廊为轴线，推动大学城与高新区、经开区、小蓝开发区、赣江新区四个国家级开发区（新区）串联式、镶嵌式、互动式发展，高位推动南昌市与各在昌高校开展创新战略合作，推动专业与产业对接、高校与企业联动、大学城与开发区组团发展,打造"大南昌科创圈"。

三是完善全过程创新生态链。参照浙江经验,建设"政产学研才金介用"紧密结合的创新体系"八路军"。以"产"为主导、"学研"为基础,突出"用"字当头,发挥企业在成果转化中的主体作用;突出"金"为动力,助推成果加速产业化;突出"介"来服务,搭建成果转化服务平台,从而打造科技成果转化的产业化示范高地。充分利用包括大学、大企业等智慧资源,同时借助大数据、"互联网+"等新技术,利用南昌的区位、产业、高教和自然生态条件,积极发挥财智溢出效应,形成一支以大学系、新赣商系、海归系、"下海"系为代表的创新能力建设"新四军"。在艾溪湖、瑶湖等地打造梦想小镇,锁定互联网创业和金融两大产业门类,确立"融资融智"产业布局,实现互联网创业与金融资本共舞,构建"创业苗圃+孵化器+加速器"的全程孵化链条,打造充满生机的创新生态系统,打造信息经济"新引擎",成为南昌经济转型升级新的"引爆点"。

(四)进一步集聚各类人才、提升人才质量,打造中部地区人才高地

大兴引才爱才用才之风,突出"高精尖缺"导向,转变人才引进理念,以房价留人、以环境养人,提供人尽其才、才尽其用的阳光、雨露和土壤,让南昌成为海内外优秀人才的创业天堂。

一是吸引各类青年人才。当前,高房价已经开始透支城市的未来,一线大城市发生"挤压效应",很多人才迫于房价压力逃离到二三线城市发展,这是南昌吸引人才的战略机遇。虽然低房价并不是"吸引人"的最重要原因,但它却是"留住人"的实实在在的因素,是"人才争夺战"中的有力武器。南昌2015—2017年三年平均的土地财政依赖度为63%,排在全国第11位,属于偏高水平。可参照长沙控房价做法,进一步降低南昌土地财政依赖度,提高土地供应和住宅供应面积,加强房价调控,严格控制房价增长速度,把房价稳定在合理区间。同时,营造舒适宜人的居住环境,提升城市功能与品质,打造中部省会城市"房价洼地""环境美地",为更多青年人才选择南昌留下"机会大门",增强外来人才的"归属感",把南昌打造成一座"让人来了就不想走"的城市,力争把南昌15—64岁的人口占总人口的比例提高至75%,为经济进一步腾飞释放更多人口红利。

二是下大力气吸引高层次人才。进入新时代,高层次人才流动不仅局限于对收入、待遇、事业的要求,对生活居住环境的要求也越来越高。南昌要积极借鉴硅谷的成功经验，在吸引高层次人才方面巧打"绿色生态牌"，用"绿水青山"打造人才"最佳栖息地"，以青翠欲滴的优美环境吸引人才、留住人才、用好人才。特别是赣江新区东临鄱阳湖、西接柘林湖、北靠庐山等国家级风景区，具有天蓝、地绿、水清的良好生态，资源环境承载能力较强，具备进一步集聚高层次人才的有利条件。要营造宜居生活环境，打造现代化的生态园区，建设环境优美、生态优质的科技新城，大力改善人才工作生活环境，致力于以高科技产业特色、优美生态环境特色营造"绿色之园"，努力将赣江新区打造成为大南昌都市圈的"绿色硅谷"和创新人才的"聚宝盆"。

三是助力毕业生留昌就业创业。实施"创新创业英雄城"行动计划，出台更宽松的政策支持大学生创业，搭建创业平台和创客平台，消除大学生的创业顾虑，提高校园内大学生的创业率，营造良好创业文化氛围，让无数怀揣梦想的创业大学生汇聚南昌，打造创新创业之都。建立一套完整高效的创业服务体系，大力推动和鼓励社会资本投资建设创业服务机构，为早期项目和初创企业提供涵盖投资、培训、财务、法律等各个环节的创业服务，为创业大学生提供有效的沟通渠道。建立大学生净流入量考核机制，对高校毕业生每年的就业走向实施动态监测，设置大学生净流入量指标，并纳入综合考核，且与财政人才奖励挂钩，力争将南昌留赣大学生比例提高至60%以上，每10万人中具有大学文化程度的提高至2万人。

（五）进一步繁荣城市文化、发展文化产业，建设国家历史文化名城

坚持创品牌、兴文化、展形象，进一步用好红色文化、赣鄱文化、历史文化资源，着力提升文化软实力和标识度，升级文化创意产业，延续城市历史文脉，加快建设国家历史文化名城。

一是唱响南昌文化品牌。唱响英雄城品牌。鼓励南昌职业运动队披"八一南昌"战袍征战国内外赛场；美化亮化八一广场、建军广场、军事雕塑广场等一批标志性建筑，打造城市重要旅游景点；定期举办国际军乐节，并让规模、档次实现新突破；开通旅游专列和境外包机，到海外推广"天下英雄城"形象片，进一步提升"天下英雄城"品牌知名度和影响力。唱响"小平小道"品牌。"小平小道"是中国改革开放和现代化建设的重要思想萌芽地。要加强和改进爱国主义教育基地管理，尽快实行免费开放，让人们更多了解那段历史，从而推动思想再解放、改革再出发。唱响历史文化名城品牌。深入挖掘提升滕王阁文化、豫章文化、赣商文化以及八大山人、王阳明、徐孺子等历史文化名人文化内涵，建立全域旅游产品谱系和业态体系，加强文化遗产保护传承和文物保护利用。唱响中国水都品牌。南昌有江、有河、有湖，具有独特性、差异性的城市宝贵资源，要全力打造"东方水城·中国水都·鄱湖明珠"品牌，进一步完善河道交通网络，实施水系连通工程，让水流起来、活起来、美起来，打造"大江名河、大美南昌"名片。

二是升级文化创意产业。推进文化与科技、金融、旅游、互联网等深度融合，发展"文化+"新兴业态，加强文化创意研究中心建设，推动"321设·国际设计师节"常驻南昌，建设创意设计之都，打造具有影响力的"文化产业航母"。以南昌泰豪文化创意产业园和红谷滩慧谷创意产业园为主轴，以699文化创意园、791艺术街区、万达文化旅游城、绿地国际博览城等为支撑，以小蓝动漫游戏产业聚集区、新建望城出版产业聚集区、进贤文港文化产品聚集区、湾里文化旅游聚集区等园区为载体，大力优化文化产业聚集区布局，实现南昌文化创意产业升级、打造创意文化新地标，提升"文化赣军"竞争力。鼓励各类院校开设文化创意产业专业，大力培养游戏设计、动漫设计、工业设计、数字传媒等文化和科技融合的产业人才。

三是延续城市历史文脉。文化是一座城市的根脉，是永远搬不走的"不动产"，要倍加珍惜和呵护老祖宗留下的文化遗产，让市民"记得住乡愁"。注重保留城市记忆，保护古迹、古街、古村落、古建筑，规划建设历史文化风貌区、历史文化街区和历史步道，加快南昌汉代海昏侯国遗址公园博物馆建设和运营，积极申报国家考古遗址公园和世界文化遗产，打造南昌文化标识。加强城市街区和建筑的规划，充分融入赣鄱文化、红色文化、民俗宗教文化等元素，打造一批具有南昌印记的文化地标和城市景观。深入挖掘东湖区佑民寺、西湖区进贤仓、进贤县李渡镇等历史文化资源，推动旧城改造和历史文化相互融合，使城市的"一路、一街、一景、一亭、一园"都彰显历史记忆、延续历史文脉。

（六）进一步提升开放水平、优化营商环境，打造内陆开放新高地

充分发挥承东启西、连接南北的优势，全面参与长江经济带和"一带一路"分工协作，持续提升开放度，不断优化营商环境，建设高质量外资集聚先行区，推进南昌全方位对外开放。

一是持续提升开放度。抓住昌吉赣高铁即将贯通的机遇，提前谋划围绕南昌打造"米"字型高铁枢纽,进一步巩固南昌区域性综合铁路枢纽城市地位。推动昌北国际机场由"单跑道"变"双跑道"、由航空港变航空城,坚持客货并举,提升空港、航运码头和铁路货运场集疏运能力,打造国际航空枢纽。围绕"进境与沿海同价到港,出境与沿海同价起运,通关与沿海同等效率"的目标,强化南昌综合保税区与机场、码头、铁路等口岸平台的协调互动,打造全国首个"内陆服务平台型"综保区。制定出台"走出去"服务体系建设三年行动方案,拓展与国际友好城市、世界先进城市的交流合作,不断提高南昌的国际影响力。

二是不断优化营商环境。营商环境是一个地区开放水平的核心体现。南昌营商环境持续改善,但与北京、上海、广东、浙江等地相比,仍存在一定的差距。参照世界银行营商环境评价体系,制定出台营商环境评价指标体系和评价办法,对营商环境问题多发频发、影响恶劣的地方和部门,从严从快问责处理。对标国内一流营商环境标准,聚焦企业开办、注销、施工许可证办理、不动产登记、获得水电气、获得信贷、纳税便利、跨境贸易、投资、通关效率等重点领域和关键环节,开展对标提升十大行动,着力打造"四最"营商环境。

三是建设高质量外资集聚先行区。充分利用南昌入选全国构建开放型经济新体制综合试点试验城市的重大机遇,在赣江新区等地建设高质量外资集聚先行区,创新完善招引高质量外资的体制机制和政策举措,主动对接粤港澳大湾区、海南自贸区(自贸港)、海西经济区和长三角一体化发展,着力承接先进制造业梯度转移。力争实现"两个突破",每年在总投资 3 亿美元以上、具有重大影响的外资项目引进上有突破,在世界 500 强外资企业、外资行业龙头企业、外资单项冠军企业的引进上有突破。重点推进"四个转变",在导向上加快实现由被动承接产业转移向主动参与国际产业分工转变,在内容上加快实现由引资为主向"引资引技引智"并重转变,在方法上加快实现由综合招商向精准招商转变,在主体上加快实现由政府主导向政企联动转变。

作者:

彭　峰　江西省人民政府研究室副主任、高级经济师,江西省首届省情研究首席专家

欧阳锦　江西省人民政府研究室四级主任科员、助理研究员

─ 09 ─

江西省推进乡村振兴战略的机遇、挑战与举措

江西农业大学课题组

内容提要：江西省乡村振兴战略的深入实施既有新机遇、新动力，同时，也面临着比较多的压力和挑战。高效稳妥实施江西省乡村振兴战略，建议深入推动产业融合振兴，大力发展村级集体经济，全面提升乡镇经济实力；突出绿色生态发展导向，推动农业有机循环利用，擦亮江西农产品"绿色有机招牌"；尽快构建乡村振兴战略研究机构，不断创新专业人才工作机制，着力打造乡村振兴"人才赣军"；强化农业大数据技术应用，推进农业信息化建设，切实提升新型现代化农业服务水平；加快推进高标准农田建设，做足"山水林湖草"文章，打造美丽中国"江西样板"；深入挖掘红色文化资源，重塑乡村传统伦理道德规范，构建"德治为先、自治为基"的乡村治理新模式；创新党组织设置方式，提升村民组织力，切实加强农村基层党组织建设。

实施乡村振兴战略，是党的十九大作出的重大决策部署，是决胜全面建成小康社会、全面建设社会主义现代化国家的重大历史任务，是新时代做好"三农"工作的总抓手。当前，江西省推进乡村振兴战略已经进入"政策设计期""施工预备期""样板房打造推广期"，迫切需要客观分析面临的机遇和挑战，充分发挥绿色生态优势，用足"政策红利"，补足绿色优质农业发展、乡村一二三产业融合、现代农业技术人才储备与服务体系建设等短板，推动高质量发展。

本文于 2018 年 5 月发表。

一、深入实施江西省乡村振兴战略面临的机遇

2018年是实施乡村振兴战略的开局之年。国家层面的"政策红利"和重大机遇"窗口",以及农业产业转型升级、"农业质量年"行动、新的财政资金支农强农惠农政策等方面的系列举措,为江西省乡村振兴战略的深入实施提供了新机遇、新动力。

(一)加快推进农业转型升级将进一步助推产业融合创新能力的提升

中央一号文件和农业部(现为农业农村部)一号文件都要求以实施乡村振兴战略为总抓手,加快推进农业转型升级,加快转变农业生产方式,加快推进农业信息化建设,大力发展新主体、新产业、新业态,实施农产品加工业提升行动、休闲农业和乡村旅游精品工程。

近年来,江西省积极推进农业转型升级,农村产业融合创新能力不断提升。农产品加工增值能力逐步提高,加工业规模不断壮大,并形成了一批农产品加工业群;"智慧农业"率先起步,农业与乡村休闲旅游融合发展取得一定成效。

(二)农业农村部的组建以及相应职能的整合调整将更有利于建设和完善新型现代农业技术服务体系

2018年4月3日正式挂牌的农业农村部将履行统筹研究和组织实施"三农"工作战略、规划和政策的职责,相应省一级的机构改革也将在2018年9月份出台方案,年底基本调整到位。这将对加强党领导农业农村工作产生重大影响,对优化提升政府统筹"三农"工作能力提出新要求,对优化相关机构高效协同、建设新型现代农业技术服务体系提出新任务。

近年来,江西省率先开展公益性农技推广体系与经营性服务体系融合发展,新型现代农业技术服务体系初步建成。全省已经创建国家级现代农业示范区11个、省级现代农业示范区66个,建设核心区121个,并于2017年全面启动了"整省推进信息进村入户示范省"和"智慧农场"工程,推进省市县三级"123+N"智慧农业建设,为农业和农村发展提供了技术咨询服务等平台。

(三)"农村人居环境整治三年行动"将有助于以更高的标准打造美丽中国"江西样板"

按照中共中央办公厅、国务院办公厅印发的《农村人居环境整治三年行动方

案》，要求加快推进农村人居环境整治，提升农村人居环境水平，建设美丽宜居乡村。这就要求全省进一步总结绿色"制度经验"，加快建设具有江西特色、系统完整又切实可行的生态文明制度体系，持续推进"整洁美丽、和谐宜居"新农村建设。

十八大以来，江西省出台了一系列相关文件，包括绿色生态农产品发展、农产品质量安全监管追溯体系建设、省市县三级农产品质量安全监管机构的建立和309项农业地方标准的颁行，着力在顶层设计、体制机制创新等方面全面体现绿色、生态、宜居的美丽乡村导向。

（四）文化和旅游深度整合为推进乡村文化建设提供新动能

中央一号文件提出"提升农民精神风貌，提高乡村社会文明程度"的目标。2018年4月8日文化和旅游部的正式挂牌，将更有利于最佳配置、有效管理现有资源，更容易形成合力，把丰厚文化底蕴注入旅游产业，为文化事业的发展传承塑造鲜活的产业形态。

目前，江西省积极推动乡村文化建设，依托丰富的红色文化资源，大力倡导和促进红色旅游，持续打造"农家书屋"，定期开展"文化下乡"等，一定程度上丰富了乡村文化生活，改善了乡村文明程度。

（五）"创新和培育农业产业化联合体"为加快壮大新型农业经营主体提供新动力

农村农业部在2018年3月印发的《关于开展农业产业化联合体支持政策创新试点工作的通知》，明确了试点的任务和范围、支持的方向和措施，江西虽不是试点省份，但对组建和壮大新型农业产业经营体有很大的借鉴作用。再加上，农村农业部4月底提出推进落实"农业质量年"八大行动，其中生产经营主体能力提升行动就明确了要培育一批示范农业产业化联合体，完善利益共享机制。

近年来，江西省大力发展多种形式适度规模经营，培育新型农业经营主体。截至2017年9月，全省依法登记注册农民合作社突破6万家，家庭农场3.82万个，社会化服务社组织突破10万个。一些地方已经出现产业化、规模化经营的态势，新型农业经营主体持续发展壮大。一批大学生、返乡农民工和退伍军人正在加入新型农业经营主体行列，成为新一代职业农民。仅江西农业大学2012年实施"一村一大"工程以来，累计为全省1.6万个行政村培训新型职业农民——"农民大学生"1.2万余名。

二、有序推进江西省乡村振兴战略面临的挑战

对照国家乡村振兴的目标要求,江西省推进乡村振兴战略同样面临着比较多的压力和挑战。

(一)农村一二三产业融合发展的示范带动效应与目标要求存在较大差距

农村产业融合广度和深度不够,产业融合的价值链短、附加值低,第一、二产业融合发展状况与预期目标存在较大差距,第一、三产业融合的形式也不够丰富,产业特色挖掘不充分的问题仍较为突出,农业产业融合的示范带动效应远未形成。

(二)新型农业信息化建设水平偏低与全面提升全要素配置效率之间的矛盾较为突出

农业大数据应用水平偏低,农业农村数据资源体系、重要农产品市场信息平台等新型现代农业服务信息化体系仍不完善,农业发展的要素配置效率偏低,导致农产品加工水平和"互联网+"技术支持水平明显偏低、市场信息平台建设滞后以及农业经济发展融资困难。

(三)土地制度供给侧改革不足与现代化农业土地需求之间的冲突依然存在

"土地确权"落实到位后,部分农民产生了"土地属于个人""反正不管怎样都能拿补贴,种不种这块地是我自己的事""怕破坏原址原貌,宁愿抛荒也不流转出去"等想法,这些想法对土地流转产生的影响需要引起足够重视。面向农业现代化需求的土地配置机制尚不健全,农村新增建设用地需求难以满足与大量农村建设用地闲置浪费的现象并存,产业整片推进、形成规模面临着土地流转难的困境,在一定程度上影响了农村生态宜居建设目标的实现。

(四)社会资源持续单向由农村流入城市与乡村传统文化传承创新乏力之间时常发生冲突

各类乡村社会资源的持续单向外流,传统乡村文化被忽视、被破坏、被取代的情况相当严重,乡村传统生活形态、社会关系日趋淡薄,传统文化的一些载体或形式正面临传承断层的危机,传统文化的传承创新严重不足,传统文化的内容与新媒体的有机结合形式较为单调,"富口袋"与"富脑袋"的冲突日益激烈。

（五）新型农业产业智力、技术、管理下乡通道不畅与新业态下农业生产一线人才缺乏的矛盾持续存在

农业产业化、规模化发展明显缺乏农业人才的支撑，乡镇"七站八所"的农业技术服务人员出现老化、僵化、边缘化现象；农业科技人才供给总量不足、供给结构失衡，新业态下的农业生产经营领域高端人才奇缺，农业生产一线"留不住"专业技术人才。

三、高效稳妥实施江西省乡村振兴战略的对策建议

（一）深入推动产业融合振兴，大力发展村级集体经济，全面提升乡镇经济实力

一是坚持农民为主体，以村集体（自然村）为单位，因地制宜、因村施策，立足本地优势资源，综合考虑区位优势、产业基础和市场条件等因素，大力发展"一村一品"特色产业，壮大村级集体经济，为脱贫致富打下坚实经济基础。

二是充分保护和利用农村传统文化遗产，以建设美丽乡村、促进农民就业增收、满足居民休闲消费为目标，切实推动休闲农业和乡村旅游升级，提升乡村休闲旅游质量和文化品位。

三是以"培育6个千亿产业、3个百亿产业"为指引，切实提升乡镇经济实力，支持乡镇紧密结合当地特色产业，大力引进能在相应行业起带动和示范作用的新型现代农业龙头企业，带动小农户整合资源、利益共享、风险分担。

四是发挥财政资金的杠杆和带动作用，大力发展现代农业服务企业，建设农产品公共销售平台，构建现代化的农产品冷链仓储物流体系，加快推进农村流通现代化，健全农产品产销和价格稳定机制。大力支持推广农超对接、农社（区）对接、互联网销售平台等销售新模式新业态，为当地产业精确对接市场需求提供桥梁和纽带。

（二）突出绿色生态发展导向，推动农业有机循环利用，擦亮江西农产品"绿色有机招牌"

一是充分发挥绿色生态比较优势，突出绿色生态农业发展模式，推进生产和生活方式绿色化转型，大力推广"稻渔融合""稻蛙共生""猪—沼—菜"等现代农业有机循环种养模式，促进经济、社会及生态效益的协调统一，更加有效地把

生态优势转化为发展优势。

二是围绕"生态鄱阳湖、绿色农产品"这个品牌核心，高标准建设一批全国知名的绿色有机农产品生产基地，打造一批知名农产品品牌，以优势区域产品为依托，推动形成一批在国内外有影响力和竞争力的领军品牌企业。

三是加强农产品品牌的内涵建设，提升农产品品牌运营能力。坚持以质量兴农、提质增效为目标，整合区域农业产业链，指导农业品牌进行专业品牌包装和宣传，打造良好的区域公用品牌形象；鼓励支持农产品品牌认证，建立农产品品牌目录制度和星级管理制度；推动建立农产品品牌商标注册、授权、监督、管理、退出等机制，杜绝套牌和滥用品牌行为。

（三）尽快构建乡村振兴战略研究机构，不断创新专业人才工作机制，着力打造乡村振兴"人才赣军"

一是依托农林科研院所高端农业技术人才优势，尽快构建乡村振兴战略研究机构。建立农业科研领军人才库，大力支持引进和培育在农林经济管理、生物育种、智能农业、农产品精深加工、生态环境修复等重点领域有突出贡献的人才，推动产学研、农科教紧密结合，实施以知识价值为导向的分配政策，切实促进农业科技成果转化应用，助力江西省实现乡村振兴。

二是依托"一村一名大学生工程"培养新型职业农民，打造农业人才培养基地。鼓励和支持建设"农民大学生创业联盟""乡村大学生创业园"，示范带动村民共同致富。牢牢抓住"党建+精准扶贫"，重点培养党员农民专家，将之打造成为基层党组织"顶梁柱"和农民创业致富"带头人"，支持他们示范带动建立新型农民经营主体。

三是不断完善和优化农村就业创业环境。结合2018年4月24日农业农村部印发的《关于大力实施乡村就业创业促进行动的通知》精神，以乡愁为纽带，落实"政府搭建平台、平台集聚资源、资源服务就业创业"的总要求，出台政策鼓励和支持能人返乡、企业兴乡和市民下乡促进就业创业，鼓励"三农"职能部门和高等院校农业技术退休人员"告老还乡"反哺乡村建设。

（四）强化农业大数据技术应用，推进农业信息化建设，切实提升新型现代化农业服务水平

一是推动"互联网+"技术与"三农"产业发展深度融合，做好农业"智慧化"服务。强化农业大数据在农资生产、流通、营销、服务等方面的应用,改善农资生产商与农户之间的关系;应用农业大数据技术指导农民在育种、栽培、施肥、灌溉、收割等多个生产环节实施"精细农业";从生产、经营、监管三个层面应用"互联网+"技术,积极推广实施"智慧农业"。依托"互联网+"技术,建立健全农产品质量全程可追溯体系;落实江西军民融合深度发展精神,推动江西北斗综合示范项目在农业领域应用,大力培养"智慧农机""农业无人机"操作人才和"智慧农民"。

二是制定全省统一的"互联网+"农业应用技术标准。大力支持研发制造成本低、适应性强的农业物联网专用传感器,解决"智慧农业"部署推进的共性问题,建立符合省情农情的农业产业大数据管理应用服务系统,为江西农业物联网技术产品系统集成、批量生产、大规模应用提供信息化技术支撑。

三是加快实施农业大数据工程。及时、准确、全面采集农业数据,搭建农业信息化平台,实现农民分析、利用农业数据快捷化、便利化,探索利用农业大数据建设全省"三农"领域征信系统,提高农村信用社和农业银行等金融机构对"三农"产业信贷支持精准度,及时调整优化农业信贷资金结构,充分满足农村经济社会发展的多样化金融需求,引导和推动新型经营主体围绕农村产业融合开展资金互助、信用担保、互助保险、供应链融资等服务。

(五)加快推进高标准农田建设,做足"山水林湖草"文章,打造美丽中国"江西样板"

一是充分利用2018年农业综合开发将重点支持统筹整合涉农资金推进高标准农田建设的机遇,加快江西省农田基础设施建设步伐。政府投资大力重建改造配套农业水利设施,为农田提供骨干水源保障,建立农田分支灌溉设施"谁建设、谁受益、谁维护"一体化的激励机制,提升农地经营权的市场价值,进一步推动农地经营权的流转。

二是做足"山水林湖草"文章,统筹推进乡村人居环境整治。遵循乡村自然规律,不破坏原有自然格局,注重人与自然和谐共处,强化规划管控,提高土地利用效率,精心编制符合江西地理环境特点、"整洁美丽、和谐宜居"的乡村布局规划,既要考虑现有自然村落的基础与历史的延续,更要考虑农民对良好人居环境的期盼。进一步加大农村基础设施建设资金投入力度,加快实施城乡基本公共服务均等化，逐步缩小与城镇在文化教育、医疗卫生、交通设施等各项软硬件方面的差距，努力实现"城乡等值"。大力完善农村社会保障体制与优化城镇化环境。

三是尽快出台江西省"农村宅基地'一户一宅'管理实施细则"，为落实"一户一宅"制度提供明确指导。创新农村宅基地跨集体经济组织使用制度，盘活闲置、零散宅基地资源，鼓励和支持更大范围内有条件、区别性流转，分类保障各类人才下乡的住宅用地需求。

（六）深入挖掘红色文化资源，重塑乡村传统伦理道德规范，构建"德治为先、自治为基"的乡村治理新模式

一是深入挖掘红色文化、书院文化、地域文化和社会主义先进文化等独特文化资源。着力弘扬向善精神，弘扬井冈山精神和苏区精神，在核心价值观建设、精神文明创建等方面树立乡村道德模范、乡村最美人物、身边好人等具有时代特点的典型示范，形成江西乡村文明的新风貌。

二是突出家风家教，挖掘和传承历史优秀传统文化，重塑乡村传统伦理道德规范。大力弘扬良好家风，注重发挥家风家教、家规族规与村规民约的道德教化作用，深入挖掘乡村熟人社会蕴含的传统伦理道德规范，弘扬主旋律和社会正气，指导村民小组（自然村）重新制定既符合当地传统习惯又融入社会主义核心价值观的新村规民约，逐步改善农民价值取向和精神风貌。

三是全面调动村民参与自治的积极性，激发乡村治理的内生动力。注重现代治理理念与传统治理资源相结合，深化村民自治实践，发挥自治的矛盾消化功能，注重培育"群众信任、党和政府满意"的"新乡贤"队伍，发挥好"新乡贤"作用，打造"德治为先、自治为基"的乡村治理新模式。

（七）创新党组织设置方式，提升村民组织力，切实加强农村基层党组织建设

一是突出政治功能，创新党组织设置，以提升村民组织力为抓手，全面推进农民合作社、农业企业、农业社会化服务组织等新型经营体的党建工作，以抓党建促乡村振兴，把农村基层党组织建成实施乡村振兴的坚强战斗堡垒。

二是充分利用现代化信息手段，不断改善村级党组织工作条件，创新党员教训教育途径和形式，注重发现和培养农村优秀人员、外出务工优秀分子，扩大党员发展视野，切实加强党员队伍建设。

三是突出政策上传下达的桥梁纽带作用，不断完善乡镇干部驻村工作机制，建立健全选派驻村第一书记工作机制。

课题组负责人：
胡春晓　江西农业大学党委副书记、教授，江西省首届省情研究首席专家

成员：
邱国良　江西农业大学教授
翁贞林　江西农业大学教授，江西省首届省情研究特约研究员
陈美球　江西农业大学教授，江西省首届省情研究特约研究员
赖运生　江西农业大学助理研究员
胡永华　江西农业大学讲师
郑　佩　江西农业大学硕士研究生
钱怡琳　江西农业大学硕士研究生

—10—
进一步理顺和优化赣江新区管理体制的建议

熊小刚　彭贤鸿

内容提要：理顺赣江新区的管理体制，对加快赣江新区建设具有重要意义。要重点借鉴学习西咸新区、贵安新区和天府新区等跨区域国家级新区的经验教训，体现后发优势，进一步建立健全赣江新区"省组决策领导、新区独立运行、组团融合发展、部门协调联动"的管理体制和运行机制，分阶段分步骤推进，最终实现四个组团的一体化发展。

2016年6月6日，国务院批复同意设立江西赣江新区，赣江新区成为中部地区第2个、全国第18个国家级新区。2016年10月20日，赣江新区管理机构正式挂牌，标志着江西"龙头昂起"战略进入全新的发展阶段。自成立以来，赣江新区积极抢抓政策和机遇的"窗口期"，在深化改革创新、产业转型升级、城乡融合发展、生态文明建设、招商引资及扩大对外开放等方面，先行先试、大胆创新，不断在重点领域深化改革攻坚，在"一年打基础"的考试中圆满交卷。但是，赣江新区管理体制的不完善，职能部门设置的不健全，导致新区四大组团之间定位模糊不清，组团与新区之间，组团与南昌、九江之间的管理关系错综复杂，既增加了行政成本，降低了行政效率，又影响了赣江新区的快速崛起。进一步理顺赣江新区的管理体制，厘清组团与新区之间，组团与南昌、九江之间的管理关系，对加快赣江新区建设，尽快实现其"两地两区"的战略定位具有重要意义。

一、赣江新区的现行管理体制

根据《关于赣江新区管理体制的意见》《关于支持赣江新区加快发展的若干

本文于2019年3月发表。

意见》等有关文件精神，赣江新区实行"省级决策领导、新区独立运行、组团融合发展"的管理体制，实施"体系完备、兼顾属地、在地统计、独立运行"的运行机制，扩大新区发展自主权。

依据赣江新区战略定位、开发重点和空间布局，在充分考虑南昌市、九江市现行管理体制的基础上，赣江新区实行相对统一的管理模式，设立赣江新区管委会和四个组团管委会。其中，新区党工委书记由江西省委常委、南昌市委书记兼任，管委会主任由南昌市政府市长兼任，另设专职副书记1人、管委会副主任2人。赣江新区管委会下设四个组团党工委和管委会，其中经开、临空组团人员编制由两个开发区在现有编制内调剂使用，永修和共青组团党工委书记、管委会第一主任则分别由永修县委书记、县长以及共青城市委书记、市长兼任。行政管理上，赣江新区对四个组团行使行政管理、经济管理权限，江西省政府赋予赣江新区设区市级和部分省级经济社会管理权限。

在新区管委会的组织架构上，为给体制机制创新提供保障，新区管委会构建了扁平高效的"大部制"管理模式，将职能相近的传统部门进行合并，设置了8个精简、高效的职能部门，实现了相关事务的"一个部门管到底"，使部门之间的协同能力大大增强。此外，纪工委（监察组）和国土、税务、环保等派驻机构陆续成立，财政分配关系、统计区划范围进一步明确，新区的开发投资集团、赣江集团两大平台公司运行有序。

二、赣江新区现行管理体制的主要问题

由于国家级新区的特殊性，其管理体制会影响新区的运行。赣江新区的建设和发展，一定程度上既给行政管理体制改革带来了新机遇，但也容易引发一些体制上的摩擦与挑战，赣江新区现行管理体制的弊端已经逐渐暴露出来。

（一）行政权限不明确，职责界定不清晰

赣江新区四大组团在行政区划上分别属于南昌市和九江市，存在行政权限不明确、职责界定不清晰的问题。经开、临空组团和经开、临空开发区实行的是"两块牌子、一套班子"，而经开、临空开发区又是南昌市人民政府的派出机构，享有的经济社会管理权限不健全，很多领域没有行政执法权限，导致沟通成本增加、协调难度较大。共青城开发区也是九江市人民政府的派出机构，和经开、临空组

团存在类似的问题。永修县人民政府虽然是独立的行政单位，但永修组团范围只是永修县辖区的一部分，导致组团内外政策差异较大，沟通、协调成本也较高。行政权限不明确、职责界定不清晰导致四大组团均存在不同程度的管理冲突现象。如临空组团针对企业和居民的违建现象，由于没有行政执法权限，需要与新建区公安、城管部门协调，极大地降低了行政效率。此外，赣江新区与南昌市、九江市政府的职责界定仍有不清晰之处，各组团办理相关公共事务时不知道该找新区管委会还是南昌市、九江市政府，有些事务两边都不管，出现推诿扯皮现象。

（二）体制机制运行不顺畅，存在多头管理

赣江新区四个组团都存在两套体系并存、多头管理的问题。一方面，在事务对接上比较混乱，新区与各组团的交流通过 QQ 或电话，系统内部的文件输送平台尚未建立。新区在发布文件时还是喜欢发纸质文件，从组团派人到新区拿一份文件很麻烦，既浪费了时间，又降低了行政效率。另一方面，各组团都表示"开会多"，而且对于同一个会议需要开 2—3 次，对于会议内容还得分头汇报和落实。各组团对于同一件事情上报，赣江新区与九江市或南昌市的贯彻落实不同，两边答复不一，各组团面临"听谁的、谁来管、如何做"的两难抉择。出现这个问题的主要原因就是新区与南昌、九江没有协调好。共青组团体制机制不顺畅的现象尤其突出，因为共青城市是省直管县，要接受省、新区、九江市三头管理，实际上主要以九江市管理为主，赣江新区的管理为虚。

（三）人事管理制度尚不完善，挫伤干部队伍积极性

赣江新区由于成立时间不久，面对江西省委、省政府高标准的发展要求，干部队伍的工作压力非常大，出现"人少事多任务重"的现象，加班加点成为工作常态。加上相应的人事管理制度尚不完善，严重挫伤了干部队伍的工作积极性。一是档案封存、人员编制问题。以临空组团为例，在组团内部没有明确临空的级别，都是参公事业性质。临空只有 30 个编制，由南昌市管理，新区组建和综保区的组建导致前期人才大量流出。二是人员职称评定渠道不畅通，身份不明确。在临空组团，区内企业、管委会的人员职称评定不畅通，填写表格时对自己的职称不明确。在永修组团内部，干部具有双重身份，导致了领导层出现交叉管理的现象。三是工资待遇问题。四大组团由于发展基础差异较大，干部的收入差异也较大，新区尚没有出台统一的绩效工资考核体系。经开和临空组团已经实行了绩

效工资改革，但共青和永修组团尚未实行，导致四大组团工作人员的收入差异较大，不利于调动新区广大干部队伍的工作积极性。

三、国家级新区理顺管理体制的经验借鉴

在当前19个国家级新区中，与赣江新区跨两个设区市相似的有西咸新区、贵安新区和天府新区，三个新区获批时间均比赣江新区要早，在理顺管理体制、组团协同发展等方面的探索经验值得赣江新区学习和借鉴。

（一）西咸新区管理体制的优化经验

西咸新区位于西安、咸阳两市建成区之间，涉及西安、咸阳两市7个县（区）的23个乡镇和街道办事处。规划控制范围882平方公里，现有人口约97.8万人，包括空港、秦汉、沣东、沣西、泾河五个组团。

西咸新区建设启动之初，由陕西省委、省政府高位推动。陕西省赋予西咸新区在项目建设、城乡统筹、规划实施等方面省、市级管理权限及部分社会事务管理职能。除需国家审批核准或国家明确规定由省级政府部门审批核准外，其余审批权限均下放给新区办理。西安、咸阳两市人民政府及相关县（市、区）政府涉西咸新区的经济及相关社会事务管理权委托新区行使。

西咸新区的管理体制实质上是统分结合的双层管委会体制，两级管委会统分结合，各负其责。新区管委会按照省政府授权或委托，行使新区开发建设管理权限，空港、沣东、秦汉、沣西和泾河5个新城管委会根据划分的功能组团设立，按照创新体制、权力下放的要求，赋予其不低于西安市各开发区的权限。2017年1月，陕西省委、省政府发布《关于促进西咸新区进一步加快发展的意见》，作出西咸新区全面托管辖区行政和社会管理职能并交由西安市整体代管的重大决定。新区全面承接了西安、咸阳两市委托的除人大、政协等工作外的所有职权。结合新区设立5个新城、托管22个街镇的实际，新区管委会内设18个部门、1个直属机构、19个下属管理服务机构，以及规划建设、生态保护、社会治理等6个综合性委员会，构建大部制、扁平化的管理架构。

（二）贵安新区管理体制的优化经验

贵安新区位于贵州高原中部、贵阳市和安顺市中心地带，规划范围涉及贵阳市花溪区、清镇市和安顺市的平坝区、西秀区，共2市4县（市、区）21个乡（镇），

规划控制面积1795平方公里，现有人口约73万人。

贵安新区的管理体制由决策层、管理层和开发运作层构成。其中，决策层为规划建设领导小组，由贵州省委书记担任组长；管理层为新区党工委管委会，作为省委、省政府派出机构管理直管区，由贵州省委常委、常务副省长担任新区党工委书记，由贵阳市委常委，常务副市长担任新区管委会主任；开发运作层为新区开发投资有限公司，承担贵安新区直管区的重大基础设施和大型公共服务设施建设等工作。贵安新区管委会内设12个职能部门、13个直属事业单位、13个省直派驻机构。

贵安新区划分了直管区和非直管区，逐步形成"统一领导、统一规划、统筹协调、共享政策、分区运作"统分结合的行政管理体制。新区管委会全面负责直管区内的政治、经济、文化、社会、生态文明等，行使市级经济社会事务管理职权。直管区四个乡镇和所在地园区管理机构与原乡镇政府实行"一套人马、两块牌子"，行使县级经济社会事务管理权；非直管区分别由贵阳市和安顺市各级政府负责本区域开发建设和社会事务管理等各项事务，涉及新区整体长远发展的土地利用、产业布局、重大基础设施项目、重大服务项目等，须经贵安新区规划建设委员会备案或审核。

（三）天府新区管理体制的优化经验

天府新区主要涵盖了成都市的天府新区成都直管区全境和成都高新区、双流区、龙泉驿区、新津县、简阳市（原由资阳市代管，2016年5月改由成都市代管）的部分地区，以及眉山市管辖的彭山区、仁寿县部分地区，共涉及2市8区（县、市）38个乡镇和街道办事处，总面积1578平方公里。毗邻天府新区的眉山、简阳共24个乡镇（街道）划定为协调管控区，总面积约1100平方公里。

天府新区的管理体制由天府新区管委会、天府新区成都管委会和天府新区眉山管委会组成。在2016年10月20日召开的四川天府新区管委会第一次全体会议上，进一步明确天府新区管理机构为天府新区管理委员会、天府新区管理委员会办公室及内设机构，以及天府新区成都、眉山管委会，并由四川省委副书记、省长兼任天府新区管委会主任，在全国18个国家级新区中是首例。2017年11月6日，四川省委、省政府决定成立天府新区建设领导小组，省委副书记、省长任组长，领导小组办公室设在省发改委，承担领导小组日常工作，省发改委主任兼任办公室主任。天府新区管理委员会不再保留，只保留正厅级的天府新区成都管委会和正县级的天府新区眉山管委会。

目前，天府新区采取的是"统一领导、统一规划、分市实施"的管理体制，即省政府设立天府新区建设领导小组，由省长任组长，负责天府新区总体规划制定并监督实施，协调解决开发建设重大问题；领导小组办公室设在省发改委，承担领导小组日常工作，省发改委主任兼任办公室主任。成都市和眉山市分别成立正厅级和正县级的管理委员会，按照统一规划各自承担建设任务。

（四）对进一步理顺赣江新区管理体制的主要启示

第一，国家级新区的管理体制需要动态调整和不断优化。新区的管理体制不是一成不变的，在开发建设的不同阶段，需要采取不同的管理体制，大致经历统筹协调办公室、管委会，最终像上海浦东新区、天津滨海新区一样，发展到一定程度后成为独立行政区。

第二，国家级新区的开发建设需要省委、省政府高位推动。越是跨区域的新区，涉及的利益主体越多元，利益协调的难度更大，越是需要成立省级领导工作小组来统筹协调各方利益，对新区开发建设的重大事项进行决策。

第三，赣江新区的管理体制既要充分吸收其他三个国家级新区的有益经验，又要和当地实际相结合。其他三个国家级新区的主体区域虽然也跨了两个设区市，但基本上是"一强一弱"的格局，而且西安和成都均是副省级城市，具有强劲的带动能力。因此，理顺赣江新区管理体制，要立足自身实际，合理借鉴。

四、进一步理顺赣江新区管理体制的优化方案

赣江新区是引领"昌九一体化"和"南昌大都市圈"发展乃至江西经济社会整体发展的重大引擎。要破解当前赣江新区发展过程中出现的管理体制问题，促进新区四大组团之间的协同发展，需要解放思想，先行先试，大胆创新，构建适合赣江新区发展的管理体制和协同发展机制。赣江新区应重点借鉴学习西咸新区、贵安新区和天府新区等跨区域国家级新区的经验教训，体现后发优势，进一步建立健全赣江新区"省级决策领导、新区独立运行、组团融合发展、部门协调联动"的管理体制和运行机制。具体的行政管理体制可在参考贵安新区、天府新区和西咸新区的基础上，设计赣江新区的新型管理体制。

方案一：参照贵安新区模式，将新区作为省政府的派出机构，由省政府全面托管

该方案把赣江新区管委会作为省政府的正厅级派出机构,在全省形成"1+11"的区域格局,新区的开发建设、运营管理由省政府全面托管,形成"省市共建、以省为主""一区四城"的发展格局。在管理架构上,建立"领导小组+管委会+开发投资平台"的管理体制。领导小组由省长任组长,常务副省长任副组长,南昌市、九江市和省直部门主要领导任成员,负责统筹协调各方利益,对新区开发建设的重大事项进行决策。赣江新区管委会的主要负责人不再由南昌市委书记和市长兼任,由省委、省政府任命专职负责人。设置直管区和非直管区,已纳入赣江新区规划范围的区域为直管区,未纳入规划范围但属于经开、临空、永修、共青城的其他区域为非直管区,由南昌市和九江市委托赣江新区管理。

该方案体现了省委、省政府高位推动,南昌市和九江市协调配合,从"全省一盘棋"的高度推进赣江新区建设,内部沟通成本低,行政效率高。缺点是改革的阻力较大,对南昌市和九江市的经济社会发展将产生一定的影响,两个设区市对新区建设的热情和支持都会有所下降。新区独立发展的空间受限,作为"1+11"区域格局的龙头地位难以巩固。

方案二：参照天府新区模式，设立赣江新区南昌管委会和九江管委会

该方案采取的是"统一领导、统一规划、分市实施"的管理体制。在省政府设立赣江新区建设领导小组,由省长任组长,负责赣江新区总体规划制定并监督实施,协调解决开发建设重大问题,不再保留单独的赣江新区管委会；领导小组办公室设在省发改委,承担领导小组日常工作,由省发改委主任兼任办公室主任。明确由省长作为赣江新区建设的第一责任人,由省发改委主任作为赣江新区建设的实际责任人。在南昌和九江分别成立赣江新区南昌管委会和九江管委会,作为南昌市和九江市政府的派出机构,按照统一规划,各自承担四大组团的建设任务。

该方案的优势是能最大限度地调动南昌市和九江市对新区建设的热情和支持力度,改革的阻力相对较小。但缺点也比较明显,一是管理体制比较松散,省级层面只有领导小组,小组办公室设在省发改委,将给发改委带来大量的额外工作,现有的赣江新区管委会移交难度较大；二是两个设区市分别设立独立的管委会,会导致两边的开发建设差距越拉越大,影响赣江新区的整体发展；三是新成立两个独立的管委会，涉及一系列机构改革问题，在人员配置、资金安排、办公选址等方面都存在较大的困难。

方案三：参照西咸新区模式，赣江新区全面托管辖区行政和社会管理职能，并交由南昌市整体代管

第一阶段，把赣江新区划分为直管区和非直管区，已纳入赣江新区规划范围的区域为直管区，未纳入规划范围但属于经开、临空、永修、共青城的其他区域为非直管区。直管区的行政和社会管理职能由赣江新区管委会全面托管，并由南昌市整体代管。非直管区的行政和社会管理职能仍然由经开、临空、永修、共青城分别管理。

第二阶段，将经开、临空、永修、共青城的所有区域（含当前未划入赣江新区的区域）全部划入赣江新区，并把赣江新区管委会作为省政府的正厅级派出机构，在全省形成"1+11"的区域格局。这一阶段，赣江新区是全省的独立行政区域，与南昌市和九江市没有行政关系。

第三阶段，为服务"大南昌都市圈"发展战略，可以学习上海浦东新区和天津滨海新区经验，把赣江新区整体作为南昌市的独立行政区域，而不仅仅是南昌市政府的派出机构。

该方案的最大优势是循序渐进，为"大南昌都市圈"发展战略服务。前期利用南昌的雄厚基础，集中精力把直管区开发建设好；中期可以利用全省资源，促进赣江新区的整体发展；后期有助于将南昌做大做强。缺点是南昌市和九江市都要作出较大的牺牲，南昌市要利用自身资源把赣江新区孵化壮大，中期要移交给江西省政府，后期要把赣江新区作为南昌市的独立行政区域，并将新区打造成为南昌市规模最大、实力最强的区域。九江市要把共青城市和永修县整体移交给江西省和南昌市，对九江市的整体实力肯定会有所削弱。

作者：

熊小刚　江西财经大学财税与公共管理学院副院长、副教授，江西省首届省情研究特约研究员

彭贤鸿　中共江西省委党校法学教研部副教授

—11—
"稀土王国"的稀土困境和出路

吴一丁　赖丹

内容提要：赣州因拥有丰富的离子型稀土资源而获得了"稀土王国"的美誉。但近些年来，赣州稀土开采全面停产，并导致其下游产业发展艰难，"稀土王国"的地位不断下降。表面上看，赣州稀土困境是由于赣州稀土公司为上市进行的环评未通过而引发的，实际上还有更深层次的原因。赣州应根据稀土行业的管理政策、发展特点、未来发展趋势，寻找一条可以走出稀土困境的道路。

一、"稀土王国"曾经的辉煌和梦想

（一）"稀土王国"曾经的辉煌

在众多稀土资源中，离子型稀土价值最高，并且最为稀缺。赣州因拥有全球最为丰富的离子型稀土资源，被冠以"稀土王国"之美誉。依托资源优势，赣州吸引了大批资金开发稀土，经过近50年的发展，已形成集稀土采选、分离冶炼、功能材料等的生产，以及稀土产品检测、研发设计、教育培训等配套服务为一体的完整的稀土产业体系，是全国稀土产业链最完整、规模最大、产品最齐全的稀土主产区，在全国乃至全球都有举足轻重的地位。进入21世纪后，赣州知名度的迅速提升很大程度是由稀土带来的。

自20世纪70年代初赣州发现离子型稀土矿床以来，累计开采中重稀土26万吨，为国家经济、国防的建设以及尖端科技的发展作出了特殊贡献。在2010—2015年稀土产业发展最辉煌时期，赣州稀土产业总量占全国的1/3以上。

本文于2018年11月发表。

同时，稀土产业也成为赣州支柱产业，2012年稀土产业的主营业务收入和利润总额分别占全市规模以上工业总量的20%和30%以上，为地方经济社会发展作出了巨大贡献。

（二）"稀土王国"的梦想

稀土在高科技领域具有极高的应用价值，成为倍受世界关注的焦点，但中国稀土因高端应用落后，使得稀土价值难以体现，在全球稀土产业分工中处于劣势。发展好稀土产业，使之助推中国整体产业竞争力的提升，是全中国人的梦想，作为"稀土王国"的赣州毫无疑问是实现这一梦想的重要承载地。2015年，赣州市委、市政府作出了"主攻工业、三年翻番"的决策部署，着力打造稀土新材料及应用的千亿产业，整合稀土勘探、分离、加工、研发和贸易等全产业链，推动稀土产业向高端新材料及应用领域升级，力图把赣州打造成具有国家竞争力的全国稀土新材料产业及应用基地。

赣州是革命老区，经济发展相对落后。赣州也梦想着借助稀土的巨大应用价值，通过大力发展稀土产业，促使赣州经济超常规发展，让"稀土王国"不仅仅只拥有资源优势，也能够拥有产业优势、经济优势。为此，赣州设立了"中国稀金谷"，全力打造国内领先、世界一流的稀土稀有金属高新技术产业集聚区。可以说，"稀土梦"不仅是赣州的，也是中国的。

二、"稀土王国"的现实困境

按照国家行业管理划分，稀土行业包括稀土原料开采、稀土分离冶炼和稀土功能材料三个产业环节。而稀土应用产业主要是对稀土功能材料在终端产品上的应用，在行业划分中不属于稀土行业。赣州在稀土行业的三个产业环节都具有优势，但目前发展状况却极为严峻。

（一）稀土原料开采基本停止

赣州独揽全国67张稀土采矿证中的43张，国家每年下达的离子型稀土开采指标占全国50%以上。但近三年赣州稀土开采却处于全面停产状态。停产背景在于，国家从2011年开始对稀土产业进行强力整合，通过组建六大稀土企业集团，加强对稀土资源控制。在多方努力下，赣州稀土最终独立地成为全国六大稀土企业之一，但赣州稀土在六大稀土企业中是唯一一个既不是央企，也不是上市公司的企业，这对赣州稀土的竞争极为不利。为尽快成为上市公司，在时间紧迫的情况下，赣州稀土选择了较 IPO 更为快捷的借壳上市方式。2015 年 1 月，因国家加大了环保力度，赣州稀土未能通过环保部组织的环评，最终借壳上市的方案被否决。环评未通过，不仅使赣州稀土上市计划落空，更严重的是稀土原料生产也无法进行。据调研，在借壳上市失败之后，赣州稀土开采至今处于停产状态。

为达到国家环评标准并恢复生产，赣州稀土自主研发了南方离子型稀土矿山绿色无铵开采提取工艺技术（采用镁酸溶浸原矿），并于 2017 年 4 月通过了专家委员会的工艺论证。但截至 2018 年底，环保部科技标准司尚未开展无铵开采工艺试验和变更环评工作，企业依然无法复产。虽然赣州稀土以出售库存稀土原料的名义仍有稀土原料经营活动，但至少从合法性来看，赣州稀土已不能有新的开采活动，完全停止稀土原料供应只是迟早的事。

（二）稀土分离冶炼产业陷入困境

稀土分离冶炼是对稀土原料的进一步加工，目前我国在稀土分离冶炼领域的技术水平全球最高。由于全国各稀土原料主产区为了增加稀土产值，都不遗余力地延伸稀土产业链，力图将稀土原料留在自己的区域内分离冶炼。这就导致了全国稀土分离冶炼产能严重过剩，而稀土分离冶炼企业是否生存完全依赖于稀土原料的供应。

赣州稀土冶炼分离产业之所以在全国具有重要地位，主要在于工信部每年下达的离子型稀土分离冶炼产品指令性生产计划中，赣州占据了"半壁江山"。因赣州稀土原料开采已经停产多年，仅仅依靠库存向市场提供原料，导致稀土原料供应不足，赣州的稀土分离冶炼企业已出现大面积停产、半停产甚至倒闭现象。

（三）稀土功能材料产业发展受限

稀土功能材料，也称稀土新材料，是对稀土分离冶炼产品进一步加工利用后的产品，主要包括稀土磁性材料、发光材料、贮氢材料、催化材料、抛光材料等。全国稀土功能材料的产能同样过剩（当然,高品质的稀土功能材料发展严重不足），其产业发展同样受制于上游稀土原料的供应。

稀土功能材料是赣州近些年来着力打造的重点产业。据调研，有着丰富稀土资源的赣州，稀土功能材料企业却因本地原料供应无法满足生产需求，不得不去外地采购稀土原料，导致生产成本增加，企业竞争力下降。更为严重的是，稀土产业链下游企业的投资选址考虑的最重要因素就是稀土原料供应的稳定性,国外稀土功能材料产业大规模向我国转移的主要原因就是为了保证原料供应。赣州稀土原料开采的停产,对于稀土产业项目的招商引资、研发投入都将产生极为不利的影响。

(四)稀土废弃矿山生态恢复负担沉重

虽然赣州稀土开采为国家作出了重大贡献,但也造成了严重的环境破坏问题。赣州在长时间无法进行正常稀土原料开采的同时,还在艰难地进行着稀土废弃矿山的生态恢复工作。按照"谁开采、谁治理"的原则,稀土环境治理的责任主体应该是稀土开采企业。但是,由于长期开采,过去稀土开采的环保意识和环保措施都不强,稀土矿山生态环境破坏的历史欠账太多,原来的责任主体无法落实。在环保要求越来越高、环保督查越来越严格的情况下,赣州不得不加快历史遗留稀土废弃矿山的生态恢复工作,赣州各级政府及赣州稀土公司为此付出了高昂代价。据测算,对全部废弃矿山仅进行生态植被恢复就大约需要40~50亿元资金。近几年来,赣州稀土矿山环境治理项目争取了中央补助资金6.5亿元,在地方财政困难的情况下,仅2017年的稀土废弃矿山治理项目,赣州县市财政配套资金就达3.93亿元。稀土废弃矿山环境治理虽然能够产生生态效益,但短期内无法带来经济效益。这对经济基础薄弱、财政相对困难的赣州而言,无疑是极为沉重的负担。

(五)稀土产业对经济的贡献大幅下降,"稀土王国"品牌效应逐步丧失

从稀土产业对当地经济的贡献角度看,可以更加强烈地感受到赣州稀土所处的困境。与2012年相比,2017年赣州稀土产业主营业务收入和利润总额占全市规模以上工业总量的比重分别下降了10.22%和6.58%。赣州财税部门的资料显示,赣州稀土产业税收收入从2012年的29.34亿元下降到2017年的8.27亿元,占全市税收的比重从14.8%下降到2.5%。

在稀土产业发展中,稀土龙头企业起着极为关键的作用。2016年底,我国稀土行业整合初步完成,形成了六大稀土企业集团引领稀土产业发展的格局。除赣州所组建的南方稀土集团属于地方国企外,其他五大稀土企业集团不是央企,就是上市公司,不仅具有得天独厚的资金优势、人才优势和政策优势,而且无须受环评制约,近年来发展非常迅速。而赣州稀土产业在种种不利因素影响下,地位不断下降,赣州稀土在业界的没落之势已经非常明显。如果这种状况持续下去,"稀土王国"的品牌效应将会丧失殆尽。

三、"稀土王国"困境产生的根源

(一)稀土原料开采业陷入困境的根源

赣州稀土原料开采业之所以会陷入停产困境,从表面上看是由于借壳上市引发的环评未通过而停产,但其根源在于国家对离子型稀土开采工艺的强制性限制。

由于稀土矿开采会产生比较严重的环境破坏,国家高度重视稀土矿开采的环保问题。离子型稀土开采按时间顺序先后采用过池浸、堆浸和原地浸矿开采工艺。一种普遍的观点是,原地浸矿工艺可以有效解决离子型稀土矿开采过程中的环境破坏问题,因此国家对南方离子型稀土矿开采工艺作出了强制性限制。2012年国家颁布的《稀土行业准入条件》中规定,离子型稀土矿开发应采用原地浸矿等适合资源和环境保护要求的生产工艺,禁止采用堆浸、池浸等国家禁止使用的落后选矿工艺。

然而,原地浸矿工艺是否能在任何地质条件下都达到环保标准,并没有得到严格论证。事实上,赣州稀土开采完全按照国家规定的原地浸矿工艺,仍未能达到环保要求。不仅仅只是赣州稀土采用原地浸矿工艺达不到环保要求,南方离子型稀土开采的所有企业虽然都采用了原地浸矿开采工艺,但环境问题依然突出,同样无法达到环保标准,这证明了原地浸矿工艺是存在很大缺陷的。

在不能改变开采工艺的情况下,赣州稀土自主研发的绿色无铵镁酸浸出液进行原地浸矿,试图能够达到环保标准。虽然此项技术已通过专家论证,但环保部仍未进行新的环评工作。需要注意的是,目前我国的环保标准中,镁酸含量不是水体污染的检测指标,如果将来镁酸一旦纳入环评标准中,这项技术也无法达到环保要求,稀土开采也一样会面临停产的局面。

(二)稀土分离冶炼和功能材料产业发展艰难的根源

赣州稀土分离冶炼和功能材料产业之所以发展艰难,表面上看是由于稀土原料供应不足导致的,但其根源是技术水平同质化和行业规模过小造成的。

自稀土高效萃取分离技术发明后,稀土分离技术基本达到了顶峰,并且迅速推广。目前全国各地的稀土企业在稀土分离冶炼技术上并没有明显差别,因而这一产业的规模大小就主要取决于稀土原料供应的规模。稀土功能材料的种类虽然很多，但几乎所有生产技术都来自国外，国内稀土功能材料企业也同样存在着产品和技术的同质化现象，在这种情况下，稀土功能材料产业的竞争主要受稀土原料供应和大资本运作的影响。

稀土行业的特点决定了其规模不可能太大。稀土行业中的稀土矿开采业属于资源消耗型产业，稀土资源储量与稀土矿开采规模相互矛盾，稀土矿开采规模越大，稀土储量下降越快，越会制约稀土矿开采业的规模。稀土行业所提供的分离冶炼和功能材料产品属于中间产品，需要被应用到其他产业中。其应用的最显著特点是用量少、功效大，因此被称为"工业味精"。此外，稀土元素并不灭失，常常可以回收再利用，这进一步限制了稀土行业的规模。当然，如果稀土应用产业能够较快发展，在更大范围内使用稀土产品，稀土行业规模会相应扩展。但从长期看，稀土行业的规模相对于其他行业始终较小。截至目前，我国稀土全行业的产值也不足千亿，稀土功能材料的产值大约占其一半。

国内各稀土原料生产区都将稀土作为重点产业发展，都在打造稀土全产业链。因稀土原料开采业的规模主要受政府计划控制，而稀土分离冶炼产业的规模基本决定于稀土原料开采业的规模，因此各地区的稀土产业争夺主要集中在稀土功能材料领域。在产品和技术同质化、市场规模过小的情况下，区域间形成了激烈的产业争夺。当赣州稀土原料生产受限后，其他地区趁机扩张稀土功能材料产业，赣州稀土功能材料产业的市场份额下降就是一种必然结果。

四、"稀土王国"破解稀土困境之策

（一）积极争取国家出台离子型稀土矿开采污染物排放标准

2011年发布实施的《稀土工业污染物排放标准》，明确地将南方离子型稀土原地浸矿工艺排除在《稀土工业污染物排放标准》的适用范围之外；而2012年颁布的《稀土行业准入条件》，又明确规定离子型稀土矿开采只能采用原地浸矿工艺。也就是说，离子型稀土矿开采并不存在国家强制性环保标准，现有的稀土开采环保标准实际上只是针对非离子型稀土矿开采而制定的。赣州可以积极建议国家尽快研究出台针对离子型稀土矿开采的污染物排放标准，并且在环保标准执行上一视同仁,让企业能够公平竞争。

(二)组织专家科学论证稀土开采工艺

采用原地浸矿工艺进行稀土矿开采,其最大优点是对矿山地表植被的破坏较小,基本不会改变地形地貌。但是,任何一种生产工艺都要有适用条件,原地浸矿生产工艺对稀土矿床的底板要求较高,矿床底板发育程度决定了原地浸矿工艺的适用性和对环境的影响程度以及对资源的利用程度。原地浸矿工艺虽然是我国独创并获得了国家科技奖,但其对环境和资源的影响并没有明确的定论,还需要进行更多的探讨和论证。赣州是全国对离子型稀土废弃矿区生态治理力度最大的地区,应根据稀土开采和生态治理的实践,积极建言国家相关部门组织专家对离子型稀土开采工艺进行全面论证,取消"一刀切"式的工艺指定,避免用统一的工艺限制企业生产,依据稀土矿体的实际条件选择合适的生产工艺。

(三)全力推进稀土应用产业发展

赣州稀土乃至中国稀土走出困境的根本出路并不在稀土行业之内,而在稀土行业之外,即稀土应用产业需要大力发展。稀土可应用的领域非常广泛,现有的研发能力不可能在所有应用领域都发展,需要集中力量在某一领域进行突破。江西理工大学有色金属产业发展研究团队经过长期研究,根据江西省经济社会发展的具体情况,建议以稀土永磁电机产业作为稀土应用产业发展的突破方向。电机的使用广泛且产业规模巨大,稀土永磁电机属于高效绿色电机,是稀土应用领域中最具发展前景的产业之一。江西省从材料供给、技术积累、终端需求等方面都可以支撑稀土永磁电机产业的发展。从各方面情况综合来看,赣州发展稀土永磁电机产业的时机已经到来。

(四)积极争取国家对赣州环境保护及环境恢复治理的更多投入

赣州的稀土困境在很大程度上是由环境问题而引发的,因而赣州要走出稀土困境也必须解决环境问题。稀土产业(特别是稀土上游产业)不可避免地会对环境产生不利影响,要达到完全符合环保要求,势必需要在环保设施上进行大量投入。赣州境内的大量废弃稀土矿山需要生态恢复治理,最保守的计算仍需投入资金20多亿元。目前国家在逐步增大环境保护的资金投入力度,赣州应利用这一契机,积极争取国家加大对稀土废弃矿山生态恢复治理的资金投入;协调有关方面尽快落实生态补偿机制，给予地处赣江、东江源头的赣州一定的生态补偿；对稀土开采业给予更多的环保研发和环保设施投入。

作者：

吴一丁　江西理工大学有色金属产业发展研究院首席教授，江西省首届省情研究首席专家

赖　丹　江西理工大学有色金属产业发展研究院教授，江西省首届省情研究特约研究员

—12—
关于加快江西航空产业集群发展的思考

江西财经大学课题组

内容提要：江西省航空制造业历史悠久，是全国唯一同时拥有旋翼机和固定翼机研制生产能力的省份，但在发展过程中出现了航空产业整体集聚度较低、航空制造业集群竞争力较弱的问题。借鉴国外前三航空产业集聚发展的模式和规律，建议从政府作用、人力培育、产业链、创新体系、金融融资五个层面推进航空产业集聚发展。

一、江西航空产业发展现状和集聚定位

（一）江西航空产业发展现状

江西省航空制造业历史悠久，是我国唯一同时拥有旋翼机和固定翼飞机研制生产能力的省份。经过几十年的发展，昌飞公司已具备研制和批量生产多品种、多系列、多型号直升机和航空零部件的能力，景德镇、吉安、庐山、高安等地陆续兴建了一批航空小镇。

为促进航空产业的发展，江西近三年来先后出台了多项航空产业相关指导意见及规划。主攻整机、大飞机机身和核心零部件研制，培育"制造、运营及维修、服务、临空经济"全产业链；提升战斗机、教练机优势，培育一批水平领先、竞争力强的细分产业，推动新兴产业规模化。江西省现有5个通用机场，5家通航公司，军民融合初显成效，军工企业与地方单位签约多个项目。

（二）江西航空产业集聚定位

江西省航空产业的发展规律与国内前三航空产业省份（陕西、辽宁、四川）

本文于2018年12月发表，获时任省委常委、常务副省长，副省长2位省领导肯定性批示。

的发展规律类同,都是依据飞地经济模式建设及发展多个航空产业基地或园区的形式。江西省主要围绕教练机、直升机、无人机、通用飞机以及大飞机等五大飞机项目,以"一区一城两园"(南昌国家高新技术产业开发区、南昌航空工业城、景德镇直升机产业园区、九江红鹰飞机产业园区)的开发建设为依托,以延伸上下游产业链为方向,形成以制造为核心、航空运营为主干、航空服务为支撑的集航空产业产品研发与制造、国际业务转包、通用航空运营与服务、航空教育、博览、旅游、文化、运动娱乐为一体的现代航空产业体系,实现由航空工业大省向航空工业强省转变。

二、江西航空产业集聚发展的瓶颈和原因分析

(一)江西航空产业集聚面临的主要问题

一是江西航空产业整体集聚度较低。目前,江西航空产业还处于集群发展的初级阶段,航空运输与物流、航空商务、航空农业、航空旅游等指向型产业和关联产业占比非常小;临空经济区、赣江新区、南昌航空城区域空间联动不紧密;昌北机场、洪都集团、昌飞、602所等航空企业、科研院所协同度不高,江西航空产业整体集聚度较低。

二是江西航空制造业集群的竞争力有待提升。以优势航空制造业为例,产业集聚仍处于加速完善的过程,航空城及航空小镇作为江西航空产业集群并发挥集聚作用的效果还没有凸显出来。省内航空制造业集群龙头企业少,现有企业平均规模小,支撑作用弱,整体集聚化程度不高,存在"形聚而神散"的局面,主要表现在航空制造业同行及配套企业间分工协作和关联度不高,现有航空城及航空小镇中企业间缺乏横向联系,本地配套性较差,配套成本较高。缺乏有效的创新平台,加上与同行及配套企业间缺乏良好的互动及有效的协同,所以龙头企业也未能形成较强的竞争优势。

(二)江西航空产业集聚度不高的原因剖析

1. 政府对关联产业重视程度不足

从产业发展目标和方向来看,江西以发展航空制造为主要路径。其核心思路是通过掌握航空制造的核心技术,打造飞机制造与研发中心,形成较强的产业核心竞争力,从而吸引飞机材料、组装等一系列产业环节聚集,形成以航空制造业

为龙头的完整航空产业链。但当前江西航空产业链发展受制于两方面因素：一是航空制造技术储备不足，全省大部分技术优势在于军机研制，在发展民机特别是大飞机上，还有很多核心技术亟待攻克。二是航空制造作为生产工具或消费物品服务于国民经济三次产业的水平较低。

2. 人力资源不足导致研发实力落后

人力资源匮乏。江西省高校缺乏一流的航空主专业和学科建设，航空主专业在航空院校所有专业中占比不足10%，航空主专业专任教师占比不足9%，每年培养的航空主专业毕业生占比不足8%。在人才结构上，江西省航空主专业色彩还不够鲜明，现有航空主专业主要集中于航空产业链中端，缺乏前端与后端的专业设置，未形成覆盖高、中、低端的航空人才结构。

研发实力薄弱。江西省没有一所国家直属科研机构、院校和大型企业研发机构，国家级研发平台数量偏少，国家级重点（工程）实验室、工程（技术）研究中心仅为全国总量的1%；国家企业技术中心在中部地区靠后。对比来看，江西省研发实力相对较弱，对产业突破性发展有障碍。

3. 航空产业链条结构不完整

配套服务能力差，江西整机生产，发动机和机体结构件制造商、提供各种零部件和原材料的厂商都散布于全国乃至世界各地，没有在江西设立分公司，省内自身企业配套服务能力弱；航空产业价值链处于较低层次，整体处于有布局无运营的阶段，航空产品规模较小、产业链尚未形成，航空（旅游、教育、金融、会展、地产、信息服务）等产业协同发展的航空服务体系没有完善，形成不了规模；产业链处在末端，江西省整机制造企业的配套产品大都是从国内其他大型企业或者国外购买，产业链上游产品除江西景航航空锻铸公司在飞机锻铸件有少量配套外，上下游产业链尚未真正建立起来，整机规模效应不明显。

4. 金融支持缺乏力度且融资渠道单一

2017年，江西省航空企业累计获得各种投融资机构融资不足800亿元，从融资规模构成比例来看，银行贷款占比最大，达到80%，结构供给失衡，航空企业融资渠道狭窄和单一，主要还是依赖传统的信贷融资，融资金融受限，直接融资和间接融资比例失衡。产品供给失调，目前江西省航空企业融资工具主要依赖银行授信等传统金融产品，航空金融业态发展滞后，金融风险分担政策机制缺失，针对中小企业融资的中小金融机构发展不足。

三、美、加、法三国航空产业集聚发展模式和规律

（一）航空产业集群政府作用层面

美国政府在国家战略规划引导下出台了《美国领先的航空计划》《国家航空研究与发展规划》《国家航空研发计划》等一系列政策。建立了航空产业地面配套服务和先进的机场导航、通信系统，制定了严密的低空空域飞行管理办法，为通航提供安全保障；打造航空飞行服务站，如为飞行员提供地区气象信息，便于飞行员了解飞行区域天气变化；同时为航空产业提供加油、维修、餐饮等方面的地面运营商（FBO）。

加拿大政府大力改善交通系统、完善市场条件，保障飞机零部件等材料的及时供应。制定航空产业战略规划，强化产业结构，多元化发展。加大政策支持和资金引导力度，支持新增项目及人力投资增长、支持中小企业发展、鼓励创新。具体表现形式有"吸引优质大型企业落户、发展安全和防务行业、发展无人机及民用领域、支持新项目、投资人力资源、推动中小企业4.0、鼓励兼并、促进出口、优化产品工艺、增强创新等十大目标"。

法国航空工业取得的巨大成就与政府各种政策措施密不可分，航空谷（集群）的成立受政府主导影响较大。航空谷除了有空客巨型飞机制造企业外，还聚集了1000多家航空设备子承包商，增强当地航空产业竞争力。航空谷也通过推出产业创新动员计划，鼓励产学研界协同合作，引导中小企业与科研机构交流，积极促进中小企业网络的发展，集群内部航空知识得到快速传播和扩散，大企业和中小企业互为补充协调发展，产业链得到拓展。

（二）航空产业集群人才培育层面

美国建立了多样化航空人才培育体系。推动多家高等院校及航空专业院校开设航空专业，加强航空科研实力。为培养航空实用人才，美国有大量针对不同需求和不同层次的专业培训教育机构；美国早期航空教育普及广泛，为激发青少年航空兴趣，普及航空知识，各州和地方几乎都有航空博物馆。

加拿大蒙特利尔拥有11所大学院校，有4所世界级大学（麦吉尔大学、康科迪亚大学、蒙特利尔大学和魁北克大学），还有一系列专科学院、八百多个研究所。这些大学和科研院所都设有航天与航空工程、工业与管理工程等与航空相

关的专业，并开展相关的大学预科培训项目，培养了大量的航空专业人才。

法国图卢兹拥有图卢兹国立高等航空航天学院、图卢兹国立民航学院和图卢兹国立高等航空工程师学院三所法国最重要的航空航天大学，以及20多所高等专业学院、400多所科研单位及众多科研人员。这使其航空集群具备培训从专业工人到高级工程师等各类航空航天人才的能力。此外，图卢兹还包括法国国家航空空间研究院、图卢兹航空试验中心在内的众多试验中心，以确保航空航天领域中企业所使用的材料或机器性能的安全性和可靠性。

（三）航空产业集群创新体系层面

美国技术创新体系主要有四个方面：一是美国拥有强大的航空产业创新组织，有培养航空硕士和博士项目航空联合计划，有为航空产业提供技术创新的研究机构；二是制定"下一代航空运输系统"创新计划，该计划分为长期战略计划、年度计划和绩效评估计划，对世界航空产业产生重大影响；三是注重各类航空创新人才的培养，FAA、NASA等航空航天机构有各自的人才培养机制；四是美国为航空产业创新发展提供雄厚的经费支持，创新经费来源广泛、渠道多元化。

加拿大出台创新四大方针，包括吸引优质大型企业落户、发展安全和防务行业、发展无人机及民用领域、支持新项目、投资人力资源、推动中小企业4.0、鼓励兼并、促进出口、优化产品工艺、增强创新等十大目标。

法国通过法律对企业技术创新实行优惠政策进行保护，对全国科技管理体制和科研体制进行大规模的改革，为科研和技术创新建立有效机制。通过建立工业创新计划、竞争基金和企业融资基金，完善知识产权管理，促进工业企业技术创新与发展。此外，还拓展技术创新基金、创新合同、研究激励基金等基金模式。

（四）航空产业集群金融融资层面

美国地方政府对飞机制造企业出台税收优惠，如波音公司长期获得西雅图政府的政府补贴；美国进出口银行为美国飞机进出口业务提供低息贷款，扩大美国航空产业出口业务量；美国国防预算的1/3研发飞机和生产采购。

加拿大提供金融融资优惠，政府为企业提供贷款担保、贴息或低息贷款、无偿补贴等金融支持；政府对研发专业人员采取前5年免税政策。推出专项减税、研发补贴等政策，联邦政府提供15%的抵税，魁北克省政府提供14%的研发现金补贴；政府报销航空制造企业员工25%的培训费用，总体承担近50%的人力资源创建成本，较低的企业税率对航空企业的聚集发展提供了强大的支持。

四、加快江西航空产业集聚发展的政策建议

江西航空产业正处于成长期初级阶段,随着其他地区航空产业集群的发展与崛起,集群之间对于资源和人才的竞争越来越激烈。面对内外部的双重竞争,江西需要从各方面提高本地综合竞争力,防止资源流失,改善集群内外部环境。外部完善航空集群政策,夯实航空工业基础及航空产业基础建设,促进航空产业集群效果的提升;内部增强航空企业相互信任,为企业间合作创造良好条件,健全航空产业链。

(一)政府作用层面

一是充当引导者角色。着力引导航空产业链各主体之间进行纵向和横向的互动与拓展,促使航空产业向价值链上附加值高的环节(如研发设计)延伸转移,实现航空关键技术领域的突破。拓展航空产业链各环节业务,具体包括整机制造、零部件加工、机载系统、航空维修、航空培训等环节,以提升航空产业链的整体竞争能力。

二是充当规划者角色。当地政府根据实际情况,找准航空产业集群发展定位,选好特色主导产业。一方面,培育本地龙头企业和产业配套企业,延伸对集群的专业化分工;另一方面,通过招商引资直接引进龙头企业,带动一批航空配套企业入驻江西,提升集群绩效。

三是充当协调者角色。地方政府遵循"政府引导、市场运作"的原则,最大限度地发挥中介服务机构的功能。其一,引导行业协会发挥作用,充当行业和政府的纽带,为航空产业集群内企业提供技术咨询、市场信息、人才培训、法律援助等服务。其二,协助航空产业集群设立咨询中心、金融服务中心、法律援助中心等机构、加强它们和企业的深度融合,促使其成为航空产业集群发展的重要支撑。

四是充当服务者角色。做好道路、桥梁、燃气、水电、生活及文化娱乐等基础设施建设,打造畅通的交通运输体系,建设快捷的物流系统,缩减运输成本。加强海、陆、空公共网络基础设施建设,推进航空产业集群信息化。

(二)人才培育层面

一是吸引高素质航空科技创新人才。加大力度引进国际、国内航空产业领域年富力强的高级人才,支持和鼓励江西航空企业和科技人员的专利发明和技术攻

关。鼓励技术人才和管理人才相互交流，为省内的高级人才提供更多的境外学术交流机会。与民航总局、中航集团、各大航空公司以及相关航空培训机构单位加强合作，把江西建设成为航空人员培训、航空技术科学研发基地。

二是校企联合培养航空专业人才。加强大学对高层次航空人才的培养，为提升江西航空产业链提供智力支持。全面整合江西省内相关教育资源，鼓励航空制造企业与大学联合培养订单式人才，支持高等院校、科研机构与企业联合建立工作站，为整个江西省航空产业发展输送高级技术人才。

（三）产业链层面

江西航空产业链发展需要考虑三个因素"产业关联度、行业垄断程度及准入门槛程度、市场化程度"，因此，江西航空产业链可从两个方向突破。

一是航空制造领域以飞机总装制造为着力点。以现有旋翼机和固定翼机发展带动大批配套设备生产企业，形成航空制造产业集群的着力点，对接C919总装业务，扩大相关企业数量和规模。

二是在航空运营服务领域以通用航空为着力点。重点打造上、中、下游三类企业，打通"设计—试飞—运营配套产业链（直接运营—人员培训—机场服务）—MRO（维修—修理—大修）"全产业链。其中，下游为终端产品总装配企业，中游为关键原材料与核心零部件生产企业，上游为产品设计、品牌塑造、营销服务为核心的"链主"企业。

（四）创新体系层面

一是搭建航空产业协同平台，在航空产业技术创新上，由南方航空公司、中行通用飞机公司等与江西现有高校、航空企业搭建航空产业协同创新平台。围绕航空技术创新的关键问题，开展"校企"航空产业技术创新合作，充分利用校企资源对航空产业发展的核心技术进行创新，实现创新资源的有效分工，提升江西航空产业核心竞争力。

二是搭建航空产业信息共享平台。搭建专业的航空产业信息服务公共平台，为集群内企业创造合作交流的机会。具体实现形式：提高航空产业的分工深度；发挥核心航空企业的带动效应，提高其资源配置能力和研发能力；合理定位中小企业，分工协作明确；完善集群内的沟通机制。

三是提高科技投入创新平台。政府加大对航空集群的科技拨款力度，构建航空产业人才培养、引进机制，优化航空产业集群的人才环境，构建"海外引智"

机制，促进航空技术产出，为加快技术创新注入新的活力与思想。提升技术创新水平，突破航空产业链低端向高端转型，提升航空专利授权量，增强集群开放度。

四是搭建知识产权保护平台。扩大知识产权保护的范围，地方政府应完善知识产权保护的法律框架，建立知识产权保护执法队伍。实施专利产业化工程，优化创新知识产权保护环境，有效对知识产权进行保护，真正实施专利产业化，发挥专利制度在技术创新中的促进作用；设立专利支持基金，按照不同的档次对专利进行奖励，鼓励技术合同的签订，转化科技成果，促进集群绩效的提升。

（五）金融融资层面

江西航空利用好现有产业集群品牌快速招商引资，吸引其他大型航空企业进入集群，降低企业撤离所带来的集群风险。

一是江西政府可运用财税经济手段，鼓励航空企业加大科技投入，对于大型航空企业集团的科研经费给予税收减免，引导中航通飞、美国西瑞FBO以及南航维修项目等龙头企业建立研发基地，力争使大部分中型以上航空企业拥有技术开发中心，促进航空企业科技创新技术水平的提升。

二是建立保障投资企业利益的风险投资机制，营造"鼓励成功，宽容失败"的集群文化环境，吸引投资者进行投资。而作为融资方的集群企业，着力建设拥有更多资本的金融服务机构，使其获得更多的发展机会，推动集群绩效的提升。

三是引入多元投资，增加其撤离成本，加速培养二级龙头企业，提供行业交流平台，促进产业集群整体发展，充分发挥企业的集聚效应，减小产业集群对大型企业的依赖性，降低企业撤离带来的产业空洞风险。

课题组组长：
卢福财　江西财经大学校长、教授，江西省首届省情研究首席专家
成员：
陈洪章　江西财经大学协同创新中心讲师，江西省首届省情研究特约研究员
徐　斌　江西财经大学协同创新中心主任、教授，江西省首届省情研究特约研究员
吴　群　江西财经大学工商管理学院副教授
王友丽　江西财经大学工商管理学院副教授

—13—
当前农村土地整治工作面临的问题及建议

陈美球　刘桃菊　洪土林

内容提要：当前，江西省农村土地整治工作面临农民积极性不高、土地整治手续繁琐、相关要求过于机械等制约因素。调动地方开展土地整治工作的积极性，建议充分激活农民热情，破除工作阻力；完善配套制度，提升土地整治"加速度"；允许地方结合实际，灵活运用政策。

开展农村土地整治，可以盘活存量土地、强化节约集约用地、适时补充耕地和提升土地产能，为乡村振兴注入生机活力。江西农业大学调研组近日对江西省农村土地整治工作进行了实地调研，发现还存在一些制约推进土地整治项目的消极因素，应引起重视。

一、制约地方开展土地整治积极性的主要因素

（一）农民思想上存在误区，积极性不高

土地整治项目一般涉及众多农民的承包地，尽管农民对耕种收入增减看得很淡，但对土地承包经营权异常在乎，因此在思想上对土地整治项目存在误区和担忧。

一是担心私有财产受损。自第一轮土地承包经营权分配以来，集体土地一直分户承包使用，尤其经确权登记后，大多数农民已将耕地、山林、宅基地等视为私有财产。农民担心土地整治后，原来各地块之间明晰的四至变得模糊，自己的利益得不到保障。二是封建迷信思想作祟。部分农民认为"拆祖屋会破坏风水"，建新屋后仍不愿对废旧宅基地进行整治复垦。三是"钉子户"思想作祟。一些农

本文于2018年4月发表，获省委书记、副省长2位省领导肯定性批示。

民认为多闹多得，对土地整治项目占用土地提出过高补偿，得不到满足就蓄意阻工。

（二）牵涉面广、手续繁琐，工作推进难度大

一是土地整治涉及千家万户，矛盾纠纷多，协调难度大。整治项目所占用农民承包地的面积、耕地肥力等不尽相同，基层政府在协调处理农民利益分配上要花费很大精力。此外，大量农村人口外出务工，很多土地整治项目因找不到业主沟通协商而无法施工。

二是土地整治审批严格、手续繁多，需要耗费较多时间精力。如，农田整治项目获批后，往往因形势变化要对整治内容进行修改变更并重新报批，而项目最佳施工期只有冬闲时的两至三个月，很有可能因为重新报批而错过最佳施工期，最后不得不搁置或延后实施。又如，国土部门实施的土地整治项目竣工验收前必须先出具财政、审计部门的审查报告，且材料很复杂，而其他项目一般是验收后再出具审查报告。此外，项目后续监管任务重，跟踪落实难。如，国土部门通过"增减挂钩"复垦新增的耕地，还要落实耕作主体，确保土地常年得到耕种，乡镇政府没有富余人手进行跟踪落实。

（三）土地整治相关要求过于机械，与现实情况不匹配

一是技术规范存在机械僵化问题。现行的土地整治技术规范与实际需求脱节，操作性不强。如，高标准农田建设技术规范规定的丘陵山地、滨湖平原或盆地建设内容雷同，田、沟、路、林、渠的空间布局千篇一律。而山区土地耕作层薄，只有30厘米左右，不宜进行大规模的田块平整，一些项目由于严格遵循施工规范，追求田块平整标准，使用大型推土机械入田施工，破坏了犁底层，沙石上翻，漏水漏肥，水田变旱地，把常规农田建成了"高标准低产田"，农民意见很大。

二是项目建设立项规定脱离实际。如，根据《江西省高标准农田建设规范（试行）》及其相关规定，高标准农田建设应集中连片，其中山地区要求集中连片100亩以上。但实际上，江西省很多山区县100亩以上的成片耕地并不多，加上近几年国土资源部、国家粮食和物资储备局、国家农业综合开发办公室等部门已对不少集中连片的耕地区进行了整治，真正符合立项要求的项目区不多了。这也是很多地方抱怨上级下达的高标准农田建设计划过多的一个主要原因。

三是新增耕地要求与生态保护之间存在矛盾。如，在高标准农田建设中，一方面，在耕地占补平衡的压力下要求增加耕地面积；另一方面，又要求保护区域生态环境，不填塘、慎砍树、禁挖山。而实际上，尽管土地整治通过裁弯取直减少了田埂面积，但新建的田间生产道路与沟渠难免占用一定耕地，若不填塘或垦荒，项目区的耕地面积很可能有减无增。

二、对策建议

（一）充分激活农民热情，破除工作阻力

将农民合法利益整体不受损作为开展土地整治的底线和要求，创新方式方法，打通农民心理顾虑和症结，赢得支持，形成工作合力。

一是强化宣传推介，发挥典型的示范引领作用。如，瑞金市叶坪乡田坞片实施16个土地整治项目，对6个行政村3.15万亩土地进行综合整治，复垦新增耕地200余亩，有力促进了产业兴旺、农民脱贫致富。这些成功范例，应及时总结推广，发挥好示范作用。

二是构建良好的信息沟通和问题化解机制。在立项与规划设计过程中，应与农户充分沟通，听取意见，争取支持。如，大余县新城镇在早期探索土地整治过程中，曾出现部分群众不配合甚至毁坏新建农田设施的情况。该县有关部门和项目业主单位及时调整思路，主动与农民沟通交流，解开了农民心中的疙瘩，使项目得以顺利推进。周边村民看到土地整治的效果后，主动申报项目的积极性高涨。

三是要积极依托村民事务理事会、农民专业合作社及农民土专家等民间力量，推动工作开展。如，崇义县长龙镇葫芦村针对土地整治专门成立理事会，并安排40元/亩的工作经费，理事会成员赴外地参观示范工程后，逐组开会、逐户宣传，给农民吃下"定心丸"，破除了土地整治阻力。

（二）完善配套制度，提升土地整治"加速度"

一是鼓励经营权流转。调研发现，高标准农田建设推进顺利的地方，毫无例外都实行了经营权流转，有的地方还将经营权流转与新型农业经营主体培育结合起来，有效防止了整治地块"碎片化"。如，修水县黄溪村探索"确权确股不确地"（确权不确地、分红按人头、补贴归原户、组级管理、村级整包）的承包地经营权流转模式，取得明显成效。龙南县晨龙千亩制种基地将经营权流转与育种基地建设相结合，成功流转了1237亩耕地，建成标准田块，实现机械化耕作，并与隆平高科建立稳定合作关系。

二是创新宅基地的使用和退出制度。我国农村宅基地使用是一项具有一定

"福利"性质的制度安排,在实施村庄整治、闲置宅基地复垦等土地整治项目时要坚持"公平"与"效率"相统一,探索既符合农民利益又具有操作性的办法。如,余江县在落实"一户一宅"政策时,不是简单地拆除超面积建筑,而是运用经济杠杆进行调节,得到了农民的广泛支持。同时,积极探索跨集体经济组织的宅基地使用制度。随着一些区位差、自然资源禀赋低、居住人口少的自然村庄消亡,"迁村并点"成为农村社会发展的一个趋势。当前局限于本集体组织成员的宅基地使用制度与这一趋势不符,建议在坚持农村宅基地所有权、资格权、使用权"三权分置"改革方向下,探索跨集体经济组织的宅基地使用制度。

三是改革规划设计方案的编制与审批方式,简化竣工验收程序。建议推行施工设计总承包的 EPC 模式,即设计、施工一体化,减少推诿扯皮,同时推行规划设计方案的现场评审,简化竣工验收程序,减轻地方工作负担。

(三)允许地方结合实际,灵活运用政策

一是根据地形地貌因地制宜实施项目。建议把山区高标准农田建设的连片规模调整为 30 亩,同时谨慎推行平整工程,不宜盲目追求"小块变大块"的田块规整化。如,崇义县在实施上堡乡赤水村等 6 个村土地整治项目时,对上堡核心梯田景区,不机械套用技术规范,不进行"小块变大块",维持梯田景观不变,重点进行配套水利设施建设。对高标准农田不推行统一标准,在客家梯田系统"申遗"过程中,得到联合国粮农组织专家认可。

二是鼓励农业经营主体自主开展土地整治。调研发现,现代农业经营主体存在开展农田整治的需求,一些现代农业经营主体也自行投资开展了高标准农田建设等农田整治工作,建议在符合项目建设标准的情况下,允许地方政府将这部分已建成的项目纳入当地的土地整治任务之中,并按规定给予奖补,以达到既实现土地整治目标任务又减轻地方压力的双重效果。

作者:

陈美球　江西农业大学农村土地资源利用与保护研究中心教授,江西省首届省情研究特约研究员

刘桃菊　江西农业大学农村土地资源利用与保护研究中心教授

洪土林　江西农业大学农村土地资源利用与保护研究中心博士生

绿色篇

—14—
高铁时代江西经济新动能培育的"谋"与"思"

钟业喜　李晓园　黄徐璐

内容提要：高铁的规划和建设，有利于打造"同城"效应、释放"通道"效应、扩大"联动"效应、催生"新经济"效应、塑造"快旅慢游"效应、放大"绿色生态"效应，培育经济发展新动能。为抓住和用好高铁带来的机遇，最大限度释放高铁的正效应，江西要进一步深化体制机制和政策创新，着力加快现代交通体系建设，抓好高铁新城和经济区建设，主动谋划高铁沿线产业发展带建设，积极推进高铁黄金旅游线建设，着力培育对外开放新优势，全面构筑高铁绿色生态廊道。

"以高铁为代表的交通变革正在重构区位空间"，区域发展进入"高铁时代"。截至2017年年底，我国"四纵四横"主体高铁骨架网络已经完成，正迈向"八纵八横"建设阶段，高铁里程达2.5万公里，占世界高铁总里程的66.3%，高铁运营和在建规模居世界第一。根据新修订的国家《中长期铁路网规划（2016—2030年）》，预计到2020年，全国高速铁路将增加到3万公里，覆盖80%以上的大城市；到2025年，高速铁路达到3.8万公里左右；到2030年，基本实现内外互联互通、区际多路畅通、省会高铁连通、地市快速通达、县域基本覆盖。

"千古百业兴，先行在交通"，江西如何抓住和用好高铁带来的机遇，"放大高铁同城化、一体化效应，形成以沪昆、京九为主骨架的高铁经济带"，做好高铁经济这篇文章显得紧迫而重要。

本文于2018年3月发表，获省政协副主席肯定性批示。

一、高铁给区域经济发展注入新的动力

高铁所带来的时空压缩效应，让高端生产要素在中国空前高效率运转，高铁网络重构我国区位空间。

（一）区域协调的黏合剂

2017年，全国有29个省份、220多个地级以上城市开通高铁，全国设立高铁站480多个。截至2017年3月底，中国已形成长江三角洲城市群、珠江三角洲城市群、京津冀城市群、中原城市群、长江中游城市群、成渝城市群、哈长城市群、辽中南城市群、山东半岛城市群、海峡西岸城市群、北部湾城市群、关中城市群共12个国家级城市群，均由高铁相连，形成小时经济圈，成为区域协调发展的黏合剂。

（二）经济发展的新动能

高铁效应激发产业新活力。2017年全国铁路总投资8010亿元，带动基建、钢铁、装备、电子、通信、能源及新型材料等相关产业发展。高铁开通后，推动房地产、旅游、商业、物流业、金融、娱乐等相关产业的发展，加速区域经济的产业变革。

（三）城市竞争的新优势

高铁开通后，运输能力得到成倍释放，大大促进中国区域经济的内循环，提升和优化沿线城市的经济聚合力。中国社科院的研究表明，中国通高铁的城市在综合竞争力的均值水平上，高了71.15%；在可持续竞争力的均值水平上，高了56.91%。

（四）铁路客运的新力量

世界银行的研究报告显示，高铁乘客中新生成客流占比超过50%，很多本来被压抑的出行需求，因为高铁的诞生获得了释放，说明高铁对拉动出行需求、拉动内需增长、拉动经济发展的重要作用。2017年，国家铁路完成旅客发送量30.39亿人次，同比增长9.6%，高铁列车17.13亿人次，同比增长18.7%。高铁成为旅客出行"新常态"。

二、高铁时代给江西带来的重大发展机遇

随着昌九、沪昆、合福等高铁的运营，昌吉赣深、渝长厦、昌景黄等高铁的规划和建设，江西全面迎来"高铁时代"，区域发展迎来新的机遇。

（一）有利于打造"同城"效应，推动形成新的区域增长极

高铁城市受新要素的流入而改变以往的需求均衡组合，推动房地产、餐饮、零售和批发业等产业及关联产业发展，有利于增长极的形成。沪昆、京九大十字高铁骨架的形成，有利于南昌、九江、赣州、上饶等高铁枢纽城市加快形成增长极，培育大都市区，实现高铁优势转化为发展优势。

（二）有利于释放"通道"效应，构建陆海内外联动、东西双向互济的开放格局

江西地处中部，要全面对接"一带一路"，须加快构建通江达海、联通内外的对外开放通道，加快推进铁路、航空、能源、铁海联运项目建设，深化与"一带一路"沿线国家的经贸、科技合作和人文交流。江西须用好毗邻长三角、珠三角、海西三个沿海发达地区的区位优势，构建对外开放新格局。

（三）有利于扩大"联动"效应，谋划更大范围、更高层次合作新格局

沪昆高铁、合福高铁、武九客专以及昌九城际等开通运营，拉近江西省与长珠闽、京津冀等主流经济圈的时空距离，与长三角、海西、武汉城市群、长株潭等周边地区形成2—3小时交通圈，"同城效应"和一体化效应明显。有利于更好发挥江西作为长珠闽共同腹地的区位优势，提升在全国区域发展中沟通南北、承东启西的地位和作用，发挥赣湘、赣闽、赣粤、赣鄂区域合作优势，加速赣东、赣西区域融合，加快推进区域一体化发展。

（四）有利于催生"新经济"效应，推动创新创造，打造江西经济升级版

高铁的快速发展，促进了人员、资金、技术等资源合理配置，为培育壮大新兴产业、优化产业结构、加速产业梯度转移带来新的战略机遇。特别是高铁带来的速度冲击加快了高层次人才的区际流动，为欠发达地区"不求所有、但求所用"引进高层次人才提供可能，将有力促进区域创新，实现江西创造，推动和加快产业转型升级。

（五）有利于塑造"快旅慢游"效应，推进旅游资源优势向经济优势转变

高铁的同城化效应拉动了人们的旅游需求，促进了短途旅游、周末旅游、黄金周旅游，引发了旅游空间格局的变化，加大了旅游衣、食、住、行、游等服务要素向中心城市聚集的可能。高铁＋江西独特的旅游资源，有助于打造高铁旅游黄金线，实现"慢旅快游"向"快旅慢游"转变，推动江西资源优势向产业优势转变。

（六）有利于放大"绿色生态"效应，打造美丽中国"江西样板"

高铁的时空压缩效应，使国土空间的主体功能分工更为明确，绿色生态成为区域发展新需求新模式，通过生态资产资本化等市场经济手段，可促进形成绿色价值全民共建共享。江西拥有绿色生态这个最大财富、最大优势、最大品牌，构建生态文明领域治理体系和治理能力现代化新格局，有助于绿水青山产生巨大生态效益、经济效益、社会效益，推进美丽中国"江西样板"建设。

三、高铁时代的江西谋划

高铁在促进城市间生产要素加速流动的同时，也会促使资金、人才、信息向发展环境优越、行政效能高的区域聚集。为避免"虹吸效应"，最大限度释放高铁的正效应，江西宜做好以下七个方面的谋划。

（一）进一步深化体制机制和政策创新

1. 做好顶层设计和战略规划。充分放大高铁通道经济和枢纽经济效应，将高铁建设与高铁经济发展纳入省建设现代化经济体系规划，调整优化城市发展规划和空间布局，以重大项目和平台建设为载体，推进基础设施互联互通、产业协调转型发展、城镇乡村美丽建设、生态环境共建共享，促进高铁沿线区域协调联动发展，推动经济发展质量变革、效率变革、动力变革。

2. 出台高铁经济发展政策。统筹考虑高铁沿线城市的开放合作、产业布局、城镇建设、综合交通和生态环保，加快出台支持高铁经济发展的政策措施。鼓励和引导高铁沿线城市规划建设高铁新城和高铁经济试验区，并给予财税、土地、金融等方面的优惠政策。

（二）着力加快现代交通体系建设

1. 加快构建高铁交通网。抢抓"一带一路"、长江经济带、赣南等原中央苏区振兴发展等国家重大战略，加快构建以京九、京福、沪昆、渝长厦为主骨架的高铁网，实现50万以上人口城市高铁全覆盖。一是加快推进合九、昌吉赣深、昌景黄等客专建设；二是主动对接"一带一路"等国家战略，加强与福建的合作，共同争取向莆铁路开通货运，同时规划建设昌福高铁；三是加强与福建、广西、湖南等地的合作，争取昆厦高铁横轴经过赣州，争取桂郴赣高铁早日获批。

2.完善高铁配套交通网络。尽快打通连接高铁的"最后一公里"，加快实施铁路引入重要港口、公路枢纽和空港园区等工程，推进"港站一体化"，实现铁路货运站与港口码头、公路港站无缝衔接，提升货物转运效率。依托枢纽节点，推进具有较强公共服务属性和区域辐射能力的货运枢纽（物流园）项目建设，加快公路港、水运码头及铁路货运站的建设，促进各种运输方式间、干线支线间货物高效转换，推进综合交通物流枢纽港的建设。

（三）突出抓好高铁新城和经济区建设

1.全力打造南昌极化区。以南昌为中心，九江、抚州、新余构成的三角形区域就是江西的心脏地带和最具优势地区。丰城、樟树位于江西省几何中心，抚州拥有较大的地级市腹地，均具有较大的发展优势。一是修建新余—樟树（丰城）—抚州—鹰潭城际铁路，纳入全国通勤网络，打通交通瓶颈；二是推动丰城—樟树城区一体化发展，将其打造为100万人口规模的南昌重点卫星城；三是做大抚州，中心城区人口增至100万规模。最终形成南昌500万，九江、抚州、丰城—樟树分别100万级，三角形区域城镇人口将近1000万的城市群核心地带。

2.高标准建设高铁新城。做大做强南昌、九江、赣州、上饶、萍乡、抚州六个中心城市，大力发展临站经济，加强高铁站点规划建设，将高铁新区打造成现代化综合新城，增强全省经济集聚力。一是做强门户城市，上饶、赣州、萍乡、九江、抚州分别是江西省的东、南、西、北、东南门户，其做大做强既有利于中心城市培育，又有利于增强对周边省份城市的竞争力；二是上饶要充分利用沪昆、合福高铁交汇的枢纽优势，建设好江西首个高铁经济试验区，打造成长三角、海西产业转移承接地，形成高铁经济样板；三是赣州作为江西的南大门，要依托高铁经济发展核，统筹推进章贡区、赣县区、南康区、赣州经开区、蓉江新区等"五区"一体化发展，加快建成省域副中心城市、"一带一路"重要节点城市。

3.打造高铁经济走廊。一是主动对接沪、浙、闽、粤等沿海发达地区，积极落实《赣湘黔滇四省关于共同打造沪昆高铁经济走廊框架协议》，加强区域协作，提升高铁线路运营能力，促进区域间商贸、旅游合作；二是加强区域内高铁经济带建设，依托南昌赣州九江都市区、新宜萍城镇群、信江河谷城镇群、吉泰走廊、三南城市群，引导生产要素、人口向高铁沿线集中，高标准建设沪昆、京九、昌景黄、渝长厦高铁经济带，提升向莆、赣龙铁路经济带建设水平，提升区域发展整体能级。

（四）主动谋划高铁沿线产业发展带建设

1.打造产业转移承接带。以高铁经济区为主要载体，有序承接产业转移，构建一条先进制造业联动发展带。一是着力培育航空制造业、大健康产业、汽车及零部件产业、新型光电产业、物联网产业、大数据产业、新能源产业、稀土、电子信息、现代家居等10个省级产业集群；二是依托沪昆高铁，重点打造中国（南昌）中医药科创城、南昌光谷、新余锂电新材料基地、鹰潭移动物联网集聚区、抚州生物医药产业基地，推动电子信息、生物医药、航空制造、先进装备制造、节能环保、新能源、新材料等战略性新兴产业快速发展，大力培育发展机器人、高档数控机床、3D打印、可穿戴设备等新兴产业，引领带动全省战略性新兴产业跨越发展；三是依托京九高铁，重点打造赣州"两城两谷一带"[①]和吉安吉泰工业走廊，推动新能源汽车、现代家居、稀土材料、生物医药、电子信息等新兴产业加快发展。

2.打造特色农业发展带。一是在高铁沿线推进实施以"百县百园"为重点的现代农业示范园区建设，引导新型农业经营主体加速向园区集中、先进农业生产要素加速向园区集聚，促进特色农业集群化发展；二是推进农业结构转型升级，促进农业"接二连三"，大力发展农村电商、农田艺术景观、农产品个性化定制、都市农场等新业态，创建一批"三产"融合示范区；三是整合沿线城市优质农产品基地资源，大力发展农产品个性化定制服务、市民农场等新型业态；四是发挥江西特色果业、特色水产、设施蔬菜、茶叶、油茶、畜牧业、花卉苗木等优势特色产业，高标准打造一批绿色有机农产品生产基地，加快建立面向长三角、珠三角、海西的生态、优质农副产品供应基地。

---

① 新能源汽车科技城、现代家居城、"中国稀金谷"、"青峰药谷"、赣粤电子信息产业带。

3.打造高铁服务业集聚带。强化高铁沿线中心城市对服务业的集聚带动作用，培育各具特色的服务业发展核心区。一是充分发挥南昌省会城市的综合优势和独特功能，打造南昌都市型高端服务业核心集聚区，重点发展金融保险、现代物流、总部经济、商务会展、文化创意、虚拟现实、高技术服务等产业；二是利用上饶、鹰潭、抚州毗邻长三角和海西的区位优势，打造开放型服务产业带，重点发展旅游休闲、金融服务、现代物流、文化创意等产业；三是利用新余、宜春、萍乡良好的生态环境和工业基础，打造生产型服务产业带，重点发展旅游休闲、健康养老、电子商务、文化创意、研发设计、节能环保服务等产业；四是依托赣南苏区的政策优势，创新"互联网+"业态，打造多业态融合的现代服务业产业带，重点推进现代金融、现代物流、电子商务、健康养生、文化创意等现代服务业发展。

（五）积极推进高铁黄金旅游线建设

1.努力构建旅游联盟。一是共同推动与沿线省市建立高铁旅游城市联盟，采用"高铁旅游护照"方式，建立高铁经济带无障碍旅游区，谋划沪浙赣、粤闽赣、湘鄂赣等大旅游圈，打造区域旅游协作联盟；二是建立江西沪昆、京九、昌景黄等高铁旅游营销联盟，按照客源互换、资源互享、信息互通、品牌互铸的原则，共同开发旅游市场；三是推动经济带沿线景区与庐山、井冈山、鄱阳湖、景德镇、婺源、赣南苏区等周边名山名湖名城名镇联动，共同开发一批有区域影响力的特色景点、健康旅游度假区和精品旅游线路。

2.完善旅游基础设施。一是在南昌西站、上饶站、鹰潭北站、新余北站、宜春站、萍乡北站、抚州东站、吉安西站、赣州西站等建立符合一级城市旅游集散中心的高铁旅游集散中心；二是建设高铁站场与旅游目的地的便捷接驳体系，发展旅游大巴、旅游公交、约车租车等多种旅游集散方式；三是加快现代轻轨电车、旅游索道、观光电梯、低空旅游服务基地等新兴旅游设施建设，构建"内优外快"的立体交通体系；四是围绕自驾游、自助游、周末游、假日游等新兴旅游方式的需求，在高铁沿线合理布局一批高品质自驾游营地，创新设计一批自驾游线路；五是实施"智慧旅游"工程，加快建立集旅游目的地选择、酒店预订、车票预订、门票购买等功能于一体的旅游信息服务平台，建设一批"智慧景区""智慧饭店""智慧旅游社"，提升旅游服务质量和水平。

3.推动旅游品牌创新。一是积极推动旅游与现代农林业、科普教育、体育运动等融合发展，打造南昌汉代海昏侯国考古遗址公园、宜春健康休闲养生基地、新余现代工业文明旅游基地、抚州才子之乡文化旅游基地、赣南苏区红色旅游经典景区等建设；二是大力发展乡村旅游，支持在高铁沿线打造一批风情小镇、美丽乡村、农家乐、森林人家和休闲庄园；三是探索申报国家公园体制试点，大力发展森林（湿地）生态旅游和生态科学教育旅游。四是积极培育发展研学游、户外探险游、低空飞行游等旅游新模式、新业态。

4.打好"江西风景独好"旅游品牌。以江西旅游资源"3461"[①]为核心，创新宣传营销手段，着力打造"江西风景独好"旅游品牌，进一步提升江西旅游影响力。一是积极推进旅游互联网基础设施建设，加快车站、宾馆饭店、景区景点、主要乡村旅游点等旅游区域及重点旅游线路的无线网络基础设施的覆盖；二是创新旅游网络营销模式，构建广播、电视、报纸、多媒体等传统渠道和互联网、微博、微信等新媒体渠道相结合的全媒体旅游目的地营销体系；三是加强与国内旅游门户网站同程合作，开设江西旅游商品旗舰店，接入"江西风景独好"官方微信平台；四是组织全省旅游企业在线销售专场培训，对全省景区、宾馆、旅行社、农家乐等旅游企业营销人员实施"全覆盖电商培训"，推动全省"互联网+旅游电商"发展。

（六）着力培育对外开放新优势

1.主动对接"一带一路"。一是强化沪昆、京九、昌景黄、渝长厦高铁的联通功能，完善连接西南、西北等区域的铁路网络，稳定开行中欧国际货运班列，对接陆上丝绸之路；二是强化九江区域性航运中心联动和沿海港口合作，推进向莆、赣龙铁路与海西经济区的联通功能，完善铁海联运、陆海联运，对接海上丝绸之路；三是深化与"一带一路"沿线国家资源开发和制造业、农业、旅游等合作，积极拓展国际友城，促进国际产能合作。

2.推进省域务实合作。一是依托长江经济带建设、泛珠三角区域合作、长江

[①] 四大摇篮：中国革命的摇篮井冈山、人民军队的摇篮南昌、共和国的摇篮瑞金、工人运动的摇篮安源；四大名山：匡庐奇秀甲天下的庐山、养生福地井冈山、峰林奇观三清山、道教祖庭龙虎山；四个千年：千年瓷都景德镇、千年名楼滕王阁、千年书院白鹿洞、千年古刹东林寺；六个"一"，即：一湖（鄱阳湖）、一村（婺源）、一海（庐山西海）、一峰（龟峰）、一道（小平小道）、一城（共青城）。

中游协商机制等平台，引导沿海发达地区先进生产要素向高铁沿线区域集聚，务实推进与沿线省市合作；二是积极承接长珠闽地区制造业有序梯度转移，加强与长株潭地区产业协作，推动高铁沿线产业链合理布局和关键生产环节紧密联系，共同提升沿线产业整体协同发展能力；三是积极推进与沪昆高铁沿线省市高铁经济带规划的衔接，培育一批产业合作联盟，参与和组建跨区域高铁经济带建设基金，形成常态化合作机制，促进融合发展；四是依托赣江新区"双创"示范基地和沿线国家级高新技术产业园，推动组建区域技术创新联盟和产学研合作体，鼓励人才跨区域流动。

3. 打造区域合作平台。一是加强南昌口岸建设，争取沿线有条件的铁路、内河港口和机场成为国家开放口岸，构建"公铁水空"于一体的综合口岸体系，提高外贸物流效率；二是鼓励高铁沿线城市采取"园中园""托管园区""股份合作"等模式，共建对口合作园区，促进沿线产业转型升级；三是充分发挥赣商大会、赣港会、赣台会、瓷博会、药交会等展会平台资源，联手打造具有国际影响力的商务会展合作平台；四是加快推进赣浙玉山省际合作产业园、赣闽抚州合作产业园区建设，加快推动赣粤、赣闽产业合作示范区建设，加快赣湘开放合作试验区发展，打造一批跨省产业合作示范区。

（七）全面构筑高铁绿色生态廊道

1. 强化生态环境保护。一是坚持环境保护优先，突出高铁沿线禁止开发区域实施强制性生态环境保护，有效控制限制开发区域的开发强度，保持生态产品供给能力，增强生态系统服务功能；二是加大对高铁沿线自然保护区、风景名胜区、湿地公园、森林公园、矿山公园、地质公园、生态环境敏感区或脆弱区等区域的保护力度，确保自然生态空间可持续发展，提升江西旅游吸引力。

2. 推进环境综合整治。一是围绕高铁沿线区域着重开展环境污染治理、生态建设和修复、景观改造、绿化亮化、安全防护等综合治理工作；二是大力开展低质低效林改造，改善林分结构，提升森林质量；三是以沿线山林田湖为重点，推进实施生态保护修复工程，全面恢复和改善沿线区域生态环境；四是加快建设沿线防护林带、农田林网、道路林网、水岸林网，实现园林式绿化，提升江西生态环境质量。

3. 美化高铁沿线景观。一是充分挖掘高铁站场区域的城市形象和景观风貌特色，注入本土的历史文化和民族文化特色元素，塑造独特的门户景观形象；二是开展高铁沿线农村环境整治工程，充分结合当地民俗民风、建筑特色，整体推进建筑立面改造和危房修缮；三是结合特色产业小镇、美丽乡村建设，充分展现高铁沿线村庄的人文风貌，打造山水秀丽、人与生态和谐共处的沿线风景带，让高铁沿线成为着力展示城市风貌的窗口廊道和回归自然的绿色空间，着力打造江西旅游黄金线。

作者：

钟业喜　江西师范大学教务处处长、教授，江西省首届省情研究特约研究员

李晓园　江西师范大学江西经济发展研究院二级教授，江西省首届省情研究特约研究员

黄徐璐　江西师范大学地理与环境学院教师

—15—

加快江西省新旧动能转换亟须下大力气培育发展新型文化业态

田延光　石小茹　刘善庆

内容提要：近年来，基于大数据、云计算、物联网、人工智能等新技术的新型文化业态，已经成为拉动我国经济快速发展的强大动能。江西省新型文化业态建设虽然取得明显进步，但是在文化产业中占比依然较低，原创能力不强。大力培育新型文化业态，要培育壮大新型文化市场主体，深化文化与金融的融合，促进科技与文化深度融合，打造新型文化产业集群。

新型文化业态属于文化服务业，是文化与科技融合而产生的新文化业态，代表了文化产业的未来发展趋势。近年来，基于大数据、云计算、物联网、人工智能等新技术的新型文化业态，成为我国文化产业新的增长点和拉动经济快速发展的强大动能。江西省文化资源丰富，亟须运用新理念、新技术，扶持新型文化业态快速发展，加快新旧动能转换，培育新动能，发展新经济，把文化软实力转化成发展硬实力。

一、我国新型文化业态的现状及其发展趋势

新型文化业态以产业发展为前提，以高新技术为基础，以内容创意为支撑。《中国文化及相关产业统计年鉴》认为，新型文化业态主要包括互联网信息服务、增值电信服务（文化部分）、文化软件服务（如多媒体、动漫游戏等软件开发和数字动漫、游戏设计制作等数字内容服务）、建筑设计服务和专业设计服务等文

本文于2019年3月发表，获省政协副主席肯定性批示。

化信息传输服务和文化创意设计服务。

我国新型文化业态基于三种融合模式产生。第一种模式是基于科技发展形成的新型文化业态，如 VR、大数据、云计算、物联网在文化产业领域的应用；第二种模式是新业态与传统业态融合产生的新型文化业态，如艺术品微拍、数字图书馆、数字博物馆等；第三种模式是文化产业与其他产业融合产生的新型文化业态，如文化产业与旅游业融合产生的新型文化业态。

由于以上三种新型文化业态是在互联网和移动互联等技术不断进步的基础上由不同的文化、科技、金融等产业融合产生，因此其未来具有显著不同的发展趋势。

（一）得益于技术创新和政策创新的双重推动，我国新型文化业态整体发展速度较快，呈现井喷式增长态势

随着移动互联网新技术、智能终端、自媒体等融入人们日常生活，"互联网+"日渐渗透到多个领域，并成为引领文化创新和变革的新理念。新型文化业态一经出现便呈现较快的发展态势。国家统计局最新公布的 2017 年前三季度全国规模以上文化及相关产业企业营收情况显示，以"互联网+"为主要形式的文化信息传输服务业营业收入 5503 亿元，同比增长高达 36.0%，高居文化及相关产业行业榜首，新型文化业态显示出旺盛的生命力。

（二）文化产业与实体经济深度融合的步伐不断加快，新型文化业态呈现多样化的发展形式

近几年，高新技术和信息化手段在文化及相关领域得到广泛应用，催生了众多文化产业新业态。例如，艺术品微拍、数字图书馆、数字博物馆等；以虚拟现实（VR）、增强现实（AR）和混合现实（MR）等互联网虚拟技术为依托、以构建虚拟视觉场景为内容的虚拟文化新型业态已广泛应用于游戏、会展、旅游和文化教育等行业；文化与金融交互融合而产生的影视众筹被大众追捧；以知识产权（IP）为核心的文学、电影、电视、音乐、出版等泛娱乐化文化新型业态受到传播市场和资本市场的青睐；以微信、微博和智能移动终端为重要介质的新媒体形成新的传媒文化业态。

（三）新型文化业态在全国的发展并不平衡，且呈现明显的集群化趋势

一方面，我国新型文化业态在总量持续增长的同时，区域分化趋势日益明显。

第一梯队以北京、上海、广东、浙江、江苏为代表，致力于打造全国文创高地；第二梯队以湖南、安徽、江西中部省份为代表，正在持续发力；第三梯队以甘肃、海南为代表，凭借丝绸之路节点城市的区位优势，文化产业新动能逐渐凸显；以云南、四川为代表的藏羌彝文化产业走廊潜力较大，走上了特色文化产业发展之路。另一方面，产业集群化促进了相关产业链的形成，推动了新型文化业态相关资源和项目的集聚发展。如广州羊城创意产业园经过十年的转型升级，形成了以新型文化产业为目标、以媒体融合为核心、以"互联网音乐"为特色、以"互联网+"为依托、以"创投+孵化"为平台的新型产业生态园区。

（四）新型文化业态发展为经济增长注入新动力，已经成为拉动地区经济快速发展的强大动能

在当前我国消费由生存型向发展型升级、物质型向服务型升级的背景下，科技与文化融合产生的手机动漫、网红直播、电子书、网络游戏、文化旅游等新型文化业态不仅可以提供多种文化产品以催生新的消费群体，满足消费者多层次的文化精神需求，而且成为推动地区经济增长的新生力量。如，随着移动互联网的快速普及，近年来网络文学作为一种我国独有的新型文化业态，已经成为主流文化形式和商业模式。又如，深圳龙岗区以文化元素为核心、产业融合为抓手发展文化新经济，重点发展影视动漫、虚拟现实、创意设计、网络文化等新型文化业态，从而推动龙岗文化产业突飞猛进，正阔步迈向粤港澳大湾区文体强区的目标。

（五）随着经济全球化步伐加快和科技创新迅猛发展，新型文化业态的培育必然成为我国文化产业发展的新方向

发展新型文化业态，不仅是文化产业转型升级的必然选择，也是提升文化品质、满足人民群众日益增长的美好生活需要的必然要求。居民消费结构向高端化、个性化和服务化升级的新需要引导文化企业增加高品质、多样化的文化商品和服务供给，鼓励文化企业加大传统文化产业技术改造投入，增加新型文化产业投资。在可预见的未来，在科技创新、产业升级、消费驱动、国家意志等多重因素推动下，"跨界融合""科技引领""版权衍生""沉浸体验"势必成为未来我国文化产业业态创新的发展方向与主要模式。

总之，新型文化业态与科技创新紧密结合、在多元化基础上跨界融合发展、以"IP+"为核心的内容产业以及集群化发展将成为中国新型文化业态未来的发展方向和战略选择。

二、兄弟省份培育发展新型文化业态的主要经验及其做法

新型文化业态对地区经济发展作用巨大，因而受到各地高度重视。

（一）浙江推出"凤凰行动"计划，推进文化浙江建设，打造全国文化企业上市高地

文化产业是浙江八大万亿产业之一。近年来，浙江努力把文化资源转化为发展资源，把文化软实力转化为发展硬实力，推动了文化产业的蓬勃发展。为打造"文化浙江"，2017年初，浙江启动"文化+互联网"产业推进工程，以"互联网+"思维改造提升文化产业。2018年，浙江以实施文化产业领域的"凤凰行动"计划为重要抓手，高水平打造全国文化企业上市高地。2019年初，浙江遴选出10家"文化+互联网"创新企业，组织银行、基金、券商等金融机构与"文化+互联网"创新企业进行对接，并通过股权融资、债权融资、辅导上市、举办培训班和文化产业投资考察活动等方式助力"文化+互联网"创新企业做优做强做大。目前，浙江文化上市企业数量和质量均属于全国第一梯队，尤其是入选的全国文化企业30强和浙江重点文化企业，绝大多数都已经上市。

（二）中部省市政府巨额专项资金持续支持，打造新型文化特色产业集群，推动新型文化业态扩量提质

为加快发展新型文化业态、推动文化产业结构优化升级，培育形成文化产业发展新亮点，从2014年起至2017年，河南省财政从一般公共预算中共安排1.8亿元用于推动新型文化业态扩量提质发展。郑州市明确，由市级财政每年安排不少于2亿元的资金，集中设立市级文化产业发展专项资金，用于扶持全市文化产业发展；并且鼓励各开发区、县（市、区）设立文化产业发展专项资金，扶持本区域文化产业发展壮大。湖南提出建设以影视出版为重点的文化创意基地，坚持文化创意与制造、旅游产业融合，传统媒体与新兴媒体融合，发展网络视听、创意设计、动漫游戏、数字出版等新型文化业态，加快建设马栏山视频文创产业园、中南国家数字出版基地、长沙国家级文化和科技融合示范基地等集聚区，培育竞争力强的文化企业。

（三）西部地区全力扶持新型文化业态发展

为全力推动新型文化产业发展，贵州省下大力气发展大数据产业，倾力打造大数据文化旅游节。贵阳市云岩区专门出台政策，拿出财政支持、土地支持、专项支持等"干货"扶持新型文化业态发展。其中，在加大财政政策支持力度方面，由云岩区财政每年安排500万元作为文化产业发展专项资金，主要采取贴息、补助方式，扶持在该区注册、具有独立法人资格并从事新型文化产业相关单位。文化产业发展专项资金列入专项资金使用计划予以必要保证，并根据发展需要适度增长。

三、江西省新型文化业态建设取得的主要成绩与存在的主要问题

（一）主要成绩

1. 先后出台了系列文件，积极支持新型文化业态发展

为推动新型文化业态发展，江西省先后出台了《关于加快文化强省建设的实施意见》《江西省人民政府关于加快发展文化创意产业若干政策措施的通知》《江西省人民政府办公厅转发省文化厅等部门关于推动文化文物单位文化创意产品开发实施意见的通知》《江西省数字文化创意设计项目扶持实施暂行办法》《江西省人民政府关于进一步加强文物工作的实施意见》《关于实施"一县一品"战略发展特色文化产业的指导意见》等文件，深入实施"文化+"工程，大力发展数字文化产业，开展文化创意乡村、文化特色小镇创建活动，支持南昌VR技术产业园建设、第二届江西省文化产业"金杜鹃奖"评选活动及首届文化创意大赛。继续开展数字文化创意设计项目扶持计划，并为文化旅游产业的发展提供了政策支持，进一步放大公共文化专项资金杠杆、撬动效应，激励扶持优质项目，推动文化创新发展。

2. 新型文化业态建设步伐加快，成绩有目共睹

几年来，无论是企业数量还是营业收入，江西省新型文化业态建设均呈现加速发展趋势，产业集聚化发展趋势明显。2016年全省文化及相关产业单位数增长超过30%的5个行业均为新型文化产业。2017年，文化产业营业收入增速超过全省平均增速且排在第一、第二位的均为新型文化产业。2018年更被誉为江西省新型文化业态建设的"金色年华"，其重要表现是首届世界VR大会在南昌

举办，新型文化园区经济获得了长足发展。其中，创立仅三年的江西贪玩信息技术有限公司 2017 年实现收入 20 亿元。在该公司影响下，20 多家游戏企业落户上饶。一期投资 8 亿元的景德镇陶溪川陶瓷文化创意园，为 5000 多名创客释放无限想象空间，自 2016 年 10 月开园以来，已创造 10 亿元的收入。目前，投资 138 亿元的陶溪川二期工程已启动。经过六年的建设，南昌 699 文化创意园已成为创意设计、艺术品展示、展览演艺等为主体业态的综合性文化园区。作为"中国最佳旅游度假综合体""江西省重点文化产业项目"，庐陵人文谷文化旅游风情小镇现已形成"文化+旅游""文化+商业""文化+艺术""文化+产业""文化+旅居""文化+科技"的新型文化产业园。

（二）存在的主要问题

虽然江西省新型文化业态建设取得了显著成绩，但也存在以下四个方面的问题。

1. 新型文化业态产值和影响力有差距

从全国看，江西省文化产业进入第一梯队，但是新型文化业态目前暂列第二梯队。与第一梯队省份比，新型文化业态无论是产业总量还是产业影响力，都无法望其项背，与全国平均水平也相距甚远。

从全省看，新型文化业态在文化产业中占比较低。全省共有文化企业 20685 家，规模以上文化企业 1251 家，占比 6.0%；绝大多数为规模以下文化企业。2016 年，全省文化产业法人单位实现主营业收入 2732.57 亿元。其中，以"创意、设计"为主要形式的文化创意和设计服务实现营业收入 29.92 亿元，占比 3.4%，比全国平均占比低 8.4 个百分点；以"互联网+"为主要形式的文化信息传输服务实现营业收入 2.30 亿元，占比 0.3%，比全国平均占比低 7.4 个百分点。

2. 支撑新型文化业态发展的科技基础较薄弱

文化与科技的深度融合是推动新型文化业态可持续发展的动力和支撑。江西省新型文化发展缺乏高新技术支撑。科技与文化融合深度不够，产业和内容创新力不足的缺陷非常明显。一是科技与应用脱节。特别是宽带互联网普及、数字文化产权保护和数字内容集成分发等技术水平滞后，难以在整体上形成支撑新型文化业态发展的技术条件。二是对科技与文化的认知错位。认为新型文化业态就是将线下内容搬至线上，把科技视为文化发展的工具或载体，而没有认识到两者的融合应该是利用科技对各种文化要素进行重新整合创造新的产业模式的过程，导致文化与科技的融合成为两张皮。三是相关融合平台建设滞后。相关平台建设相对滞后，影响文化与科技的深度融合，从而制约了新型文化业态的发展。

3. 支持新型文化业态发展的政府资金投入不足

相比浙江、河南等省，江西省新型文化业态发展资金严重短缺。以江西省文化厅2018年部门预算为例，当年全省文化创作与保护经费共计1105.65万元，宣传文化发展专项经费844.68万元，两项合计不到2000万元。再看《江西省数字文化创意设计项目扶持实施暂行办法》的规定，数字文化产业创新发展类项目一般给予15万~20万元扶持；文化文物单位文化创意产品开发类项目一般给予10万~15万元扶持；文化创意和设计服务与相关产业融合发展建设类项目一般给予10万~15万元扶持；文化创意产业服务平台建设类项目一般给予25万~50万元扶持。

4. 新型文化业态所需人才匮乏，原创能力不强

新型文化业态多为智力密集型的高科技产业，其发展需要创作人才、制作人才和经营人才。对于新型文化业态企业来说，前期的创意、研发和后期的开发、经营比中期的加工制作更为重要，利润空间也更大。整体看，江西省文化产业人才供给存在着结构性矛盾，一方面大量的文化科技人员难以就业，另一方面新型文化业态所需要的高层次文化科技人才供应不足，尤其是前期的创意研发人才和后期的开发经营人才缺口较大，导致新型文化业态原创能力不强，没有形成有影响力的原创品牌。

四、加强江西省新型文化业态建设的政策建议

加快新型文化业态建设，需要推动文化产业与科技、金融、旅游、生态、信息、体育等领域深度融合；加快新旧动能转换速度，推动出版发行、新闻传媒、影视制作、演艺娱乐、文化产品等传统常态行业，通过数字技术等高新科技手段改造升级，提升数字化、科技化水平，使文化价值、文化创意充分嵌入关联产业研发、设计与营销等各环节；提高关联产业创新创意能力，改变传统文化生产和消费模式，加速文化产业向产业链两端延伸、价值链高端攀升，增加产业文化附加值，

早日成为推动江西省经济增长的强大动能。为此,提出如下四个方面的具体建议。

(一)进一步拓宽投融资渠道,深化文化与金融的融合

一是积极推动混合所有制改革。鼓励和推广文化领域政府和社会资本合作模式,积极支持发展混合所有制文化企业,围绕"资产整合、资源共享、资本经营"思路,积极推动国有资本、非国有资本交叉持股、相互融合,实现投融资渠道多元化。二是推动设立各类文化产业发展基金。鼓励各种风险投资基金、股权投资基金参与文化产业建设。三是鼓励直接融资。支持新型文化企业通过上市、发行企业债券等形式直接融资。

(二)进一步加大"放管服"改革力度

一是转变政府职能。加大改革力度,制订行之有效的文化产业管理运营机制,通过各种法规和经济手段调控文化市场,使政府部门真正从过去"办文化"向"管文化"转变。二是构建完善文化产业公共服务体系。整合江西省文化产业资源,谋划建设集公共技术支撑、投融资服务、企业孵化、信息发布和资源共享等功能于一体的文化产业综合服务平台。三是鼓励各类市场主体公平竞争。发挥企业创新的主体作用,加快培育大型骨干新型文化企业,积极扶持发展中小型企业,建设小微企业创业孵化基地,提高创新创业成功率,努力形成多种所有制、大中小型新型文化企业分工协作、竞相发展的良好格局。

(三)促进科技与文化深度融合

高度重视传统文化产业和新型文化产业之间的融合,积极利用现代高新技术,打造传统产业的新业态发展渠道。一是整合媒介资源。充分利用江西广电的优势传播资源,开创媒体新业态,加快广播影视业转型,厚植新型文化业态,推动文化产品数字化生产、网络化体验及信息化服务,加快新业态发展。二是做强新闻出版业。加大对传统文化产业的技术投入,加强数字出版等传统产业的技术升级工作。三是做强文化旅游业。积极挖掘江西历史文化和地域文化资源,建设旅游文化名街、名村、名镇,发展红色文化游、历史文化游、生态文化游及乡村休闲游等多种旅游形式,以文化提升旅游的内涵质量,以旅游扩大文化的传播消费。

(四)打造新型文化产业集群

一是选择主导型文化产业,并加大主导产业的投入。充分利用江西省自身的

优势资源，加强区域性特色文化产业基地建设，优化新型文化产业布局，提高产业集中度，进一步推进新型文化产业向规模化、集约化和专业化转变，推动形成一批具有全国影响力、集聚效果明显和产业特色鲜明的新型文化产业集聚基地。二是注重新型文化业态协调发展。注重新型文化产业结构的层次划分，注重省内各地区之间文化产业新型业态的协调发展，推进集文化创意、酒店、商贸、餐饮、娱乐休闲和会展等多功能为一体的城市文化综合体建设。三是推进非遗特色小镇建设。深入挖掘和发挥江西省陶瓷、中药、茶叶、雕刻、编织、制砚、漆器、烟花爆竹、毛笔、刺绣等传统工艺优势，探索"非遗小镇＋保护""非遗小镇＋旅游""非遗小镇＋扶贫""非遗小镇＋产业"等保护发展模式，开展非遗小镇建设，积极推进新型文化业态一二三产融合发展。

作者：

田延光　江西师范大学党委书记、苏区振兴研究院院长、教授，江西省首届省情研究首席专家

石小茹　江西师范大学政法学院行政管理专业学生

刘善庆　江西师范大学苏区振兴研究院常务副院长、研究员，江西省首届省情研究特约研究员

16

培育"康养胜地 健康江西"品牌 努力打造万亿康养产业

彭峰 欧阳锦

内容提要： "健康中国"战略的实施，为康养产业提供了广阔市场前景和巨大的发展空间。江西发展康养产业，具有资源禀赋独特、产业基础扎实、品牌优势明显等优势。为此，要加强顶层设计、打造康养品牌、搭建产业平台、完善政策配套、积极整合资源，抓住重点发展方向，合理进行空间布局，促进江西省康养产业转型升级、提质增效发展。

新时代，人民对美好生活的追求已从物质转向品质，即在物质得到满足和经济富足后，更加崇尚身心健康和高品质的生活方式。伴随人口老龄化、亚健康、生态环境、食品卫生等问题备受重视，社会康养产品和服务的需求迅速增长，加上国家层面全力推进"健康中国"战略实施，康养成为一个热门话题。

一、康养产业的内涵和分类

在全面建设社会主义现代化强国新征程中，国家把人民健康提到新的高度，制定印发《"健康中国2030"规划纲要》。党的十九大部署"实施健康中国战略"，指出"人民健康是民族昌盛和国家富强的重要标志"。国家先后出台了《关于促进健康服务业发展的若干意见》《关于促进养老服务业发展的若干意见》等一系列政策文件，指出健康产业是以维护、修复与促进健康为中心，直接或间接为广大人民群众提供健康生活解决方案的融合性产业。

笔者认为，康养既可以是一种持续性、系统性的行为活动，又可以是诸如休闲、疗养、康复等具有短暂性、针对性、单一性的健康和医疗行为。与一般意义

本文于2019年7月发表，获省长、副省长等4位省领导肯定性批示。

的健康和疗养等概念相比，康养是一个更具包容性的概念，涵盖范围广阔，与之对应的康养行为也十分宽泛。因此，康养不能简单地等同于"健康+养老"，而是涵盖健康、养老、养生、中医、旅游、体育、文化等诸多业态，是维持身心健康状态的集合，"康"是目的，"养"是手段。从广义角度看，康养是结合外部环境以改善人的身体和心智，并促使其不断趋于最佳状态的行为活动。康养产业就是为社会提供康养产品和服务的各相关产业部门组成的业态总和，涉及国民经济多个部门与行业。

康养产业立足全人群和全生命周期两个着力点，解决好预防、治疗、养老、养生等健康问题，突出健康群体重预防、亚健康群体重治疗、老年群体重医养，目标客户群体有美容康体群体（亚健康人群）、医疗康复群体（疾病人群）、养生保健群体（中青年人群）、银发养老群体（老年人群）。康养的基本目的是实现人们从身体、心灵到精神等各个层面的健康养护，只有从身体养护（养身）开始，进阶到精神养护（养心养神），才能实现养身怡情的目标。

根据康养产品和服务在生产过程中所投入生产要素的不同，将康养产业分为康养农业、康养制造业和康养服务业三大类。

——康养农业：指所提供的产品和服务主要以健康农产品、农业风光为基础和元素，或者是具有康养属性、为康养产业提供生产原材料的林、牧、渔业等融合业态。如森林康养、田园观光、乡村休闲等。主要以农业生产为主，满足消费者有关生态康养产品和体验的需要。

——康养制造业：指为康养产品和服务提供生产加工服务的产业。根据加工制造产品属性的不同又可以分为：康养药业与食品，如各类药物、保健品等；康养装备制造业，如医疗器械、眼镜设备、养老设备等；康养智能制造业，如可穿戴医疗设备、移动检测设备、运动器械等。

——康养服务业：主要由健康服务、养老服务和养生服务组成。健康服务包括：体育健身、休闲旅游、健康咨询等；养老服务包括医疗保健、康复运动、健康检测等；养生服务包括中医养生、养生度假、亚健康防治等。

二、康养产业面临的形势

从国际经验来看，人均 GDP 突破 6000 美元之后，健康养生、生态休闲需求将出现井喷式发展，康养产业对经济发展和社会进步的引领推动作用将更加突出。康养产业不仅关乎人民福祉，还因覆盖面广、产业链长，已逐渐成为继互联网产业之后 21 世纪最有发展前景的"黄金产业""希望产业"和"朝阳产业"。随着"健康中国"战略的深入实施、健康需求的持续释放和现代科技的不断进步，康养产业已经迎来发展的春天。

（一）康养产业市场前景广阔空间巨大

曾两度出任克林顿总统经济顾问的保罗·皮尔泽预言，涵盖养老养生、休闲旅游、健康服务等众多领域的康养产业将是继蒸汽机、电气化、计算机、互联网形成财富之后的第五波财富。比尔·盖茨和马云也都预言，"下一个能超过我的人，一定出现在康养产业里"。在欧美发达国家，健康产业在国民经济占比较高，据统计，美国健康产业占 GDP 的比重为 17.6%，德国和日本分别占 11.3% 和 10%，均为国家的支柱产业。而目前我国健康产业只占 GDP 的 6% 左右，江西为 5% 左右。随着康养需求持续旺盛，我国康养产业市场规模到 2020 年和 2030 年将分别达到 8 万亿元和 22 万亿元，将成为名副其实的国家经济支柱产业。

（二）消费结构升级为康养产业提供机遇

根据国际经验，人均 GDP 在 1000 美元以下，居民消费主要以衣食消费为主；人均 GDP 达到 1500 美元左右时，住房消费快速增长，汽车消费进入家庭；人均 GDP 在 3000 美元左右，私车消费爆发增长，休闲旅游为主选；人均 GDP 超过 6000 美元，医疗保健得到重视，休闲度假为主选，健康养生、生态休闲需求将出现井喷式发展。从经济发展阶段和市场需求来看，欧美国家总体上已经进入了后工业化时代，休闲经济在国民经济中占据主导地位。当前，我国正处于由"吃、穿、用"为主体向"住、游、康"为主体的消费结构转换时期，需求从温饱型向品质型转变，"身体健康、心情愉悦、生有所养、老有所乐"成为人们对美好生活的基本诉求。据统计，2018 年我国人均 GDP 已达到 9780 美元，江西为 7246 美元，北京、上海、浙江等十几个省市人均 GDP 突破 1 万美元。随着休闲时间和国民收入的增加，人们开始更加关注生命、更加重视健康、更加注重休闲保健，更多地把时间和收入用于旅游、健身等休闲活动，休闲消费、健康消费在消费中比重将不断提高，发展潜力巨大。

（三）康养产业融合发展趋势越来越明显

康养产业是医疗、养老、养生、体育等多业态融合发展的未来产业，关联城市建设、生态环境、民风民俗、科技信息、文化教育、社会安全等众多领域，其产业链条长、延伸配套性好、支撑带动力强。随着新一轮科技革命和产业变革加速到来，大数据、云计算、人工智能等新一代信息、生物、工程技术与健康领域的深度融合日趋紧密，不断催生出康养新业态、新模式。"康养+"的各种新型业态快速发展，将助推康养产业向专业化、细分化和多元化发展，并带动上下游产业链发展。康养产业和相关产业的融合、催化和集成作用不断显现，关联行业多达几十个，康养产业日益成为综合性、集群化的产业体系。

（四）康养产业有利于打通绿水青山与金山银山的双向转化通道

康养产业的优势在于可实现资源的异地供给。与传统产业不同，例如制造业，产品从集中制造地到需求地，两端存在漫长的距离；旅游业和其他服务业同样需要贴近目标市场，首先考虑满足近距离的市场需求。然而，康养被认为是可以轻松实现远距离异地供给的产业，如自然资源禀赋较好的地区，往往本地康养需求不足，主要是通过培育良好产业形态满足异地康养需求。近年来，国家出台了一系列支持健康产业发展的政策文件，四川、贵州、广西等地都在大力打造康养产业，将得天独厚的自然生态优势转化为产业发展优势。这正好契合了"绿水青山就是金山银山"的理念，康养产业为欠发达地区打通绿水青山与金山银山的双向转化通道带来了更多发展机会。

三、江西发展康养产业的优势

江西山川秀美，红色、绿色、古色旅游资源非常丰富，蕴含着巨大的潜力，发展康养产业具有得天独厚的优势，完全可以打造为后来居上的全国乃至世界著名的健康养生度假休闲目的地。江西发展康养产业，其势已成，其时已至，其兴可待。

（一）政策机遇叠加

2017年6月，人社部发布《基本医疗保险跨省异地就医住院医疗费用直接结算地区和定点医疗机构开通情况（第二期）》，数据显示30个省份和新疆兵团（仅西藏未接入）均整体或部分接入国家基本医疗保险异地就医结算系统，开通327

个地区和 1870 家跨省异地就医住院医疗费用直接结算定点医疗机构。2018 年 7 月起，我国的养老保险实施基金中央调剂制度，并提出要在 2020 年全面实现基础养老金省级统筹，为下一步实现养老保险全国统筹奠定了基础。医疗保险和养老保险政策的实施为发展康养产业提供了有利条件。此外，江西省以创建国家生态文明试验区为引领，将大健康产业列为实现跨越式发展的重点产业之一，先后制定了促进养老服务、健康服务、中医药、绿色食品、体育等产业加快发展的一系列政策措施，政策机遇窗口期、加快崛起黄金期，为康养产业发展提供了有力保障。

（二）资源禀赋独特

江西山清水秀、空气清新，生态环境质量居全国前列，全境纳入首批国家生态文明试验区建设。全省森林覆盖率达 63.1%，11 个设区市均为国家森林城市，是全国唯一实现国家森林城市设区市全覆盖的省份。所有设区市空气环境质量稳定在国家二级以上，空气质量优良天数比例达到 90.5%。地表水、主要河流监测断面水质达标率分别达到 80.9%、88.6%。全省现有林业自然保护区 186 个，森林公园 182 个，湿地公园 99 处。已发现水质好、富含多种微量元素的温泉 90 多处，温泉地热点总数和地热资源总量分别位居全国第 7 位和第 11 位。江西风景独好，旅游资源十分丰富，现有旅游景区（点）2500 余处。中医药底蕴深厚，拥有众多名医文化资源和非物质文化遗产，具有独特的资源条件、文化积淀和产业基础。

（三）产业基础扎实

江西以医药、旅游、养生、文化融合发展为基础，初步形成药材加工、医药制造、休闲旅游、养生养老、医疗保健全产业链发展格局。2018 年，全省生物医药产业实现主营业务收入 1125 亿元，中药材总面积约 70 万亩，绿色食品产业主营业务收入突破 1000 亿元，"三品一标"农产品总数突破 3000 个，中医药健康旅游、温泉旅游和乡村民宿度假、山地避暑度假、森林静养度假等休闲养生度假旅游发展较快，健康养老、体育健身、户外运动等领域发展态势良好。全省共有各类医院、卫生院 2300 个，病人床位数 23 万张，每千人 5 张；各类养老机构 1800 家，养老床位数 20 万张，每千人 4.3 张，为康养产业发展提供了有利条件。

（四）品牌优势明显

江西中医药品牌特色明显、优势突出，形成了一批知名品牌，拥有济民可信、仁和药业、青峰药业、汇仁药业、江中药业五大医药集团。位于江中药谷的中国首个岐黄国医外国政要体验中心已接待多名外国政要，有效推动了中医药文化对外传播与交流。热敏灸技术是江西省中医药原始创新成果，获国家科技进步二等奖，在全国500余家医院应用推广，形成了"南看江西灸，北看天津针"的品牌形象。"药都"樟树历史悠久，自古就有"药不到樟树不齐，药不过樟树不灵"的美誉，中药材专业市场享誉全国。绿色有机农业发展较快，"生态鄱阳湖、绿色农产品"品牌知名度不断提升。养生养老快速发展，明月山温汤、庐山西海等一批温泉旅游、养生养老品牌正加速形成。

四、江西发展康养产业的主攻方向

（一）康养农业

1. 森林康养。发挥江西空气清新、环境优美的森林资源优势，依托井冈山、庐山、三清山、龙虎山、武功山、明月山等风景名胜区，大力开发森林游憩、四季赏花、山地避暑、森林体验、天然氧吧、竹林疗养等森林康养产品。以国有林场改革为契机，利用江西省安福县明月山林场、景德镇市枫树山林场、信丰县金盆山林场、贵溪市双圳林场等国有林场优质的生态资源和优越的生态环境，围绕"清心、洗肺、康养、健体"中心，结合地形地貌和森林生态文化，并根据景区自身条件"随类赋形"，开展自然教育、户外行走、攀岩、高空滑翔、森林穿越、丛林野战、猎奇探险等丰富多彩的森林康养活动，提升森林生态景观功能，给社会大众带来全新体验。鼓励梅岭、大觉山、丫山等森林公园发展养老公寓、森林体验馆、森林浴场、森林疗养院等新型业态，加快打造全国知名森林康养度假目的地。

2. 田园观光。发挥江西农业大省优势，依托南昌绿谷、黄马凤凰沟、高安巴夫洛等田园综合体，加快建设一大批农文旅深度融合的特色生态园，建立现代循环农业示范区、农耕文化体验区、生态牧场游憩区和市民农园，将"闲、养、乐、学"融入其中，全力打造创意田园体验和参与式农业康养。推进农业和健康养生、休闲娱乐、教育文化等领域深度融合，推进健康养生项目与种植养殖基地、农耕文化、民俗风情相结合，大力开发农产品个性化定制、农耕民俗体验、民俗民宿、市民农场等新型田园观光业态，扶持建设一批康养农业生态园和田园康养综合体，打造田园化的美丽中国"江西样板"。

3. 乡村休闲。发挥江西省丰富的名镇名村和现代特色种养业优势,依托婺源、安义古村、广昌驿前、万安田北农民画村等众多秀美乡村点,设计一批"春赏花、夏避暑、秋采橘、冬泡泉"精品线路,打造油菜花观赏、晒秋、采莲、农民画等一批富有江西乡村民俗风情的休闲农业产品,推进乡村休闲与农、林、水、渔、牧、养等产业的融合发展。开设遂川高山梯田、崇义上堡梯田露营等精品体验线路,让游客感受江西客家文化和梯田美景,打造"中国最美梯田之乡"品牌。引入专业公司盘活闲置农房,发展精品民宿、休闲农业,推动乡村主要由卖产品向卖风景、卖文化、卖体验转变。举办乡村休闲文化节,培育发展多种形式的乡村休闲度假,加快建设一批休闲农业示范点。实施休闲农业精品工程,建设一批设施完备、功能多样的休闲观光园区、森林人家、康养基地、乡村民宿。积极开展乡村休闲整合营销,组织携程网旅行定制师、旅游"大V"等对江西省乡村休闲进行体验推广。

——春赏花:以风姿万千、漫山遍野的井冈山八百里杜鹃花为媒,依托井冈山杜鹃花节,全面展示井冈山的自然生态风光和红色革命基因,打造"人间四月杜鹃红,最红不过井冈山"品牌。将婺源全域10万亩梯田油菜花观赏进行整体打包,让游客回归乡野、踏春赏花,打造"中国最美油菜花海"品牌。依托黄马凤凰沟2000亩樱花谷,办好一年一度的南昌樱花节,让游客在观赏樱花美景的同时享受到更多吃喝玩乐于一体的服务,打造"中国美丽樱花田园"。

——夏避暑:发挥靖安、奉新、铜鼓等地得天独厚的气候条件、地理环境,依托靖安三爪仑国家森林公园、奉新百丈山风景区、铜鼓天柱峰森林公园等著名风景区,把乡村民居改成精品民宿,吸引中老年客人休闲避暑,以"天然氧吧"打造避暑胜地。依托庐山、井冈山等山岳景区夏季气候凉爽、负氧离子含量高的优势,以庐山生态避暑别墅、井冈山红色教育培训基地等省属国有培训疗养机构改革为抓手,加快开发一批休闲度假、教育培训、医疗康养等特色产品,打造集生态旅游、观光、培训、养生为一体的国内外知名的避暑休闲度假区。

——秋采橘:依托70万亩南丰蜜橘资源,以橘文化旅游产业集聚区为载体,大力发展蜜橘采摘、橘园瑜伽、橘园漫游、傩舞表演等休闲业态,真正把"橘园"变"游园",满足游客的多元化需求。抓住赣南脐橙采摘季,推出100多个脐橙采摘点,设计"脐橙采摘季,欢乐赣州行"精品采摘游线路,邀请各地游客采脐橙、游美景，进一步提高赣州"世界橙乡"品牌知名度与美誉度。

——冬泡泉：充分挖掘明月山温汤、庐山西海、武功山、大觉山等丰富的温泉资源，因地制宜打造特色温泉小镇，大力开发温泉休闲、温泉养生、温泉理疗等多层次、多功能产品，加快建设一批全国一流的温泉康体度假疗养中心、温泉休闲度假示范基地，全面提升江西温泉康养度假知名度。

4. 养心怡情。全面展示江西红色故都、世界瓷都、道教圣地、佛教祖庭、中国药都、客家摇篮、才子之乡、书院之乡等交相辉映的摇篮文化魅力，使江西成为中国特色文化追宗溯源、寻根祭祖、参拜朝圣之地和精神家园。以江西千百年积淀下来的文化底蕴，通过文化旅游对心理健康的关注和养护，以及对人的思想、情感、信仰、价值观念等精神层面的呵护，使康养消费者获得心情放松、心理健康、心灵澄净的积极体验，旨在保证个人精神世界的健康和安逸，打造中国特色文化溯源游示范区，以书香赣鄱的文化魅力吸引国内外游客来江西养心怡情、浸润心田、陶冶情操。

（二）康养制造业

1. 保健食品。充分利用江西特色中医药和优势农产品资源，实施道地药材种植扩面、知名药企入赣、赣鄱医药振兴"三大工程"，引导和扶持江中集团等龙头企业加大中药保健茶、功能性食品、新资源食品、保健饮品及其他药食同源保健食品等产品的研发生产，不断拓展丰富以中药为基源的系列延伸产品，满足群众绿色、环保和健康生活需求，做大做强江西保健食品产业集群。依托小蓝经开区食品产业园，大力引进保健食品龙头企业，规划建设保健食品专业市场，加快培育保健食品产业集群。开发特色中医药酒类产品，鼓励研发新型保健酒系列，做大做强江中枸杞酒、德兴覆盆子酒、贵溪白蚁保健酒等药酒品牌，提升药酒在行业中的地位。

2. 医疗器械。依托进贤医疗器械产业园等园区，加快打造江西省集研发、孵化、生产、流通、服务、展示交易六大功能于一体的医疗器械产业基地，主要引进鱼跃医疗、万东医疗、新华医疗等国内高端医疗器械和康复器械企业，加强数字化诊疗设备、高值医用试剂及耗材、可穿戴医疗设备等高附加值医疗器械产品研发，打造千亿级医疗器械和康复器械产业集聚区，助力江西省打造生命健康科技创新高地。依托袁州医药工业园，以济民可信、汇仁药业、百神药业、万申制药等一批药品生产企业为主体，发挥品牌优势，创新运用以市场引技术引企业的方式，引进大型医疗设备生产企业，开展精深加工及生物医药提取、中医药全成分配方颗粒生产、特色食品开发生产等，建设现代化中医药加工基地。

3. 健身器材。依托南昌VR产业基地，在健身器材中运用VR技术，建设集VR体验店、VR线上平台、VR健身直播秀、VR健身主题乐园为一体的VR体育健身产业集聚区，打造"VR+"跨界健身品牌，让健身者畅享VR新科技所带来的前所未有的快乐体验，让运动不再枯燥而变得有乐趣。打造以昌九为核心的体育产品企业集聚区，建设一批体育产业基地，谋划成立江西省体育产业集团有限公司，努力将其打造成江西省体育产业龙头企业。鼓励江西体育制造企业大力引进运动健身、运动理疗、运动康复的经营管理人才，积极开发引进新型运动康复装备、运动健身指导技术装备、可穿戴式运动设备等智能体育产品，打造江西健身器材产业品牌。鼓励扶持修水、玉山等有条件的地方加快推进健身器材产业基地建设，引进一批创新能力高和竞争实力强的健身器材企业，积极创建以健身休闲为主题的体育健身产业示范区，实现一县一特点、由点串成线，加快发展健身休闲、体育培训、场馆服务、体育用品制造和销售等行业联动新业态。

4. 化妆品。江西省共有化妆品生产、经营、使用单位3.2万家，专兼营化妆品的经营单位2.1万家，化妆品使用单位（美容美体店）1.2万家。随着人们生活消费水平的提高，尤其是女性爱美需求升级，化妆品越来越成为生活必需品，化妆品行业有很大的市场空间。积极发展化妆品代理商，依托江西九州通供应链管理有限公司等化妆品代理商巨头，代理国内外化妆品品牌，运用多渠道营销理念，理解90后新兴消费者的思维习惯，创造"粉丝经济"，发掘"潜力股"市场。利用好中国国际美妆博览会江西峰会平台，采用"以市场引技术引企业"的方式，大力引进法国兰蔻、美国雅诗兰黛、日本资生堂、韩国兰芝等欧美化妆品一线品牌，与本土化妆品生产企业开展合作，打造化妆品技术创新及科研服务平台，建设化妆品研发生产基地和源头工厂，力争形成江西本土化妆品高端品牌。

（三）康养服务业

1. 康养旅游。突出江西生态环境优越、中医药底蕴深厚、交通条件便捷等优势，充分利用好"江西风景独好"这张名片，推动"康养+旅游"融合发展。充分挖掘江西特色健康餐饮及药膳，促进住宿与健康服务项目的结合，打造一批健康旅游度假酒店，健全养生养老地产、养生养老产品、养生养老服务体系的"候鸟式"健康养生养老产业链，打造世界知名的生态康养旅游目的地。发挥上饶国际医疗旅游先行区、国家中医药健康旅游示范区两大平台作用，紧扣"医、养、健"主题，大力引进一批具有示范、带动、引领作用的龙头企业、骨干项目，尽快展现核心区实物形象。打造一批体现江西特色、在全国具有较强竞争力的康养旅游精品路线，培育康养旅游核心产品，着力实施"康养旅游+"融合工程，促进康养旅游与农工商、文化教育、体育、中医药、健康等领域互动融合发展。

2. 中医养生。以中医药养生为灵魂，依托江中药谷的原生态环境以及梅岭的自然人文底蕴，推进梅岭森林公园打造极具特色的国际养生生态景区。依托鄱阳湖国家湿地公园的良好生态环境，打造江西首个国际湿地慢城。主打中医药文化品牌，致力建设庐山西海康养文化小镇、建昌中医养生小镇、大觉山生态养生小镇、樟树药都文化小镇等中医养生小镇。充分发挥中医药"治未病"特色优势，发展热敏灸等中医药养生保健技术，开发中医药保健品、功能食品、药妆等产品，加快开发"治""疗""养"并举的中医药特色产品，大力培育中医药养生保健、健康休闲、特色健康管理等康养新业态，建设国家中医药康养示范区。

3. 运动休闲。充分利用省瑶湖国际水上运动中心、省射击中心、南康乒乓球后备人才训练基地、吉安桐坪跳伞训练基地、庐山西海舰队球类运动休闲中心等运动基地，加快建设一批山地户外运动基地、水上运动基地、自驾游基地、汽车露营基地和康体健身园，支持"互联网+健身休闲"发展。做大做强环鄱国际自行车赛、江西网球公开赛、玉山中式台球世锦赛、南昌马拉松、庐山山地马拉松、武功山帐篷节等体育赛事和户外运动品牌，积极引进马拉松、山地自行车、低空跳伞、场地极限运动、攀岩等国内外大型体育赛事，形成一批具有国内国际影响力的运动休闲特色品牌赛事。

4. 康体美容。现代都市生活节奏快，生活压力大，城市人容易身心疲劳。作为消除疲劳、锻炼身体的手段，康体美容活动已渐渐飞入寻常百姓家。康体美容产品已经从传统的理发美容、桑拿按摩、修甲泡脚等演变出蒸桑拿、SPA、泰式按摩等新兴产品。依托江西省现有的盲人按摩、韩式桑拿、康体足浴等行业，融入美容康体元素，同时规范足浴按摩业管理，整合现有资源，打造康体美容娱乐城。

五、江西康养产业发展的空间布局

以康养产业重大项目为载体,依托江西 100 个城市(74 个县城、26 个中心城区),建设 500 个左右产业特色鲜明、文化底蕴浓厚、生态环境优美、富有生机活力、示范效应明显的特色康养小镇和 3000 个左右康养村庄,推进"一五三空间布局工程",打造健康服务、健康产业、休闲娱乐、文化旅游融合发展的集聚区,以此作为江西省康养产业发展的空间载体。

——建设 100 个大数据康养小镇。依托大数据技术资源,以农旅结合为重点,以大数据运用为手段,重点推进智慧景区、智慧民宿、智慧酒店、智慧医院等实体发展,促进生态农业、休闲农庄、休闲度假、体育健身、健康疗养等业态加速聚合,重点发展智能出行、智能游览、智能住宿、智能医疗等大数据平台,为康养产业提供大数据依据和创新支持,打造一批农旅大数据康养小镇和 600 个左右康养村庄。

——建设 100 个 5G 康养小镇。运用 5G 技术设计,启动 5G 基站建设,同步开展城镇运用演示、智慧旅游演示、智慧酒店演示、智能制造演示、智能家居等相关康养应用演示,高水平推动智慧餐饮、智慧医疗、智慧农业、智慧旅游等统筹发展,为康养小镇人工智能、无人驾驶大发展提供网络环境,打造一批 5G 康养小镇和 600 个左右康养村庄。

——建设 100 个 VR 康养小镇。发挥南昌作为世界 VR 产业大会永久举办地的优势,聚焦全球 VR 产业前沿,围绕产城融合发展及创新高效的设计原则,布局 VR 企业、VR 公园、VR 酒店集群、VR 健身、VR 教育医疗、VR 文博旅游等小镇"VR+"行业生态圈,打造集投资、创业、居住、工作、休闲、体验、旅游于一体的 VR 康养小镇和 600 个左右康养村庄。

——建设 100 个 NB-IoT 康养小镇。运用 NB-IoT 技术,在康养小镇布局智慧市政、智慧交通、环境监测、智能家居、消防烟感、智慧农业、智慧穿戴、电动车 NB 定位终端等多款基于 NB-IoT 技术的物联网应用,通过统一的智慧物联网小镇管理平台,对康养小镇所有应用终端进行智能化管理,打造一批物联网应用示范区的 NB-IoT 康养小镇和 600 个左右康养村庄。

——建设 100 个北斗康养小镇。依托江西省北斗产业优势,推动军民融合发展，在康养小镇布局北斗产业、北斗智慧地产、北斗军事主题公园、北斗教育产业园、北斗休闲公园等业态，建设市民休闲娱乐、运动健身、养生度假的绝佳去处，打造集观光、休闲、娱乐、办公、居住等为一体的北斗康养小镇和600个左右康养村庄。

六、江西发展康养产业打造康养胜地的政策建议

（一）加强顶层设计

制定江西省康养产业发展规划，纳入"十四五"规划体系，建立康养产业联席工作会议制度，协调解决产业发展遇到的问题。引导社会资本、金融资本投资发展各类康养产业，加大对民营资本建设的康养产业项目支持力度，在用地、税收、审批等方面给予更多具体的优惠政策。探索正面引导和负面清单相结合的管理方式，优化项目审批程序，建立市场准入、重点项目审批"绿色通道"。加快完善以企业为研发主体、高校和科研院所为技术支撑、市场需求为导向、特色产品为核心的康养产业技术创新体系，探索新型康养模式、研发创新产品，培育形成康养产业竞争优势。

（二）打造康养品牌

聘请高水平专业机构对全省康养产业进行整体形象设计和品牌营销，制定品牌宣传方向和策略，精准打造"康养胜地 健康江西"宣传名片，构建江西康养产品系谱和地理标志。进一步整合提升现有各种节会平台，提升樟树药交会、健康产业高峰论坛等品牌影响力。积极承接和举办更多具有影响力的康养会展与论坛，培育一批康养旅游节、养生文化节等知名品牌。全面完善江西康养产业品牌体系建设、标准体系建设、安全监管体系建设，争创更多国家中医药健康旅游示范区、基地、项目。

（三）搭建产业平台

建设"互联网+康养"平台。打造数据应用、康养产品、康养教研的康养创新平台，促进互联网、物联网、大数据、云计算技术与康养服务相结合，加快构建康养大数据产业链；大力发展居家健康养老信息服务，推动疾病危险因素监测评估和老年保健、旅行健康保健等智能应用。建设医养结合平台，坚持政府保

障与社会资本相结合、居家养老与机构养老相结合，鼓励和扶持护理院、康复中心、安宁疗护中心等医疗机构发展，推动医疗机构、养老机构资源互动融合，实现医疗、养老资源效益最大化；推进养老院拓展医疗服务功能建设，提高医养结合机构提供基本医疗服务能力；吸引社会力量广泛参与居家健康养老服务，构建多元化健康养老服务保障网。建设康养人才平台，完善康养职业教育体系，鼓励支持高校和大中专院校开设康养专业课程；加强现有健康服务业人员培训；建立政府部门人才培养联动机制，加快培养医学、康复、护理、营养、心理、社会工作等专业人才；依托省级医疗机构，开展老年病诊断治疗和临床研究，培训高层次老年医学人才。

（四）完善政策配套

完善土地供应政策，将各类养老服务设施建设项目用地纳入城镇土地利用总体规划和年度建设用地供应计划。完善财政投入政策，提高康养机构补贴标准，推行政府购买服务、购买岗位、购买专业和中介组织服务，对老年人居家养老必需的社会化服务提供政府全额或部分补贴。完善社会保障制度。将高龄、失能老年人的康养医疗保健纳入医保体系。完善支持政策，给予民营企业在用地、减免税、价格政策、银行贷款、市场准入等方面政策优惠，形成竞争性、开放性的康养服务市场。

（五）积极整合资源

完善产业链条，整合养生养老、旅游休闲、医疗护理等资源，以康养产业为主轴，构建一二三产业融合发展的"大康养产业模式"。扶持建设无公害农产品、绿色食品基地，突出区域产品特色，形成自主品牌，有效拉动第一产业；发展康养地产，鼓励房地产企业与养老机构和医疗机构合作，建立大型养老健康综合体；强化养生产品设计，打造医疗保健、休闲运动、旅游养生、家政餐饮等多方面第三产业集群。推进"医养结合"，支持新建医养结合机构，最大程度优化办理手续，建立符合江西省实际的"医养结合"康养产业发展模式。依托现有大型医疗机构和社区（乡、镇）卫生服务中心，吸纳民间资金共建"医养结合"护理型养老机构。健全康养保险体系，将"医养结合"的养老机构纳入医保范围，确定康养保健项目医保报销比例和结算办法，鼓励有条件的医疗机构提供多样化养老服务。创新联动发展，打造创意体验或参与式旅游，融旅游、休闲、养生、养老为一体，将部分观光型旅游转化为阶段性和长期性住养。推进康养基地建设，加入养殖、种植、采摘项目或体验等元素，建设特色化的居住环境，挖掘江西地域美食、文化、运动娱乐等资源，让康养人员想长期留下来、能长期留下来。

作者：

彭　峰　江西省人民政府研究室副主任、高级经济师，江西省首届省情研究首席专家

欧阳锦　江西省人民政府研究室四级主任科员、助理研究员

旅游总收入突破万亿元后
推动江西省旅游业提质增效的思考与建议

梅国平　季凯文

内容提要：旅游总收入突破万亿元后，江西进一步推动旅游业发展，需要在"旅游精品化"上下功夫，大力推进旅游资源内涵挖掘与深度开发；在"大旅游经济"上做文章，着力推动旅游全景式、全要素、全业态发展；在"航空+旅游"上出实策，加快实现航空运输与旅游产业深度融合；在"快进慢游"上求突破，全面提高游客出行的便利性与舒适性；在"资本化运作"上聚合力，做大做强旅游龙头企业。

得益于旅游强省战略的大力实施，2018年，江西省旅游总收入达8145.1亿元，同比增长26.6%。如果2019年江西省旅游总收入增速达到22.8%以上，将首次跻身"万亿旅游产业俱乐部"。截至2018年底，全国共有5个省份旅游总收入突破万亿元，分别为广东、江苏、浙江、山东、四川。从上述省份的实践看，旅游总收入突破万亿元，不仅仅是一个简单的量的突破，而且意味着旅游业将迎来发展特征和动力的嬗变。正确认识和提前把握江西省旅游总收入突破万亿元后的阶段性特征，对于在新的起点和更高层次上谋划推动旅游业提质增效具有重要意义。

一、兄弟省份旅游总收入突破万亿元后旅游业发展的阶段性特征

（一）速度换挡

旅游总收入逐步由"高速增长"迈向"中高速增长"。广东、江苏、浙江、山东、

本文于2019年5月发表，获省委书记、省委常委、宣传部部长、副省长等3位省领导肯定性批示。

四川旅游总收入从突破 5000 亿元到突破 1 万亿元，年均增速分别为 14.1%、13%、12.6%、15.1% 和 19.9%。在跨入"万亿旅游产业俱乐部"后，广东旅游总收入从 2015 年到 2018 年，年均增速下降至 9.5%；浙江、山东、四川 2018 年旅游总收入增速分别下降至 11.9%、13.7% 和 13.3%；江苏变化不大，旅游总收入从 2016 年突破 1 万亿元到 2018 年，年均增速仍然达到 13.6%。

（二）地位提升

旅游业在第三产业中的龙头地位和国民经济中的支柱地位日益凸显。跻身"万亿旅游产业俱乐部"后，2018 年，广东、江苏旅游业增加值占第三产业比重均在 12% 以上，浙江、四川旅游业增加值占第三产业比重分别超过 14% 和 15%；广东、江苏旅游业增加值占 GDP 比重均在 6% 以上，浙江、四川旅游业增加值占 GDP 比重均接近 8%，远超出国际公认 5% 的支柱产业标准。

（三）业态拓展

由"吃住行游购娱"传统六要素拓展至"商养学闲情奇"新六要素。跻身"万亿旅游产业俱乐部"后，广东、江苏、浙江、山东、四川等省份更加注重旅游业态的多样性和体验性，在完善"吃住行游购娱"传统六要素的基础上，大力实施"旅游+""+旅游"战略，商务旅游、健康养生旅游、研学旅游、休闲度假旅游、情感旅游、探奇旅游等"商养学闲情奇"新六要素呈现蓬勃发展态势。

（四）动能转换

旅游资源开发由数量化、规模化向优质化、精品化转变。跻身"万亿旅游产业俱乐部"后，广东、江苏、浙江、山东、四川基本实现了旅游业由小到大的规模性转变。因此，调整旅游业发展模式，从"有没有"转向"好不好"，从追求数量扩张转向注重质量效益，大力推动优质旅游、精品旅游发展，集中布局建设一批高端优质旅游项目、精品旅游景区，便成为"活力广东""水韵江苏""诗画浙江""好客山东""天府四川"的必然选择。

二、江西省旅游业与"万亿旅游产业俱乐部"省份存在的主要差距

（一）旅游资源缺乏内涵挖掘与深度开发，精品化程度和品牌影响力明显不足

从人民网舆情监测室、酷旅联合发布的"2018 年中国旅游目的地品牌声誉

指数排行榜"看，江西位列全国第 27 位，而广东、山东、浙江、江苏分别位列前 4 位，四川位列第 10 位；从人展网舆情数据中心发布的"2018 年全国 5A 级旅游景区品牌影响力排行榜 TOP50"看，浙江有 5 家 5A 级景区入选，山东、四川各有 4 家，广东、江苏各有 2 家，而江西没有一家 5A 级景区入选；从人民日报社新媒体中心、人民网等评选的"2018 中国品牌旅游景区 TOP20"看，广东、江苏各有 2 家旅游景区入选，而江西没有一家景区入选。

（二）"旅游 +"与"+ 旅游"发展不充分，横向拓展和纵向延伸能力明显不足

一是满足"吃住行"的浅层开发多，针对"游购娱"的深度开发少，多数景区依赖门票收入，尚无一家 5A 级景区对全部游客免费开放，而广州沙面岛、浙江天台山、苏州金鸡湖、山东青州古城等 5A 级景区均实现对全部游客免费开放。二是资源型、观光型旅游产品占据主导地位，缺乏康体疗养、商务会展、教育研学、时尚运动、商业购物、主题娱乐、美食休闲等新型旅游产品。以文化旅游为例，根据人展网舆情数据中心发布的"2018 年中国城市文化旅游品牌影响力排行榜 TOP50"，成都、南京、深圳、杭州、青岛分别位列第 2 位、第 4 位、第 5 位、第 8 位和第 10 位，而江西没有一个城市入选。

（三）全域"快进"交通网络有待完善，"慢游"服务体系建设明显不足

一是全省 5A 级景区以及部分 4A 级景区虽针对航空旅客推出过门票优惠政策，但政策措施较为单一且效果有限，缺乏"机票 + 酒店"及一站式航空旅行解决方案等创新性举措，航空与旅游尚未实现有效联动发展。二是尽管全省主要景区之间都有高速公路连接，但不少景区景点"最后一公里"问题依然突出，缺乏游客集散中心、旅游驿站、旅游风景道、骑行专线等设施，"慢游"服务体系建设亟须加快。2018 年，江西委托第三方机构对 50 家高 A 级景区暗访发现，48% 的景区旅游交通不达标、35% 的景区购物服务管理不到位、40% 的景区游览服务设施还存在差距。

（四）大型旅游集团实力较弱，旅游产业资本化运作水平明显不足

一是大型旅游集团实力较弱。根据中国旅游研究院、中国旅游协会发布的"2018 中国旅游集团 20 强"，浙江有 4 家旅游集团入选，广东有 3 家，江苏和山东各有 1 家，而江西没有一家旅游集团入选。二是缺乏旅游产业投融资平台。仅

省级层面及上饶设立了百亿文旅产业发展基金，不仅基金种类和数量较少，而且政府引导性资金投入有限，难以有效发挥吸引多元资本的作用。三是金融支持旅游发展的渠道不畅。江西省旅游资源开发主要依靠财政和信贷支持，新型金融工具在旅游领域应用少，全省旅游重点建设项目都面临资金缺乏的难题。

三、旅游总收入突破万亿元后江西省进一步推动旅游业发展的对策建议

（一）在"旅游精品化"上下功夫，大力推进旅游资源内涵挖掘与深度开发

一要加快中高端休闲度假旅游产品开发，在明月山温汤国家级旅游度假区的基础上，进一步推动庐山、三清山、婺源江湾、大觉山等旅游景区入选国家级旅游度假区。二要依托全省红色旅游核心资源和经典景区，进一步挖掘红色历史、讲好红色故事，布局建设更多的红色旅游精品项目和精品线路。三要以南昌汉代海昏侯国遗址、景德镇御窑厂遗址、赣南客家围屋等为载体，挖掘融合历史、民族、民俗和民间文化资源，培育一批文化旅游精品。四要充分发挥乡村旅游资源优势，打造一批标志性乡村旅游精品项目，培育一批精品旅游特色村、精品乡村旅游度假区。

（二）在"大旅游经济"上做文章，着力推动旅游全景式、全要素、全业态发展

一要树立"赣鄱大地就是一个大景区"的理念，推动"景点旅游"向"全域旅游"转变，构建"全景江西"新体系。二要着力推出一批"江西旅游名小吃"，打造一批特色旅游餐饮街区，建设一批主题酒店、精品民宿、温泉酒店、乡村客栈，开发一批具有地域特色的标志性旅游商品，引入一批体验性、参与性、娱乐性项目。三要积极培育商务旅游、健康养生旅游、研学旅游、休闲度假旅游、情感旅游、探奇旅游等新业态，不断满足游客"商养学闲情奇"等多样化需求。

（三）在"航空+旅游"上出实策，加快实现航空运输与旅游产业深度融合

一要引导省内基地航空公司提高主要客源地至江西省的旅游航班比例，大力发展旅游包机业务，吸引更多的境外和省外游客选择航空方式入赣旅行。二要以省内航空公司为龙头，整合机票、酒店、景点等资源，探索推出"机票+酒店+旅游目的地"产品，为境外和省外游客提供一站式航空旅游解决方案。三要以江

西快线开通多条短途航线为契机，谋划一批空中飞行观光精品线路，以"通用航空＋旅游观光"模式，促进通用航空与旅游整合发展。

（四）在"快进慢游"上求突破，全面提高游客出行的便利性与舒适性

一要推进一种及以上"快进"交通方式通达4A级景区、两种及以上通达5A级景区，健全重点旅游景区交通集散体系，建设"快进"旅游交通网络。二要完善重点旅游景区游客集散中心、旅游驿站、旅游标识标牌等便民服务设施，建设旅游风景道、骑行专线、登山步道、交通驿站等慢行设施。三要加快"一部手机游江西"项目建设，面向游客提供一站式、移动化的旅游综合服务，逐步推动重点旅游景区实现智能导游、电子讲解、实时信息推送，主要旅游消费场所实现在线预订、网上支付。

（五）在"资本化运作"上聚合力，进一步做大做强旅游龙头企业

一要以资本和股权为纽带，支持各类旅游企业通过项目融资、联合投资等方式与社会资本合作，不断壮大企业规模与实力。二要引导省内旅游企业与金融机构、专业投资机构合作，再发起设立一批文旅产业发展基金，撬动更多的社会资本参与旅游资源开发。三要对接全省企业上市"映山红行动"，加快旅游企业上市步伐，重点推进省旅游集团及有实力的地市旅游集团上市融资。四要引导省内金融机构推出适合旅游企业的融资品种，探索开展门票质押、景区经营权资产证券化产品试点。

作者：

梅国平　江西师范大学校长、教授，江西省首届省情研究首席专家

季凯文　江西师范大学江西经济发展研究院副院长、副研究员，江西省首届省情研究特约研究员

18

推进江西省耕地重金属污染防控和修复工作的对策建议

江西省农业科学院课题组

内容提要：近年来，江西省部分地区耕地重金属污染问题不容乐观，做好耕地重金属的污染防治工作刻不容缓。在技术措施上，要摸清"家底"，分类管控；因地制宜，分类试点；协同攻关，试验示范。在保障措施上，要加强联合执法，严格控制重金属污染源；建立多元投入机制，对应用研究给予重点支持；完善地方标准，出台激励政策。

江西省委、省政府高度重视耕地重金属污染治理工作，省委主要领导明确要求加强土壤重金属污染治理研究。多年来，江西省农业科学院课题组组织开展了耕地重金属污染治理基础研究及试点试验。根据调研和研究情况，形成若干对策建议。

一、江西省耕地重金属污染的总体分布特征及成因

江西省耕地土壤污染总体状况较为清洁，但局部地区存在重金属超标，主要是镉、汞、砷污染。其原因在于高背景值土壤及人类活动的双重影响。

——土壤重金属背景值高于全国平均水平。受人类活动影响，区域土壤重金属背景值积累明显，局部地区耕地土壤重金属超标。例如，鄱阳湖生态经济区的城镇密集区、鄱阳湖南部入湖口、乐安河流域等区域土壤镉、汞、砷超标。

——铜钨等有色金属、稀土和煤炭等采矿区及加工区周边耕地，因侵蚀和干湿沉降影响，土壤镉、砷等重金属超标。

——城市近郊区、工业园区及乡镇企业较为发达区域的周边耕地，受污水灌

本文于2018年6月发表，获副省长、省政协副主席2位省领导肯定性批示。

溉及干湿沉降影响，耕地砷、镉、汞超标。

——交通干线（公路、铁路）沿线 100 米范围内，受地表径流和干湿沉降影响，部分耕地镉、铅超标。

——畜禽养殖密集区，因养殖废水未经有效处理直接排放，部分耕地铜、镉、砷积累。

——水稻主产区基本安全，但重点区域风险较大。部分地区受矿山开发及冶炼加工、城镇污水灌溉等影响，土壤镉、铜、汞、砷等出现累积，造成稻谷重金属超标。还有，因酸雨及不合理施肥，致使耕地酸化较为严重，尽管土壤重金属不超标，但由于重金属生物有效性提高，部分区域稻谷出现重金属超标状况。

——蔬菜产地土壤存在重金属累积。部分蔬菜基地土壤的镉、铜、铅等重金属含量接近临界值，叶菜类等敏感蔬菜重金属超标风险较大。

二、江西省耕地重金属污染防控治理进展

（一）开展了污染状况调查和治理试点

"十五"以来，江西省国土、环保和农业等部门先后开展了土壤环境背景值调查、土壤地球化学调查、农产品产地土壤重金属污染普查和农产品产地环境例行监测；2017 年启动了土壤污染状况详查，基本明确了自然土壤、耕地土壤及场地重金属污染特征及区域分布。在南昌、赣州等地开展了土壤重金属污染管控试点，在鹰潭实施了以控源和场地污染修复为主的土壤污染综合治理试点工程，取得了明显成效。贵溪市江铜贵冶周边区域九牛岗土壤修复工程自 2012 年实施以来，完成重金属污染土壤修复面积 2000 余亩，达到预期目标，其治理模式得到李克强总理的批示。

（二）开展了治理技术研发与试验示范

省农业科学院开展了农田重金属背景特征、耕地土壤污染承载与防治对策等基础研究；与出入境检疫检验部门合作开展了供港蔬菜镉含量控制技术研究，筛选了较低积累的叶菜类品种；与省科学院合作开展了重金属中度污染农田稻米绿色高效生产技术研究，研发了碳基改良剂；与中国瑞林公司合作开展了武山铜矿尾矿库闭库复绿技术研发；与中国科学院南京土壤所、省红壤所合作，分别在鹰潭贵溪、萍乡湘东等地建立了农产品产地环境保护试验示范基地。中国科学院鹰

潭红壤生态实验站研发了常规廉价高效钝化改良剂，探明了主要重金属在土壤—脐橙、水稻、蔬菜等植物系统中的迁移规律及主控因素。省农业科学院与中国科学院南京土壤所合作的"重金属超标农田和稀土尾矿地安全利用关键技术及应用"获得2017年度江西省科学技术进步奖一等奖。

三、江西省耕地重金属超标管控及治理工作中存在的主要问题

（一）基层重视程度不够

一是存在一定程度的麻痹思想。耕地重金属污染隐蔽性强，一些基层人员对本地耕地的清洁状况存在惯性思维，意识不到污染的现实存在及其治理的重要性。二是存在一定程度的心理恐惧。说起重金属污染则谈"污"色变，特别是一些基层领导不敢提及，更不愿面对，怕暴露当地生态环境问题，影响农业发展和招商引资。三是存在行动上的畏难情绪。一些基层政府部门习惯于"上面安排什么就做什么，不安排的绝不主动探索"，因而对重金属污染源头监管不力，企业排污和农业面源污染没有得到有效控制。

（二）安全利用及治理修复经费不足

江西省耕地重金属超标点多面广，多以中轻度为主，需要边生产边治理，安全利用及治理修复难度大、资金投入量也大。目前，由于财力有限，财政资金投入严重不足，监管监测和治理难以持续推进。

（三）统筹协调机制滞后

耕地重金属污染防控和修复工作涉及国土、财政、发改、环保、农业、卫生、食品安全等多个部门。在缺乏统筹协调机制的情况下，系统性、配套性、持久性的防控和修复方案难以形成。当前，基层该项工作主要由农业农村局及其下属农技站负责，部门与部门、单位与单位之间缺乏联动性。

（四）"家底"精准情况不明

一是数据缺乏共享。国土、环保和农业部门所掌握的江西省耕地重金属污染总体状况及区域分布数据资料尚未实现共享。二是已有数据的科学性不强。各部门采样点位、样点覆盖面积、样点土壤属性及土地利用方式不一致，难以准确识别江西省耕地重金属污染重点风险区域、农作物总体污染状况及主要敏感作物种类。

（五）熟化技术缺乏

虽然重金属超标农田安全利用及治理修复技术研究已开展多年，但大部分研究成果只限于实验室水平或田间小试阶段，具备大规模应用和商业化推广的成套技术不多。少数安全利用及治理修复技术示范尽管获得成功，但由于土壤条件复杂、成本太高或技术不稳定而难以有效复制和推广。同时，现有的安全利用及治理修复技术大多是针对单一重金属元素污染，针对重金属复合污染的耕地安全利用及治理修复技术较为欠缺。

（六）农用地环境管理地方标准亟待出台

为保护农用地土壤环境，解决农产品产地"土壤超标农产品不超标"和"土壤不超标农产品超标"问题，我国将《土壤环境质量标准》（GB15618—1995）修订为《土壤环境质量标准 农用地土壤污染风险管控标准（试行）》（GB15618—2018），但由于土壤条件的复杂性和农作物种类的多样性，仍然需要制定适合江西省农产品产地环境特点污染风险标准。农业农村部在落实《土壤污染防治行动计划》实施意见中也明确提出，鼓励地方制定适合本地农业特点和地域特征的农用地环境管理相关地方标准。目前，江西省尚没有出台区域农产品产地环境管控标准。

四、推进江西省耕地重金属污染防控和修复工作的对策建议

耕地重金属污染的复杂性决定了污染防控和修复工作的长期性、艰巨性。推进江西省耕地重金属污染防控和修复，需要坚持科学认识、统筹规划；综合防治、分类指导；治用结合、试点示范的原则。

（一）技术措施

1. 摸清"家底"，分类管控

一是开展以重金属污染为主的土壤污染加密调查。在农用地土壤污染详查的基础上，各地仍然需要对疑似地区农用地土壤进行加密调查，精确掌握耕地重金属污染基础数据，建立土壤安全状况登记档案和土壤安全状况GIS数据库，按照耕地优先保护类、安全利用类和严格管控类进行分类管控。

二是实施土壤质量动态监控。将全省环保、农业和国土土壤监测点整合为统一的土壤环境监测点，按年度开展监测。重点监控自然背景区、工业园区、城市

郊区、集约化农业生产区、养殖密集区耕地，建立基本覆盖全省的耕地土壤环境及农产品质量监测预警网络平台，及时掌握耕地土壤及农产品污染状况。

2. 因地制宜，分类试点

在全省11个设区市各建立1个耕地重金属污染分类治理长期试验示范点，根据耕地重金属污染重点区域及特征，采取针对性措施。

一是矿区防治。树立"源头防控、过程阻断、末端治理"的综合防控理念，划分重点治理监管区域和风险控制区域。重点治理监管区域，以植被绿化、防止污染物扩散转移和二次污染为主；风险控制区域，以植物修复、农业生态修复、土壤改良修复或调整农业产业结构为主。

二是粮食主产区防治。切断源头，严控区域内企业排污及产地周边环境污染，清洁灌溉用水；推广增施有机肥、吸附螯合强的泥炭、风化煤、土壤改良剂等农业技术措施阻控土壤酸化；适时调整作物种植结构，推广低积累水稻品种，推行以稻为主的"稻油、稻豆"等生态经济高效水旱轮作制度。

三是蔬菜基地防治。加强基地周边环境管理，严控"三废"排放；合理规划基地，选址周边无污染、土壤背景值低的区域；谨慎使用畜禽粪污，严禁使用生活垃圾堆肥，防止因不合格的有机肥造成土壤重金属积累；加强城郊蔬菜基地重金属摸底调查，含量超标的应停止作为蔬菜地使用。

四是畜牧养殖区防治。加大畜禽粪污等农业废弃物资源管理和综合利用技术应用，推广生态循环农业和适度规模的立体生态种养模式；加强饲料添加剂监管，从源头上严格控制饲料中重金属含量。

3. 协同攻关，试验示范

一是加强耕地重金属污染治理科技孵化推广平台建设，推动科研院所、高校、治污企业探索适合本地情况的"高效、低成本、无二次污染"的综合技术。二是加强试验示范，形成适合不同土壤污染类型和污染程度、不同农业生态类型区的工程技术体系及标准化操作规程。

（二）保障措施

1. 加强联合执法，严格控制重金属污染源

按照国家《"十三五"生态环境保护规划》《环保部"十三五"时期深入实施大气、水、土壤污染防治三大行动计划》《全国土壤污染防治行动方案》和《江

西省农业生态环境保护条例》的要求，组织联合执法监督，对工矿企业、城镇建设、规模养殖、农业投入品等，实施严格监管。

2. 建立多元化投入机制，对应用研究给予重点支持

一是设立耕地重金属污染治理专项资金。二是完善政府、企业、社会等多元化投资机制，探索"谁投资、谁受益"的市场机制。三是建立补偿机制，依法责令非法排放污染源的企业和单位对所污染的耕地进行强制性补偿。四是将重金属污染治理试点示范、重金属污染监测站点建设、技术研发协同创新列为重点支持项目。

3. 完善地方标准，出台激励政策

一是确定符合江西省省情、与土壤类型和作物种植方式等相对应的耕地重金属含量安全阈值，修订、完善江西省农用地土壤环境质量标准评价体系。二是出台耕地重金属污染防控技术开发、耕地重金属污染修复治理与种植结构调整、硒肥和有机肥生产、农业废弃物资源化利用等方面的激励政策。

课题组成员：

池泽新　江西省农业科学院党委书记、研究员，江西省首届省情研究首席专家

吴昌华　江西省农业科学院农业经济与信息研究所副所长、副研究员

徐昌旭　江西省农业科学院资源环境与土壤肥料研究所研究员

付江凡　江西省农业科学院农业经济与信息研究所所长、研究员

刘光荣　江西省农业科学院资源环境与土壤肥料研究所所长、研究员

余艳锋　江西省农业科学院农业经济与信息研究所副研究员，江西省首届省情研究特约研究员

彭柳林　江西省农业科学院农业经济与信息研究所助理研究员

— 19 —

增强新时代质量意识　打造高效益农产品品牌
——关于江西农业提质增效的建议

陈东有　陈熹

内容提要：农产品品牌知名度不高，品牌打造意识缺失，品牌之间竞争无序，直接影响了江西农业提质增效。改变现状，打造高效益江西农产品品牌，必须看准方向，实施以增强质量和信誉为内涵的品牌战略工程，包括推动农产品标准建设，建立品牌个性化识别系统，开展品牌资产创建，注重品牌资产提升与维护，支持农产品品牌的规划、培养与建设。

一、提出问题

近年来，江西农业发展很快，也很好。但是，江西农产品在市场上常陷于一种悖论之中：东西是好，就是卖不到好价钱；吃了用了的人都说好，就是名声不太响；说不上是大家闺秀，小家碧玉也是久住深闺。因此，说江西的农业产品没有品牌，不实事求是，但在全国农产品品牌平台上又很少见到闻名全国甚至更大范围的江西农产品品牌；说江西的农产品质量不好，是冤枉了江西的农业产业优势，但是江西农产品大多摆不上台面，依然是小农模式，依然是"酒香巷深人不识"。这就导致了江西农产品品牌的缺乏、效益的不高，也直接影响了江西农业提质增效。

进入新时代，按照十九大精神促进江西经济发展上水平，江西农业生产要想在现代经济体系建设中有自己一席之地，江西农产品要想在供给侧结构性改革上

本文于 2018 年 7 月发表，获副省长肯定性批示。

迈上新台阶，必须按照现代化经济体系建设要求提质增效，必须打造高效益品牌。

为了解江西农产品品牌建设情况，笔者以"质量与品牌"为题，先后对抚州、九江、赣州、上饶等地进行调研。笔者一方面看到包括县、乡、村基层领导干部在内的人们对农产品质量和品牌重要性开始有了认识，对品牌规划、推广有些简单的做法，每个地区都会冒出一两个有点知名度的品牌；但更多地方只有产品没有品牌，缺少品牌规划或在创品牌过程中缺乏规范，导致农产品卖难和价格低下，农民增收困难。突出问题主要有以下三个。

（一）品牌打造意识的缺失

当前江西省农产品通常以地域名称作为产品牌子或品牌，这不仅降低了品牌的意义，还失去了市场的吸引力。就目前江西农产品来说，除极少数品牌有区别于其他品牌的识别系统外，大都看不到可以给消费者留下印象深刻的识别标志。

在生产区域内，绝大部分产品都以其地域标志命名（地名＋产品），如赣南脐橙、万年贡米、资溪白茶、丰城冻米糖等等。这实际上是一种传统的自然命名法，而不是现代化品牌的运作。这种现象是在过去落后生产时代形成的，主要是为了表现特定地域的生产成果。如果产品好，在品牌初创时期需要由地区名字引人注意，久而久之，会有品牌效果。

但这种效果在现代市场经济中有很大局限性，除了不能表现出具体企业、具体产业的个性和优越之处，更缺乏优秀品牌应有的标准和质量，也往往会让一些不按标准生产和质量不好的产品打着地区牌子滥竽充数，常常出现一粒老鼠屎坏了一锅汤的负面效应，进而导致整个地域产品受损、竞争力速退、品牌价值直降，产品的价格自然不高，甚至很低，而且无法进行依法保护。一些生产好的企业因此吃大亏，创品牌的积极性受到打击。

因而，这种以地域名称作品牌的行为，往往是地方政府干预的多、企业主张的少，很多企业不愿意打造品牌，与这种背景有关。一位茶叶老板曾说："我不是做不大，我就是不想做大，我现在一年卖卖小茶叶，搞搞小项目，也有几百万元的收入，小日子过得很滋润。一旦做大了，别说人累心累，谁都想从你身上揩点油水，谁都想从你身上拔根毛，何苦要做大呢？"这既是观念问题，也是品牌生态问题。

某县建成绿色食品原料基地138.1万亩、有机农产品基地94.6万亩，打造全国知名绿色有机农产品生产基地已经有近二十年历史,其认证的有机农产品有40多个,面积30多万亩,产值25.7亿元。可要说出该县有哪些著名品牌还真说不出来。该县某企业老总聊到品牌问题时说:"我们企业只要挣钱就行,搞品牌有什么用?花钱不讨好的事。"有好的产品却没有叫得响的品牌,更没有打造品牌的意识,在江西是比较普遍的现象。

(二)区域内各品牌之间竞争无序

还有一种比较普遍的现象,江西农产品除极少部分群体品牌外,大部分农产品仍存在"七国争雄、各自为政"现象,难以形成组团出击、集中优势兵力打响品牌的合力。以N县蛋品加工为例,该县现有从事蛋品加工企业40多家,从业人员2万余人,在林林总总的蛋品加工企业中,除了"梅氏禽蛋"有点知名度外,没有其他叫得响的品牌。很多禽蛋加工企业各自为政,打自己的名,卖自己的蛋,造成当地产品品牌混乱、地域标志不清、以次充好等现象突出,次级甚至劣质产品冲击好的产品,严重影响当地农产品的区内外销售,价格也只能随大流,甚至降价销售。

(三)被动营销理念根深蒂固

"酒香不怕巷子深"这一传统理念在部分江西企业高管中根深蒂固。这种被动营销理念已经不再适合市场需求,一流的品牌也需要一定的推广宣传才能更好地扩大品牌知名度。在蜜橘产业方面,南丰蜜橘与广东沙糖橘同样是蜜橘品牌,在市场占有率上却有着很大差异。在省外市场,南丰蜜橘已远不及广东沙糖橘的市场占有率,甚至在省内一些大型购物超市、水果专卖店也受到广东沙糖橘等一些外来柑橘的冲击。在茶叶方面,江西铅山武夷山镇和福建武夷山市同处武夷山脉,一个山南一个山北,但茶叶品牌知名度却相差甚远,武夷山市的大红袍、正山小种经过当地精心打造,品牌效应十分明显,早已闻名遐迩;而铅山武夷山镇的茶叶还不知道叫什么品牌。铅山黄冈山茶叶有限公司的茶叶品质、味道都不输福建茶,每每参加茶叶比赛也能获大奖,可就是没有叫响品牌,产品价格大打折扣。

二、看准方向

党的十九大报告在说到"贯彻新发展理念,建设现代化经济体系"时,开宗明义地说:"我国经济已由高速增长阶段转向高质量发展阶段,正处在转变发展方式、优化经济结构、转换增长动力的攻关期,建设现代化经济体系是跨越关口的迫切要求和我国发展的战略目标。"新时代,要贯彻新发展理念,建设现代化经济体系,最重要的任务就是要从过去的重数量转变到重质量上来,从重速度转变到重效益上来。应该清醒地看到,在市场上,老百姓的需求已经由重数量消费转向重质量消费。

方向1:增强产品质量与信誉意识

一个品牌的成功,是由产品的生产、销售、售后服务质量和信誉构成的,它不是短期行为,而且需要一定资本支撑。一个地区品牌越多,其产品越能占领市场,因为品牌是产品质量与口碑信誉的共现。当人们开始意识到质量的重要和口碑的力量时,品牌可以带动一方经济增长,产业品牌往往也就能带动整个产业发展。这实际上是这方土地的生产供给在品牌理念带动下,形成了质量带出信誉、信誉带出品牌、品牌带出效益的连锁反应。江西农业提质增效开启乡村振兴战略新征程,就应该把增强新时代质量意识、打造高效益江西品牌作为重要突破口,改变当前因质量概念模糊、效益顺其自然、信誉可有可无而形成的无重大品牌、少知名品牌、缺众多品牌的现象。

方向2:引导品牌意识提升

振兴江西农业,关键要振兴江西的农户和农业企业。江西的农业要解决因传统自我感觉良好导致的不重视品牌培养和建设的问题,要解决因品牌意识低、卖一个算一个、不重视品牌宣传与推广、不重视售后服务的问题,要解决因不懂得品牌意义而只顾埋头生产、不抬头看路掌握市场做好品牌的问题。这些问题最大危害就是使农产品总是处于低端徘徊,产品质量和信誉一直缺乏竞争力,农业产业事倍功半,丰产而不丰收,增产而不增效。

三、对策建议

品牌的打造,既需练内功又需修形象,缺一不可。笔者提出最主要的对策建议是"品牌—质量—信誉—品牌",即以增强包括质量、信誉在内的品牌意识为前提,通过规划、培养和建设品牌来抓质量建设,抓质量主要是抓由生产环节构成的产品质量与由售后服务环节构成的服务质量,通过质量提升带来信誉度提升,从而形成自己的品牌并不断巩固品牌地位、提升品牌市场竞争力,取得更大市场效益。以增强质量和信誉为内涵的品牌战略是一项系统工程。具体内容包括：

（一）推动农产品标准建设

品牌最重要的是根据农户和生产企业对市场和产品的深度了解，制定出产品生产、销售及售后服务的标准，这个标准既是企业生产服务实践的具体要求，也是让市场和消费者了解并欢迎的卖点。作为农产品标准要注意的是，既要"顺其自然"，又要"努力而为"。"南丰蜜橘""赣南脐橙"只是一个模糊的地域标识概念，还谈不上是品牌概念，因为它缺少产品的标准。据笔者了解，南丰人决定要研究并制定出南丰蜜橘的标准了，这是一件好事。标准这个具体要求与卖点不是噱头，而是实实在在的规范条款，是农户或企业价值观的表现。制定标准时应该以国家甚至是国际标准来作为自己的底线。什么样的标准，就会生产出什么样的产品，也就能占领多大范围市场。这一点对江西农户和农业企业来讲不容易，但必须这样做。

（二）建立品牌个性化识别系统

建立品牌个性化识别系统要以品牌核心价值为中心，使品牌识别与企业营销传播活动的对接既有针对性，又有可操作性。产品的品牌要淡化只以地域名称为品牌名称的做法，即使要借用或共享具有丰厚文化内涵的地域名称作产品品牌，也应该做到"地域名＋个性名＋产品"，以特定的、别人无法替代、借光、干扰的名称、设计作为识别标识进而形成系统。所以要求农户、企业要学一点品牌知识，规划好自己产品的品牌构建，只有这样才能更好地增强既有地域特色又能突破地域局限的极具现代商品个性的品牌竞争力，促进自己的产品占领市场并不断地扩大市场规模，还能更有效地依法保护自己的品牌。

（三）开展品牌资产创建

可以以差异化的产品定位统帅企业营销传播活动，创建品牌资产。产品的差异化和市场的差异化是否结合得好，是导致企业胜败的重要因素。要客观看到市场消费是具有差异的，市场里的消费者必然有不同层次、不同需求。比如大米，过去有早米和晚米的需求之分，现在已是五花八门，仅万年贡米就有十多种，不同口感，不同价格。再说柑橘，甜是大类品性，也有人喜欢吃带点酸的，还有人喜欢吃淡而不很甜的。产品的差异化在农产品里，既是人为生产的结果，也是大自然的恩赐。消费者与农产品的关系，是典型的"天人合一"。农产品生产和销售必须依照大自然的差异性来构建自己的差异性，进而为消费者的差异性服务。没有差异性就没有独特性，没有独特性就没有记忆，没有记忆就没有联想，没有联想就没有忠诚的消费者。质量才能建设品牌，差异才能亮出品牌。具有高质量和差异性的品牌战略一旦确定，企业应结合自身情况制定相应传播与推广策略，进行全方位、多角度的品牌传播与推广，使品牌深入人心。

（四）注重品牌资产提升与维护

在品牌资产建立后，一定要不断地提升和维护品牌资产。规划、培养、建设一个品牌很不容易，不断提升和维护品牌更难。百年老店、百年老牌不多。很多品牌，有些甚至是数十年知名品牌或滑坡，或倒下，或淘汰，或退出，说明不易。品牌一旦建立，就是一笔可观资产，它的价值甚至比它的所有者都更贵重。因此，要培养品牌观念，坚守产品质量，维护品牌形象，增强品牌竞争力，要建设好、经营好、维护好、发展好品牌。江西农产品品牌必须努力改变地域标识下多个品牌并存的杂乱局面，清理那些打着地域标识损害一方品牌的"老鼠屎"，提高农产品在省内外、国内外市场竞争力。可以在地域内建立统一的质量监管体系，优化组合有竞争力的品牌，理顺地域标识与企业产品品牌的关系，淘汰一些打着地域标识而又不对消费者负责任的产品和企业。在品牌刚起步的情况下，也可以组织农户建立综合性或专门性的农业合作组织，培养成员们质量和品牌意识，加强品牌的建设、统一使用和管理，更有效地指导农户进行生产，使产品在同一地域内质量差别更小，衡量标准更加规范统一。

（五）支持农产品品牌的规划、培养与建设

一个品牌的成功不仅是这一个品牌的效益增长，还可以带动本地区其他产品品牌的建设和经济的发展。政府要发挥自己的重要作用，针对本地市场发展实际，把推动本地品牌建设作为落实党的十九大提出的"贯彻新发展理念，建设现代化经济体系，必须坚持质量第一、效益优先，以供给侧结构性改革为主线，推动经济发展质量变革、效率变革、动力变革，提高全要素生产率"的具体行动，作为按照"产业兴旺"等的总要求，抢抓机遇、积极作为、精益求精，开启江西省乡村振兴战略新征程的实际工作。政府要制定有效政策，大力支持农户和农业企业提高生产和售后服务质量，支持农产品品牌的规划、培养、建设和推广；要依法行政，尊重知识产权，保护创新发明专利，营造良好的产业环境。品牌初创时期

是需要资金支持的,而且这个时期往往是企业并不很富裕的阶段。金融机构应以慧眼识英雄,以智慧待品牌,重视、看准、看好农产品品牌的培养和建设对金融业的需求和利好,积极给予资金支持,引导农户和农业企业走出因资金不足和顾虑过多而不愿意迈上现代农业的小农经济圈,引导农户和农业企业迈出增强新时代质量意识、打造高效益农产品品牌的第一步。

作者:

陈东有 中共江西省委宣传部原常务副部长,南昌大学教授、博导

陈 熹 南昌大学经济管理学院副教授,江西省首届省情研究特约研究员

— 20 —

江西省中药种植及加工产业发展对策研究

李秀香　史言信　邹玲　汪忠华

内容提要：江西省中药资源丰富、中药发展历史悠久，但中药种植及加工业的发展还不尽如人意，与兄弟省相比，种植规模、种植品种、加工规模、品牌建设、标准认证等方面都存在差距。推动江西省中药种植及加工产业发展，要促进集聚，扩大规模；规范标准，严格质量；突出特色，打造品牌；加强规划，试点示范；加大投入，培育龙头；完善管理，自律发展

江西省中药发展历史悠久，在中国传统中药行业中，赣药可谓权重三分。樟树被誉为"药都"，"药不到樟树不齐、药不过樟树不灵"的传说足显赣药在历史上的地位和影响。就目前来看，江西省中药产业发展也有不少亮点，2017年全省中药产业主营业务收入在全国排名第四，其中中成药排名第三。但因种种原因，江西省中药种植及加工业的发展还不尽如人意。《2016中国中药材与中药饮片产业发展蓝皮书》公布信息显示，我国中药材种植主要分布在湖南、贵州、甘肃、陕西、辽宁、广东等几个省。中药材销售额排名前十的省市是：重庆、安徽、广东、北京、上海、浙江、湖南、河南、四川、江苏。可见，对于中药资源丰富、中药发展历史悠久的江西来说，中药种植及加工业有被逐步甩在后面的趋势。

一、江西省中药种植及加工业与兄弟省的差距

（一）种植规模差距

根据江西、甘肃和贵州官方网站报道的数据整理可知，与甘肃、贵州比较，2015年与2016年江西省中药材种植面积及产量均存在5倍以上的差距，而且中

本文于2018年5月发表，获省政协副主席肯定性批示。

药材产量基数太低,很难实现超越。

表1 2015—2016年中药材种植情况比较

省份	年份	种植面积(万亩)	产量(万吨)
江西	2015	72.1	16.3
	2016	80	29
甘肃	2015	388	99
	2016	405	110
贵州	2015	527.22	219.78
	2016	599.45	165.7

(二)种植品种差距

江西省目前主要道地药材种植有枳壳、黄栀子、厚朴、杜仲等20多个品种。而贵州省药材种植有100种之多。此外,江西省中药种植基地分散,规模小,如樟树市中药材种植总面积18万亩,在全省县级城市排名第一,但大多以个体药农为主,以企业为主体的规范化种植基地不到2万亩。甘肃省集中连片种植中药材的有50多种,其中种植面积在万亩以上的有20种。

(三)加工规模差距

江西省中药加工业规模较小而且分散。2015年中成药和中药饮片生产企业109家,主营业务收入过100亿元的企业仅有1家,过10亿元的企业只有8家,过亿元的企业有38家。全省销售额超过10亿元的品种只有4个,销售额超过亿元的品种只有35个,其他单一品种全年主营业务收入均在1亿元以下。全国中药创新药物每年批准20个左右,江西省2015年和2016年各申报4个,无一获批。贵州省2015年中成药和中药饮片生产企业175家,超过10亿元的11家,主营业务收入过1亿元的企业68家。

(四)品牌建设差距

江西省还没有如吉林人参、宁夏枸杞这样响当当的全国(国际)知名的中药品牌。在甘肃种植的中药材中,近八成为当归、党参、黄芪、甘草、板蓝根、枸杞等"十大陇药",在全国中药材产量之中,"十大陇药"前八位最高的占到了全国同类总产量的70%,最低的也占到了全国同类总产量的20%,中药材种植已成为一些地区农民增收的主导产业。江西省在中药材种植业品牌建设方面还有很大的提升空间。

(五) 标准认证差距

江西省中药种植业生产标准化程度不高。自 2003 年我国对中药开始进行 GAP（中药材生产质量管理规范）认证至今，全省通过认证的企业仅 2 家，示范基地面积约 3 万亩，不足总面积的 5%，此外，获得国家原产地标志认证的产品仅 11 个。甘肃省通过 GMP 认证的中药材加工企业有 100 多家，有 20 多个县区常年种植面积在 5 万亩以上。贵州省截至 2015 年已有赤水金钗石斛、大方天麻、赫章半夏等 29 个中药材品种成为国家地理标志保护产品。江西省中药材在 GAP 和国家原产地标志认证方面仅有一项指标高于云南，其他均落后于甘肃、贵州、四川和云南。

表 2　2016 年不同省份中药材认证情况

指标	甘肃	贵州	四川	云南	江西
GAP 认证企业（个）	8	6	22	13	2
国家原产地标志认证（种）	18	40	48	7	11

二、造成差距的原因分析

(一) 对中药种植业研究不够

近几十年来江西省中药基础性研究相对落后，全省药用资源没有进行系统普查，全省药材资源变化和物种增减没有完整和准确的数据统计。对本省道地药材的野生资源储量、农民自主种植道地中药材的情况缺乏准确系统研究。如此，中药种植及加工可以依托的理论、技术支撑相对不足。

(二) 对中药种植业统筹规划力度有待加强

江西省中药产业缺乏一个统一的协调机制，拳头产品的选择方向尚不明晰，各抓各的药，难以形成产业特色和产业竞争优势。全省有道地药材 20 余种，由于缺乏科学规划，目前主要生产模式为农民自己投资、自发栽培的零星种植或小面积栽培，仅湖口县武山镇九普药材等少数地方探索开展合作社发展模式，而集中连片开展规模种植的（公司+基地+药农的模式）少之又少。农民自发种植容易受到价格波动影响，损伤药农积极性。2016 年受市场价格波动影响江西省车前子种植面积比 2015 年减种 20%，仅为 3 万多亩，减产 45% 左右。再如，由于缺乏统一规划和管理，原来江西省枳壳市场份额比四川、湖南都大，但现在已被四川、湖南超越了。

（三）对中药种植业的补助力度偏弱

江西省地道药材的培育种植往往集中在基础条件差、交通不便利的林区，生产经营者需要投入相当大的资金进行通电、通水、通路等基础设施建设，目前这方面的扶助、补助政策不足，对药农种植积极性有很大影响。根据《2017—2018年江西省中药材种植以奖代补项目实施方案》补助标准：一年生中药材按不高于 200 元 / 亩补贴；多年生中药材新建基地按不高于 500 元 / 亩补贴。而安徽亳州每种 1 亩药材可以从各级政府获得 1000 元以上的补贴，相比之下，江西省相关扶持政策力度显然不够，更何况这些补助往往还不能到位。如，落户鄱阳县的江西海旺农业投资发展有限公司的物联网 + 智能温室无土栽培名贵药材产业示范基地项目，公司投资 6000 万元种植铁皮石斛等珍惜中药材，是江西首家、全国第二大规模物联网 + 智能温室无土栽培名贵药材产业示范基地，但投资两年来尚未得到任何政府补贴。

三、推动中药种植及加工业发展的几点建议

近年来，江西省已经加大了对中药产业发展的支持力度，制定了《江西省"十三五"中药发展规划》《江西省人民政府关于加快中药发展的若干意见》《2017-2018 年江西省中药材种植以奖代补项目实施方案》等文件，2018 年省级财政计划整合资金 2000 万元支持中药材种植业发展，但因江西省中药种植及加工业发展基础薄弱，短时间内还无法破局。建议各地进一步加大扶持力度，推动江西省中药产业迎头赶上，缩小与发展先进省份的差距。

（一）促进集聚，扩大规模

应加快南昌、宜春、抚州等地中药特色产业园区和鹰潭、赣州、吉安等地中药产业基地建设，推动各种生产要素聚集，延伸和完善中药产业链，促进中药材与中成药生产。支持樟树国家中药原料生产供应保障基地及中药振兴发展试验区建设，抓紧建设道地中药材种植基地。大力发展中药材种植养殖专业合作社和合作联社，提高规模化经营水平。

（二）规范标准，严格质量

制定、推行并实施中药材生产 GAP 规范，制定中药材种养、采储技术标准，建立完善原产地标记制度，实施优质中药材生产工程，发展中药材产区经济，推进中药材标准化、规模化、集约化生产，大力提升药材产品质量水平。同时，建设大宗优质中药材生产基地，重点发展黄栀子等赣产道地药材和铁皮石斛等优势大宗中药材，保障省内中成药大品种和中药饮片的原料供应。

（三）突出特色，打造品牌

江西省中药材资源丰富，有枳壳、黄栀子、厚朴、杜仲等 20 多个道地药材品种，泰和乌鸡则是药用珍禽。应学习和借鉴外省经验，举办全省性乃至全国性会议，为中药材提供营销平台和绿色通道，扩大省内中药材在全国的影响。加大对草珊瑚等规模化种植的知名道地药材支持力度，重点扶持夏天无、鸡血藤（丰城）、彭泽贝母（彭泽）、枳壳、芡实、铁皮石斛等品种发展。以车前子为例，现在澳大利亚以车前子为原料制成保健饮料，在市场上十分受欢迎，在澳大利亚人均每天消费这种饮料一美元。江西省是车前子重要生产地，仅樟树的车前子现有种植面积 3.6 万亩，年产量 720 万公斤，占全国市场的 50%。但如果仅仅满足于提供原料，其他经济利益就会眼睁睁地流失。建议尽快加大车前子种植，扩大加工规模，打造自有品牌，争取出口订单。同时，积极建设濒危稀缺中药材种植基地，加大龙脑樟、白芨、粉防己等珍稀濒危药用物种人工繁育力度，降低对野生资源的依赖程度。

（四）加强规划，试点示范

云南大规模种植田七获得巨大成功，政府先期做好规划并试点示范，从而带动形成若干个大面积种植和加工基地。建议对中药资源进行筛选、规划，选取车前子、铁皮石斛、芡实等一两个品种做试点突破，引领农民种植，通过土地、补贴、税收等优惠政策加大扶持力度。

（五）加大投入，培育龙头

建立和完善以政府引导、以中药材种植企业为主体、直接融资和间接融资相结合的产业融资体系，大力促进中药种植业产业化。加大财政和税收优惠力度，增加财政对信用担保资金的投入，使更多中药企业获得银行更多资金支持。通过积极搭建平台、推进政银企合作，采取联贷、银团贷款等新型方式来解决中药种植企业技改资金和发展资金的需求。

（六）完善管理，自律发展

云南中药材种植行业协会在云南中草药种植业发展中起重要的引导和管理作用，其协会发起单位种植品种涉及三七、重楼、金铁锁等云南地道药材，规模已达10余万亩。建议学习借鉴云南经验，把中药材产业协会办成一个开放的集科研、生产、信息交流为一体的社会公共服务平台，为江西中药种植业及加工业发展起到自律、管理和综合促进作用。

作者：

李秀香　江西财经大学环境与贸易研究中心主任、教授，江西省首届省情研究首席专家

史言信　江西财经大学科研处副处长、教授

邹　玲　江西财经大学教授

汪忠华　江西财经大学博士研究生，华东交通大学理工学院讲师

开放篇

—21—

中美贸易摩擦：江西的影响及应对选择

江西省社会科学院课题组

内容提要：2018年上半年以来，美国主动挑起并升级中美贸易争端，中美经贸战略关系正进入"战略冲突及摩擦对抗期"。美国作为江西第一大贸易国别伙伴，其对华贸易战的挑衅性举措对江西省短期及中长期冲击大，影响面广。要加强政府层面的宏观顶层规制，完善应对中美贸易摩擦的财政与金融支持体系，创新应对中美贸易摩擦的公共服务体系，实施产业扶持性规制政策，构建受贸易战损害的预警与排查机制。

2018年上半年以来，美国公然违背WTO公平、贸易自由化宗旨，主动连续挑起并升级中美贸易摩擦，这对中美两国经贸关系产生了巨大冲击，中美经贸战略关系正进入"战略冲突及摩擦对抗期"。美国作为江西第一大贸易国别伙伴，其贸易战的举措对江西省短期及中长期冲击大，影响面广，需高度重视并采取积极的防范应对措施。

一、中美贸易摩擦对江西的影响

中美贸易冲突与摩擦不断升级，要从宏观经济和企业微观反应两大层面充分审视对江西省经济的冲击与影响。

（一）从宏观角度来看，短期内遭受影响大，中长期需谨慎评估

1. 受影响的贸易规模逐渐扩大，涉及面广

中美关税贸易战下江西省与美国的贸易总体影响涉及面广，出口经济的影响规模尤为严重。以2017年统计口径计算，2轮关税战江西省受影响的进出口

本文于2018年9月发表，获省委书记肯定性批示。

规模为 219.24 亿元,占 2017 年对美贸易总额的 54.85%,其中受影响的出口额达 205.89 亿元。2018 年 1—7 月,江西省受影响进出口总额达 155.2 亿元,占对美贸易总额的 58.93%。(详见表 1)

表 1 中美贸易战下江西省与美国贸易的总体受影响情况(单位:亿元人民币)(2018 年 1—7 月)

江西省受影响的贸易计项	第一轮关税贸易战		第二轮关税贸易战	合计	
	340 亿美元(两国相互加征 25% 进口税)	160 亿美元(两国相互加征 25% 进口税)	美国:2000 亿美元(加征 10% 进口税)中国:600 亿美元(加征 10% 或 5% 进口税)	贸易规模	占比(%)
出口	9.53	7.17	131.07	147.77	58.11
进口	1.34	1.54	4.55	7.43	82.17
进出口	10.87	8.71	135.62	155.20	58.93

(数据来源:南昌海关统计处)

2. 随着美方关税制裁的逐级加码,受影响的出口产业大幅增加

从美方第一轮 500 亿美元贸易制裁的产业来看,江西省受制裁的规模只占全省对美出口额的 6.57%,直接影响大的产业只有电子电气制造业(4.99%)和塑料橡胶制品业(1.04%)。从美方第二轮 2000 亿美元贸易制裁的产业来看,所占比重为 51.54%,涉及的行业扩大到 20 大类,影响最大的是家具产业(13.39%),其次是电子电气制造业(7.38%)、贱金属(主要是钢铁、铜、铝、钨、钽等)及其制品(6.99%)、化工业(4.68%)、皮革制品(4.41%)、木浆及纸制品(3.10%)、塑料橡胶制品(2.30%)等,这些产业均是江西省传统对美优势出口产业。(详见表 2)

3. 长期看影响深远,存在制造业"空心化"和抑制对外大开放进程的风险

一方面,干扰程度升级,直接冲击江西省传统优势主导产业。美国作为江西省最大的贸易伙伴,随着中美贸易战的逐渐升级,对江西省传统优势主导产业干扰程度也开始显现。以电子电气制造业为例,江西省共 675 种出口商品和 149 种进口商品(8 位商品编码)被列入中美贸易征税清单,分别占全省对美出口、进口的 12.37% 和 11.22%,该项产业直接及潜在的负面影响不容低估。

另一方面,需警惕江西省制造业"空心化"现象的发生。随着贸易摩擦的升级,

表2 中美关税战清单中涉及江西省向美国出口的产业影响情况
（2018年1—7月）

产业属性类别（行业）	海关商品标准分类	第一轮				第二轮		二轮占比合计（%）
		340亿美元下江西省影响的产业（万元；%）		160亿美元下江西省影响的产业（万元；%）		2000亿美元下江西省影响的产业（万元；%）		
		金额	比重	金额	比重	金额	比重	
农业资源及其加工业（动物、植物、动植物油、食品、饮料及烟草等）	1–4					18541.35	0.73	0.73
矿产资源型行业（石灰、矿砂、矿物燃料等）	5					6605.29	0.26	0.26
中等技术密集型制造业（化工业）	6			136.23	0.01	118993.41	4.68	4.69
劳动及低技术型制造业（塑料橡胶、皮革制品、木制品、纸、纺织服装及鞋帽等）	7			26503.27	1.04	58493.59	2.30	11.48
	8					112045.09	4.41	
	9					4548.58	0.18	
	10					78858.64	3.10	
	11					8181.27	0.32	
	12					3358.96	0.13	
资源型加工制造业（贱金属及其制品、石料制品等）	13					159732.77	6.28	13.45
	14					31.58	0.001	
	15			4641.94	0.18	177684.14	6.99	
高技术密集型制造业（电子电气制造、航空制造、汽车制造、精密仪器制造等）	16	88683.66	3.49	38035.09	1.50	187774.28	7.38	13.98
	17	4075.03	0.16	1798.79	0.07	29429.59	1.16	
	18	2496.01	0.10	564.28	0.02	2481.26	0.10	
	19							
家具、其他杂项及未归类	20					340443.56	13.39	13.53
	21					3527.86	0.14	
	22							
合计（占对美出口比重）		95254.70	3.75	71679.60	2.82	1310731.22	51.54	58.11

（数据来源：南昌海关统计处）

在加征关税清单内涉及的商品上下游产业链、配套企业或关联客户受到的负面影响冲击预计会加剧。若关税加征幅度超出供求双方的承受力，美方进口商可能重置供应链，将新订单转移出江西，或让在赣供应商把生产线迁移到其他国家，以便消化关税上涨带来的额外产业成本。有关企业为降低关税成本，将会倾向于到第三国绿地投资或直接在美国建厂。如晶科能源为规避美国59%的高额叠加关税，就在美国投资了6000万美元设立晶科能源（美国）公司。

4. 从我国反击美国贸易制裁的视角看，受影响的进口产业有所加重

从中方第一轮反击美国340亿美元贸易制裁的产业来看，江西省受影响的主要是纺织原料（9.64%）、交通运输设备及配件（5.21%）两大行业，反击美国160亿美元贸易制裁受影响的行业主要包括贱金属（主要是铜废碎料）及其制品（9.42%）、木浆及纸制品（4.24%）。从中方第二轮反击美国600亿美元贸易制裁的产业来看，所占比重超过了50%，涉及的产业门类有所扩大，影响最大的是精密仪器及医疗设备制造（13.49%）、电子电气制造业（11.16%）、塑料橡胶制品（6.38%），其次是贱金属及制品、化工业、鞋靴零件及穿戴饰品业，同时增加了木浆及纸制品的征税范围比重（3.71%）。（详见表3）

（二）从微观角度来看，企业生产经营困难在加大

1. 列入清单的商品种类多，影响的企业广泛

从出口看，美国第一轮"500亿美元"关税清单涉及商品种类529个（8位商品编码），企业721家（包括南昌科勒、江西蓝星星火有机硅、东元电机、江西百路佳客车等），第二轮"2000亿美元"关税清单涉及的商品种类达1497个（8位商品编码），企业941家（包括江西唯佳进出口、晶安高科等）。

从进口看，中国第一轮反制"500亿美元"关税清单涉及商品种类25个（8位商品编码），企业88家（包括江铃进出口公司、九江中浩纺织、江西大北农科技、明冠能源等），第二轮"600亿美元"关税清单涉及的商品种类达467个（8位商品编码）。

2. 企业跨境双向投资受阻，滞缓高端制造业的发展

中美贸易摩擦若持续升级，一方面将会影响江西省企业在境外投资的信心，如部分参与在美欧进行并购的江西企业，已感受到各国对中国资本进行技术并购的警惕和严格限制。另一方面，贸易战将导致国际资本忧虑和观望的心态加剧，

表3 中美关税战清单中涉及江西省向美国进口的产业影响情况

产业属性类别（行业）	海关商品标准分类	第一轮				第二轮		二轮占比合计（%）
		340亿美元下江西省影响的产业（万元；%）		160亿美元下江西省影响的产业（万元;%）		600亿美元下江西省影响的产业（万元;%）		
		金额	比重	金额	比重	金额	比重	
农业资源及其加工业（动物、植物、动植物油、食品、饮料及烟草等）	1-4					65.33	0.07	0.07
矿产资源型行业（石灰、矿物燃料等）	5			12.55	0.01	785.31	0.87	0.88
中等技术密集型制造业（化工业）	6			113.47	0.13	3630.84	4.01	4.14
劳动及低技术型制造业（塑料橡胶、皮革制品、木制品、纸、纺织服装及鞋帽等）	7			1128.25	1.25	5770.32	6.38	31.64
	8					65.00	0.07	
	9			1269.00	1.40	718.52	0.79	
	10			3834.18	4.24	3358.12	3.71	
	11	8720.87	9.64			728.67	0.81	
	12					3035.68	3.35	
资源型加工制造业（贱金属及其制品、石料制品等、陶瓷玻璃及贵金属制品等）	13					395.12	0.44	14.58
	14					76.96	0.09	
	15			8520.96	9.42	4189.24	4.63	
高技术密集型制造业（电子电气制造、航空制造、汽车制造、精密仪器制造等）	16			56.19	0.06	10100.66	11.16	30.82
	17	4715.78	5.21	63.10	0.07	314.34	0.35	
	18			438.02	0.48	12209.15	13.49	
	19							
家具、其他杂项及未归类	20					37.39	0.04	0.04
	21							
	22							
合计（占对美出口比重）		13436.65	14.85	15435.72	17.06	45480.65	50.26	82.17

（数据来源：南昌海关统计处）

未来江西省吸引美资的难度也将进一步加大。

此外，具江西特色的高新技术优势制造企业受冲击压力大。如江西属钨资源大省，钨新材料深加工产品已列入2000亿美元加征清单，章源钨业、海盛钨钼、耀升工贸等企业已感受到加税带来的成本压力，到2019年1月美方若按加税方案进一步提高到25%，这势必对江西省的钨新材料及应用产业链造成严重冲击。

3. 制裁清单内重点涉美企业正着手减低生产预期

一是江西省制裁清单内部分企业出口经营困难在加大，如江西东元电机公司，2017年输美产品228万美元，由于产品被美方列入制裁目录，目前所有输美出口订单全部取消。另外，江西百路佳公司（原江西客车厂）原本2018年签订了向美出口80辆新能源汽车的订单，由于美方加征25%关税，实际仅向美国成功销售1辆。

二是重点涉美贸易企业大多正调整生产计划，对当地就业、税收等必然产生冲击性影响。赣州的汇森家具是江西向美出口额最大的企业，由于该公司已纳入美方加征关税清单范围，其对未来发展持谨慎态度，正着力开拓欧盟和东南亚市场。再如赣州龙南勤业玩具厂，拥有生产性工人超7000人，其占全省玩具出口额的70%，受中美关税贸易战影响以及美国生产总部全球战略布局的调整，2018年上半年订单下降50%。

二、江西的策略选择

（一）优化宏观经济运行结构，重视内需对全省经济增长的支撑作用

江西省应对中美贸易摩擦的根本对策是全省需加快经济发展模式转变，有序调整经济增长运行结构，采取有效措施真正强化内需对经济增长的拉动。第一，深化改革，刺激和培育内需，多举措化解贸易战带来的压力，督促有关部门坚决落实降成本优环境专项行动，为江西省可持续发展提供激励性动力。第二，推动实施创新驱动发展战略，大力提升江西制造业的创新能力，激活智能装备、大数据及云计算、电子商务等新经济的发展活力，这应是江西省长远发展战略调整、保障经济安全的重要应对途径。

（二）提高对美出口的供给侧体系质量，优化江西省对美全产业链的贸易合作战略

在中美贸易摩擦加剧的背景下，江西省应从实际情况出发：一方面提高对美出口的供给侧体系质量，以质量来把握对美出口市场的主动权，改变以往对美低出口价格竞争策略；另一方面在对美贸易的全产业链战略选择上，按禀赋效应最大化原则，形成对美更加紧密的贸易合作链。

强化对美贸易合作链的战略领域主要有：第一，资源禀赋型部门。江西的生态农林业资源和美国的绿色农产品、丰富矿产资源是江西省与美国在初级部门可战略性挖掘贸易潜力的领域。第二，劳动密集型部门。江西存在劳动力禀赋丰裕特点，应巩固在纺织、家具制造、皮革制品等生活资料消费品领域对美的贸易优势。第三，资本密集型及中等技术制造业部门。江西的化工、新能源汽车、家用电器制造、建筑材料等资本密集型及中等技术制造行业已具相对制造优势，应对这些制造业系统地制定对美贸易的支持性发展规划。第四，高新技术产业。要着力推进从国际贸易价值链低端向国际贸易价值链高端转型，改善高新技术产业尤其是电子电气制造、生物医药、光学制造、新材料等对美出口的贸易条件。

（三）拓宽对美贸易的全球性通道视野，坚持企业微观领域的国际化战略

第一，坚持对美出口和生产基地全球性布局结合。在中美贸易摩擦加剧形势下，鼓励江西企业选择到第三国（该国与美国已签订自贸协定，或所属行业该国与美国存在紧密型产业链分工关系，如加拿大、墨西哥、韩国等）开设公司或布局生产线，在全球范围组织产品出口到美国。第二，江西企业需加紧实行集团化、国际化战略。以江西江铃进出口公司、江西稀有稀土金属钨业进出口公司、江西唯家进出口公司等专业外贸公司为核心，以南昌、赣州、九江、吉安、上饶五大对美贸易出口区域为重点，构建对美贸易的进出口实体企业合作联合体。

（四）通过对美战略投资带动对美经贸合作的可持续发展

一是加强对美国高技术领域的投资。第一，从跨国绿地投资的视角而言，鼓励江西利用美国先进的研制力量。如南昌高新区、南昌经开区、赣州高新区等国家级园区到美国的"硅谷"中心建立园中园，密切参与美国高新技术发展的创新前沿。第二，通过在美战略并购组建合资企业，进口江西半成品制品，配上世界先进生产机器，生产国际化产业集成的先进产品。

二是加快现代服务业发展。鼓励江西银行、九江银行、赣州银行等在美拓展海外试点业务,支持对美出口信贷;支持洪城百货、洪客隆、九江联盛、上饶华达百货等商业百货型企业国际化进程,在美国布局商业连锁网络,建立江西产品在美的直通式国际贸易渠道。同时,支持江西对美跨境电商等新型业态发展。

(五)促进对美地方州(市)贸易合作,拓宽对美贸易的增长潜力

支持与美国各州及城市制定经贸合作的行动计划与路线图,拓宽对美各州贸易的友好合作潜力。目前美国各州之间对华贸易主张具有差异性,部分州坚持对华发展经贸友好关系。为应对特朗普进一步升级中美贸易战的风险举动,江西应特别重视与美国友好州(肯塔基州和犹他州)的交流与合作,巩固市级层面与美国友好城市(南昌——奥林匹亚市,九江——路易维尔市、萨凡纳市,赣州——不伦瑞克市,景德镇——门县市等)的经贸关系,巩固提升与全美各州之间的贸易友好发展水平。

(六)加快构建面向"一带一路"全球化开放体系

加大国际新市场开拓力度,特别扩大与"一带一路"沿线国家的经贸合作,防范美国对华关税贸易战带来的国别地缘风险冲击。江西虽"不靠海,不临边",但要积极发挥"中心地带"区位优势,依托"一带一路"赋予江西"内陆腹地战略支撑"的战略定位和历史使命。要把对外开放作为加快全省发展的基础性战略,着力改善三资企业在赣的营商环境,切实保障外企在赣的合法权益。明确江西外经贸重点合作区域,进一步巩固、扩大江西与亚非拉、欧盟、跨太平洋的互利合作,制定深层次开放方略,构建起江西全方位大开放新格局。

三、政策建议

(一)加强政府层面的宏观规制,制定对美贸易新形势的总体战略

美国作为江西省第一大贸易伙伴国,中美贸易战牵涉面广,涉及的问题多而复杂。江西省需统筹应对美发动的关税贸易战,针对中美贸易战略关系新形势,建议成立一个集外贸、外汇、计划、口岸、管理于一身,以促进中美贸易战略合作为宗旨的顶层规制机构。

(二)完善应对中美贸易摩擦的财政与金融支持体系

第一,建议设立"江西对美贸易稳定保障奖励基金"。对已进入两轮贸易战征税清单的企业予以一定"中美贸易稳定保障"特殊补助金,同时在中美贸易摩擦冲突困难时期,对涉美贸易企业在2018—2020年度完成贸易指标及同比有所增长的企业、市(县)实行奖励。第二,加大财政资金扶持力度。对自主品牌高科技产品、核心零部件等对美出口产品研发费用予以补贴,对重大出口型新项目投资贷款给予贴息。加大鼓励涉美企业开展跨国并购,在美国投资设厂,对在美建立直营渠道的企业给予财政性政策支持。第三,针对贸易摩擦情况下部分企业融资难影响企业增资扩产的问题,一方面鼓励省内银行加大对涉美企业的融资性扶持,健全中小涉美企业贷款风险补偿机制,另一方面可创新建立供应链货款支付大数据解决平台,提高涉美企业应收货款的资金周转能力。

(三)创新应对中美贸易摩擦的公共服务体系

第一,鼓励和支持行业协会、商会等中介机构服务,并协助对美贸易合作企业组建各种形式的出口策略联盟。第二,坚持提高江西省对美口岸基础设施、管理方式以及口岸管理部门之间的协同性。第三,建立新产品国际展示中心,为江西出口型企业提供产品信息服务,鼓励和支持中小型企业开发、生产不仅符合美国更加面向全球市场需求的新产品。

(四)实施产业扶持性规制政策,做好涉美企业的指导和帮扶工作

江西属于后发制造业省份,省内大多企业综合竞争力不高,受中美贸易战影响的抵抗力弱。第一,要主动运用产业规则性政策,在美加大对华贸易制裁过程中要维护产业秩序的有效竞争,防止美方跨国巨头的不正当竞争,适时地对全省关税清单内的重点企业进行保护和扶持。第二,耐心做好企业指导和服务工作,尤其对涉美企业要给予贸易摩擦培训、免费对外展览、低费率通关、生产用电费用等多方面的支持与帮扶,建议全省尽快统一制定应对中美贸易摩擦涉美贸易企业帮扶工作细则。

(五)构建受贸易摩擦损害的排查机制,强化研判与预警

需密切关注特朗普政府刺激中美贸易冲突激化的新动向,依据近期美对华贸易摩擦的新举措,可判断美方对我国的贸易保护政策不仅动向善变,而且手段多样。因此,要加快构建中美贸易战损害的排查与预警机制:第一,建立受贸易摩擦引发的市场价格异动、清单内企业损害和就业变化信息等监测及排查系统,对受损企业和重点影响产业要实时跟踪汇总;第二,加强对美国对华贸易战略方向、

贸易壁垒及口岸审查制度的预警研究,迅速有效地防范美国针对我国的贸易摩擦升级措施。

课题组组长:
龚建文　江西省社会科学院副院长、研究员,江西省首届省情研究首席专家
副组长:
龙晓柏　江西省社会科学院产业经济所副研究员
成员:
陈　瑾　江西省社会科学院《企业经济》编辑部副主编、研究员

—22—

粤港澳大湾区建设对周边地区经济社会发展的影响

——江西省的对接策略

江西理工大学课题组

内容提要：江西省是毗邻粤港澳大湾区的周边地区之一，大湾区建设给江西省带来发展机遇的同时，也形成了严峻的挑战，并且很有可能挑战大于机遇。江西要寻找发展机会、调整相关政策，尽力形成与大湾区最为接近的营商环境，尽早实现"大湾区飞地"在江西省落地，实现与大湾区同类产业差异化发展；培育发展面向大湾区市场需求的消费类产业，重点承接与大湾区主产业相关联的配套产业；本着"不为所有，但为所用"的用人原则，创新出更为灵活的用人机制。

2019年2月，党中央、国务院印发了《粤港澳大湾区发展规划纲要》。建设粤港澳大湾区是党中央在新时期审时度势作出的重大战略部署，大湾区建设一定会对其周边地区产生重大影响。从已有的经济实践和理论总结来看，这种影响既有有利一面，也有不利一面。如何利用有利因素，消除不利影响，从而加快本地区经济社会发展，是摆在大湾区周边地区的重要研究课题。江西省紧邻粤港澳大湾区，其经济社会发展与大湾区有着巨大差距。应清醒地认识到大湾区建设对江西省产生的各种影响，不盲目乐观或悲观，精心谋划发展路径，促使江西实现高质量发展。

本文于2019年10月发表。

一、粤港澳大湾区与周边地区关系的界定

粤港澳大湾区建设的核心目标是在一定时间内,无论是在经济总量方面,还是在社会发展质量方面都要达到"世界级"或"世界领先"水平。围绕这一目标,《粤港澳大湾区发展规划纲要》(以下简称《规划纲要》)主要着眼于"大湾区内部"规划如何协调、如何发展及对外开放等,与周边地区关系问题并不是《规划纲要》重点论及的内容。虽然如此,仍能从《规划纲要》和大湾区建设的背景及意图中看到大湾区与其周边地区关系的定位。

(一)《规划纲要》中对大湾区与周边关系的表述

《规划纲要》涉及了大湾区建设的众多方面,篇幅长达 2.7 万余字,涉及大湾区建设与国内其他地区关系的表述只有 700 余字,其中的表述主要有:

在第二章的第一节中提出:大湾区"为全国推进供给侧结构性改革、实施创新驱动发展战略、构建开放型经济新体制提供支撑";第三节中提出:大湾区"为内地与港澳更紧密合作提供示范";第四节中提出:到 2035 年大湾区"对周边地区的引领带动能力进一步提升"。

第三章的第三节是《规划纲要》中论及大湾区与周边地区关系最多的地方,用了近 300 字表述大湾区如何辐射带动泛珠三角区域发展。

在第四章的第一节中提出"鼓励其他地区的高校、科研机构和企业参与大湾区科技创新活动";第三节中提出"依托粤港、粤澳及泛珠三角区域知识产权合作机制,全面加强粤港澳大湾区在知识产权保护、专业人才培养等领域的合作"。

在第五章的第一节中提出"完善大湾区经粤东西北至周边省区的综合运输通道。推进赣州至深圳、广州至汕尾、深圳至茂名、岑溪至罗定等铁路项目建设……连接泛珠三角区域和东盟国家的陆路国际大通道";第三节中提出"加强周边区域向大湾区以及大湾区城市间送电通道等主干电网建设"。

(二)从粤港澳大湾区的战略定位看其与周边地区的关系

《规划纲要》的核心理念是将建成"世界级大湾区"作为其战略定位,要求大湾区自身形成强大的自我发展能力和创新能力。大湾区完整且高水平的产业体系、创新体系、服务体系的建成,事实上使得大湾区对国内其他地区的依赖度降低。

在大湾区建设过程中,其周边地区(《规划纲要》特别提到了"泛珠三角区域")

主要是配合、支持大湾区的建设，重点是加强与大湾区相关的交通、能源等基础设施建设，确保大湾区能实现预期目标。

在建成世界一流湾区后，粤港澳大湾区对周边地区应起到带动辐射作用，但《规划纲要》中并没有给出更为详尽的规划。从长期看，大湾区要为其他地区树立"高质量发展的典范"，其他地区更多的应该是学习、效仿大湾区的成功做法，跟上大湾区发展步伐。当然，一个巨大的湾区经济体应该能够给其周边地区提供更多的合作发展机会。

二、大湾区建设为周边地区经济社会发展带来的机遇

（一）辐射效应

辐射效应是指发达地区向落后地区传递先进科学技术、资本、管理经验、信息、思想观念和生活方式等，从而提高落后地区的经济效率。实践表明，在一定条件下，的确存在发达地区向落后地区的辐射效应，并且两个地区距离越近、关系越好，辐射越充分、辐射速度越快、辐射程度越高。在《规划纲要》中明确提出了大湾区要"辐射带动泛珠三角区域发展"，这为其周边地区提供了难得的发展机遇。

（二）大湾区本身会形成庞大的消费市场

据有关研究机构测算，到2050年，粤港澳大湾区人口规模会从目前的7000万增加到1.2亿至1.4亿，同时作为世界一流湾区的人均收入会达到世界中上水平。这意味着随着人口和收入的大幅提高，粤港澳大湾区将会形成一个全球最为庞大的消费市场。汇丰银行估计大湾区零售市场规模到2025年就将翻番至8690亿美元，超过韩国、新加坡、新西兰三个市场的总和。

市场规模越大，产业发展空间越大。对于消费类产业，大湾区周边地区由于有距离较近、文化相近等优势，市场开拓成本较低。大湾区所形成的巨大消费市场，为其周边地区发展消费类产业提供了更多的机会。

（三）大湾区内的部分产业有可能向周边地区转移

随着大湾区不断发展，由于湾区内生产要素成本上升、供应链重构、产业升级等种种原因，湾区内一些产业的产出效率会低于在其他地区发展的产出效率，这部分产业可能会向湾区外转移。在大湾区的部分产业向区外转移时，其周边地

区接受被转移产业的可能性更大。

（四）大湾区高效、优质的服务性产业更便于被周边地区利用

在《规划纲要》中对大湾区现代服务业发展提出了最高水平的要求，比如大湾区要建成国际金融枢纽、国际物流枢纽等。服务活动的特点是服务的提供和消费同时进行，服务一旦提供出来必须由消费者获得而不能储存，因此，距离服务供给者越近，服务便捷性越高、服务成本越低。因此，大湾区要成为世界一流经济体，必定会发展起高效、优质的一流服务性产业。相比其他地区，大湾区周边地区利用大湾区服务性产业的优势更大。同时，大湾区周边地区也可以根据服务性产业特点，发展起面向大湾区需求的特色服务性产业。

（五）大湾区空间有可能向周边地区扩展

目前粤港澳大湾区的面积足够大（是世界上面积最大的湾区），相当长一段时间应该是人口和产业向湾区集聚的过程。但当大湾区发展受到人口和产业的巨大压力时，自然就会向外扩展发展空间，这会直接促进其周边地区的经济社会发展。

三、大湾区建设对周边地区经济社会发展形成的挑战

（一）极化效应

极化效应是指在市场机制作用下，一旦地区间发展水平与发展条件出现差距，条件好、发展快的地区就会在发展过程中不断地为自身积累有利因素，从而进一步遏制落后地区发展，使之不利于发展的因素越积越多，处境日益恶化，造成发达地区越富，落后地区越穷。在大湾区的建设阶段，无论是市场机制的自发作用，还是国家政策的主动引导，都将会产生强烈的极化效应。大湾区周边地区由于距离极化点最近，受到不利影响的程度最大，至少在一定时期内，大湾区周边地区的经济社会发展都将面临严峻挑战。

（二）大湾区的发展会对周边地区的生产要素产生强大吸引力

大湾区要"建设富有活力和国际竞争力的一流湾区"，这意味着大湾区内的资本产出效率较高，劳动力和人才的收入水平更高，生产要素向湾区集聚难以阻挡。需要特别关注的是，《规划纲要》中明确大湾区要建成"宜居宜业宜游的优质生活圈"，加之大湾区为吸引人才出台了包括减少个人所得税在内的多项优惠

政策,这会对现代社会发展中的关键生产要素人才产生巨大的吸引力。

大湾区周边地区的劳动力和人才向湾区转移的成本较低,这对周边地区来说无疑造成了最为不利的影响。从历史发展看,由于江西省紧邻我国长三角和珠三角两个经济发达区,导致江西省劳动力和人才大量流向这两个区域,这是江西经济发展相对落后的重要原因之一。

（三）大湾区的产业发展规划对周边地区的产业发展不利

总览《规划纲要》对大湾区产业发展规划可以发现,大湾区所要建立的产业具有"高水平、大规模、全产业链"的特点,这会对湾区外的产业发展产生极大冲击。

产业水平高意味着大湾区内产业有更强的竞争力,可能会对周边地区同类产业和传统产业形成产业替代。产业规模大意味着大湾区内产业的市场份额更大,这种大规模的市场份额会产生规模经济效应。湾区外的产业会因追求规模经济而向湾区集聚,即湾区外产业向湾区内转移。全产业链意味着大湾区内产业的供应链完整,对湾区外产业的依赖度降低。大湾区建立全产业链的目标定位,会使湾区内产业的合作加强,从而减少湾区外产业与其合作的机会,加之湾区内产业的竞争优势,这会极大地压缩湾区外产业的发展空间。

（四）大湾区的发展可能会对周边地区形成贸易挤出

大湾区建设将形成大体量的产业和人口规模、便捷的交通设施和高效率的信息交流平台、符合市场要求的现代管理体制和高度的对外开放,这都决定了大湾区完全具备成为全球贸易中心的条件,目前大湾区的贸易规模已经排在了世界前列。

随着大湾区贸易规模不断扩大,对其周边地区会形成强大的贸易吸引力,从而抑制周边地区的贸易发展,甚至周边地区原有的贸易活动会向大湾区转移（比如,周边地区居民在本地区的购买活动会转移到大湾区购买）,这事实上是对周边地区形成了贸易挤出效应。

四、江西省与粤港澳大湾区的对接策略

江西省是毗邻粤港澳大湾区的周边地区之一。大湾区建设给江西省带来发展机遇的同时,也形成了严峻的挑战,并且很有可能挑战大于机遇。特别需要注意的是,除江西省外,大湾区的周边还有其他省区。在江西省积极对接大湾区的同

时，大湾区周边其他省区也在积极想办法。就如何更好地对接大湾区而言，大湾区周边地区之间更多的是竞争关系，而非合作关系。江西省经济发展水平相对较低，可能碰到的困难更多。对此，江西省应积极应对挑战，绝不盲目乐观。

（一）长期坚持跟踪研究大湾区及周边地区的发展变化

组织相关智库加强对大湾区建设的长期跟踪研究。通过跟踪研究，及时了解大湾区发展变化情况、大湾区所形成的发展机会、对江西经济社会的影响等。一方面可以更及时地学习大湾区成功做法，并对不适合的政策进行及时调整，以更好地利用大湾区带来的发展机会；另一方面对于江西自身无法消除的不利影响，及时向国家提供研究报告，寻求国家帮助，通过国家的政策调整消除不利影响。不但如此，江西省还需要跟踪研究大湾区周边其他省区的发展情况，只有及时了解竞争对手的情况，才能在竞争中获得优势。

（二）政府服务全面向大湾区看齐

充分利用与大湾区较近、学习成本较低的优势，政府服务全面向大湾区看齐，力图形成与大湾区最为接近的营商环境，从而更容易地获得大湾区的外溢利益。同时，以大湾区先行先试的行政改革为蓝本，全面向大湾区学习，可以极大减少江西省行政改革的探索成本，加快行政改革步伐，较快获得改革红利。

（三）信息化建设与大湾区无差异对接

《规划纲要》对大湾区的信息基础设施建设提出了最高水平的要求。要有前瞻性思维，在信息基础设施建设上舍得投入，做到信息对接，力求在信息化建设标准和建设内容上与大湾区无差异对接、保持一致。以信息化为核心的智慧城市建设也要与大湾区同步，哪怕有些建设内容还没有建设的基础，也要留出接口、留出空间。

（四）积极推进发展"飞地经济"

在《规划纲要》中，关于大湾区如何"辐射带动泛珠三角区域发展"，特别提出了"有序发展飞地经济"。此外，2017年5月国家发改委、国土资源部等八部委联合发布了《关于支持"飞地经济"发展的指导意见》。由此可见，国家将发展"飞地经济"作为协调区域经济发展的一个重要方式。应消除观念性障碍，尽快与大湾区相关城市开展政府间合作，共同研究解决制度性障碍，制定详细可行方案，争取国家支持，尽早实现"大湾区飞地"在江西省落地，以此获得与大湾区周边地区竞争的先机。

（五）精心选择产业

对于江西省原有的优势产业，要加快改造升级步伐，力保优势地位。同时，在技术创新和市场开拓方面积极主动地与大湾区相关研究机构、企业（重点是与江西省优势产业相关的上下游企业）合作，努力建立起关系紧密型的产业联盟。

对于江西省与大湾区有竞争关系的同类新兴产业，应对其市场进行详细研究，进一步细分市场，做到与大湾区同类产业差异化发展。

对于新建或目前发展较弱需要培育发展的产业，江西省应主要选择面向大湾区市场需求的产业来建设，重点发展消费类产业，特别是落脚不自由且受运输距离影响较大的产业，比如农副产品种植、养殖、分选、加工等产业。某些服务型产业也应认真研究如何发展，比如康养产业、职业教育产业等。

对大湾区向外转移的产业，江西省接收应慎之又慎。大湾区的先进产业不会转移，有升级潜力的传统产业也不会转移，目前大湾区主产业不会也不可能向外转移。有可能向外转移的产业是那些进入衰退期的产业、对环境影响较大的产业、产出效率相对较低的产业。一旦接收这类产业，不但占用本地资源，耗费接纳成本，而且产业延续时间较短就面临着淘汰，产业（企业）关闭成本往往比产业创造的价值还大。江西应详细研究大湾区产业发展状况，主要接收那些与大湾区主产业相关联的配套产业。

（六）实施更为灵活的用人机制

大湾区建设所形成的经济、社会优势，加之便捷的交通，对江西省人口的引力作用只会越来越大，对此应引起高度重视。

江西省向省外转移的普通劳动力中，最多的是农村劳动力。因此江西省应加快城市化发展，让从农村转移出的劳动力能够稳定在城市之中。同时，加快农业产业化步伐，提高劳动力收入水平，让现代农业产业能够在原地留住那些未向城市转移的农村劳动力。

由于种种原因，人才在省内流动又相对困难的情况下，有可能直接向大湾区流动。为了将人才留在省内，应尽快制定政策，使人才可以在省内自由流动，但不能采用限制的方法留，因为限制人才流出的措施会对未进入的人才产生不良预期，从而阻止更多的人才向本地区流入。

重视对退休高级人才（特别是全国退休的江西籍高级人才）的利用，这是一片尚待开发的人才蓝海。应积极为他们（既是老年人，又是人才）制定出专门政策，让他们既能享受到优质的养老服务，也能为江西省发展发挥余热。

此外，大湾区的经济社会优势及对人才的特殊优惠政策，会集聚起大规模的人才队伍。江西省应本着"不为所有，但为所用"的用人原则，创新出更为灵活的用人机制，采用兼职、顾问、购买服务等方式，充分利用大湾区的人才。

课题组组长：

吴一丁　江西理工大学有色金属产业发展研究院首席教授，江西省首届省情研究首席专家

成员：

毛克贞　江西理工大学有色金属产业发展研究院教授

赖　丹　江西理工大学有色金属产业发展研究院教授，江西省首届省情研究特约研究员

罗　翔　江西理工大学有色金属产业发展研究院讲师

新时代江西市县招商引资面临的难题及政策建议

中共江西省委党校课题组

内容提要：进入新时代，江西省各市县的招商引资出现一定程度的"老办法不管用，新办法不会用"的问题，面临招商引资传统动力优势趋弱化、多元化的招商引资模式未形成、产业价值链的集聚效应难显现等难题。建议重点在用好资本招商、补齐要素短板和挖掘社会资本三个方面发力，推动高质量发展、跨越式发展。

新世纪以来，江西省始终不渝地坚持大开放主战略，把招商引资摆在突出位置，尤其是近年来，全省各市县通过深入推进"一把手"招商工程，不断强化精准招商，开放型经济不断迈向新台阶。然而，随着经济发展进入新常态，全球价值链进入重塑期，国际经贸规则正酝酿深刻调整，江西省适应更高标准的国际经贸体系的压力增大。

目前，江西省各市县的招商引资出现一定程度的"老办法不管用，新办法不会用"的问题。对此，课题组成员奔赴省内的南昌、九江和省外的重庆、合肥、武汉等地开展深入调研，形成此报告。

一、江西市县招商引资面临的难题

（一）招商引资传统动力优势趋弱化

一是招商政策差异化优势逐步消失。在经济发展新常态的背景下，特别是《国务院关于清理规范税收等优惠政策的通知》发布以来，财政税收政策愈发严格、土地资源管理政策日益收紧、环保耗能约束逐渐严厉，各地的招商引资优惠

本文于2018年8月发表，获时任省委常委、常务副省长，副省长2位省领导肯定性批示。

政策面临更加严厉的法律条文约束，优惠空间被大大压缩。与周边省市比较，江西省形成的"政策洼地""税收洼地"被逐渐填平，招商政策差异化优势逐步消失，旧的动力逐渐弱化，新的动力尚未形成。

二是周边省市的"虹吸效应"显现。进入经济发展新常态以来，我国的经济发展驱动力逐渐从生产要素驱动向创新要素驱动转变，产业链和创新链对外商外资的吸引力日益突出。调研中不少干部反映，南昌与合肥同是省会城市，十年前还在一个层次上争夺招商资源，但是十年后的今天，两者的竞争已经不在一个层级上。根本的原因在于十年前，招商引资拼的是生产要素，南昌市劣势不明显。如今，招商引资拼的是创新要素，合肥依托中国科技大学、中国科学院等强大智力资源，聚集了大量的资金和人才，"虹吸效应"开始显现。

（二）多元化的招商引资模式未形成

与当前产业发展需要、招商引资新形势的要求相比，江西省市县招商引资队伍存在明显差距，突出表现为人员素质参差不齐，熟悉产业、熟悉政策、熟悉操作的专业型招商人才严重短缺。弥补传统招商人员专业化水平不足的有效途径是形成以商招商、中介招商、专业招商、资本招商等多元化招商模式，形成"政府主导，企业主体，社会参与"的良性互动。虽然近年来，全省各地在这方面有不少探索，但是目前的实情还是主要依靠政府的全面介入，政府除了"搭台"，还以主角的身份在"唱戏"，企业反而成了跟在政府后的配角。政府在招商引资上提供看似体贴的"保姆式"服务，其实是过度地强调"政府主导"，忽略了"企业主体"与"社会参与"，从而难以最大限度地挖掘整个社会的招商资源。

（三）产业价值链的集聚效应难显现

一是主导产业的带动作用不明显。在以一个主导产业为核心的领域中，关联度较高的众多企业及其相关支撑机构在地理空间上就产生了企业在某一产业价值链上的集聚效应，从而有利于企业创新氛围形成，推动更多外商外资落户本地。调研发现，不少小县城提出了三年内打造五个或以上产业集群的目标。由于用力过于平均，缺乏重点，最后只能是"主导产业不主导，带动作用难发挥"。

二是全产业链的要素供给不充分。围绕如何形成产业价值链的集聚效应，全国各地都在努力探索全产业链招商。如重庆的笔记本电脑产业在国际金融危机后的逆势上扬，就是全产业链招商的成果。近年来，江西省各市县在积极推进全产业链招商方面也积累了一定的经验。如南昌市高新区着眼于区内电子信息产业的集聚发展，制定了"区内采购补贴"专门政策，刺激了上下游配套企业的紧密跟进。然而，就全省来说，全产业链的要素供给仍然不充分，主要体现在物流配套不力、资本扶持不够和人才支持不足等多个方面。

二、优化提升江西市县招商引资工作的政策建议

江西省各市县招商引资在新时代遇到的上述问题，原因是多方面的。这既有客观的原因，如新旧动力转换、外部环境变化等；也有主观的原因，如招商引资思路不宽、方法不多、创新不够等等。对此，在考察学习重庆、武汉、合肥等地先进招商引资经验的基础上，提出了破解江西市县招商引资难题的政策建议。

基于上述分析，我们对化解江西省各市县招商引资难题的基本认识是：产业价值链打造是核心，社会资本挖掘是重点，多元化招商模式探索是关键。当前，要迅速实现全省招商引资新旧动力转换还不太现实，但是改善和优化招商引资的政策空间还比较大，江西省重点应该在以下三个方面补齐短板。

（一）用好资本招商

目前全省各市县形成的各类政府引导基金数目繁多，在发展战略性新兴产业、引入高新技术企业方面起了重要的作用。在调研中，南昌市高新区的华勤通讯、闻泰科技等企业表示：在当前南昌劳动力、土地等要素成本优势不明显的条件下，之所以还愿意选择落户南昌，就是因为得到了当地政府引导基金的扶持，解决了初始资金投入瓶颈难题。因此，当前全省各地要继续用好、用活政府引导基金，为招商引资助力。

一是拓展引导基金的经营范围，形成战略投资、财务投资和风险投资"三位一体"的投资模式。当前，全省各地的政府引导基金投资方向普遍存在"一条腿长，一条腿短"的现象，即重非经营性投资，轻经营性投资。对此，建议鼓励政府引导基金适时适量地进行财务投资和风险投资等经营性项目，并完善多元化的考核机制，增加现金流，从而更有利于提高引导基金助力招商引资的能力。

二是建立科学的项目决策机制。由于政府引导基金是一个全新的领域，也是一个全新的尝试，各市县对于如何运营和管理好政府引导基金纷纷表示"心里没底"。对此，可以总结归纳南昌市国资创投的"初审立项——尽职调查——专家

评审——小组决策"项目决策四步法，在全省范围内加以推广和借鉴：首先，市开放办在梳理和筛选的基础上，将认可的项目发出征求意见函，向各职能部门、相关县区和专家咨询；其次，引导基金立项，开始尽职调查，采取"内外结合，双位交叉"的方式，聘请第三方独立机构对企业进行尽职调查；第三，采取"4+X"的专家评审制，评审后形成专家专评意见，明确投资额度、投资实现和风控方式等相关投资要素，将结果报给市五人小组；第四，五人小组召开会议，对产业项目进行评审、决策，并对投资额度、方式等方面再作出协调。

三是打造综合性金融服务平台。政府引导基金如果与券商、银行充分合作，可以打造成综合性金融服务平台，从而发挥更大的聚集效应。这方面可以借鉴重庆的经验。重庆市为了吸引液晶面板龙头京东方 330 亿投资项目，运用西南证券帮助京东方定向增发融资 210 亿，并组织银团贷款解决了剩余资金缺口。之后，重庆市政府引导基金在完成使命退出京东方后，利用定增获利 200 亿撬动社保基金等外部资金 600 亿成立了 800 亿规模的产业投资基金，为重庆未来招大引强提供了坚实保障。

四是总结并推广江西乾照光电招商模式。2017 年乾照光电（创业板上市公司）公告宣称将在原 LED 外延芯片的生产基础上，继续扩大 LED 外延芯片的生产规模，拟在南昌市新建区投资 50 亿元（分二期投入）。乾照光电投资南昌的主要原因就是"和君系"资本的介入。"和君系"资本创始人王明夫系江西籍客商，该资本进入上市公司的董事会后，发现南昌市重点发展的 LED 产业与乾照光电主业高度重合，且吸引外商的优惠条件十分丰厚。于是在"和君系"资本的强力推动下，乾照光电与南昌市政府积极斡旋，最终成功实现了该项目落地南昌。

对此，江西省应加速补齐金融短板，强力打造战略性支柱产业集群的"助推器"和"加速器"。一方面，应鼓励支持产业新城市场化运营主体联动金融资源，另一方面，要在大力吸引外部金融机构的同时，全力培育和支持地方金融控股集团、政府投资基金等本土金融企业积极探索资本运作创新模式。

例如，在推广江西乾照光电招商模式方面，可以围绕江西省产业结构优化升级的需要，鼓励引导基金系列收购或大股比投资沪深交易所、港交所和欧洲股市的上市公司。以江西发展升级引导基金为例，1000 亿的引导基金至少可以收购或大股比投资 50 家上市公司（事实上，截至 2017 年底江西省在沪深股市主板仅有39家上市公司）。现在，我国沪深股市主板低于50亿市值的上市公司突破1400家，所以有大量的待收购或大股比投资的优质标的。通过引导基金进入董事会，引导这些上市公司陆续进驻江西省各市县，建立研发基地、制造基地、产业园区，最后形成中国大陆、中国香港，以及欧洲资本市场上的"江西板块"。这种招商引资的创新模式比一个个找50家上市公司，苦口婆心的谈招商引资优惠政策，效率要高出很多。

（二）补齐要素短板

调研中我们发现，全省不少制造业企业都将物流成本高、用人成本高、用地成本高和融资成本高并称为"四高"。当前，江西省社会物流费用占GDP比重约为16.5%，比全国平均水平高1.5个百分点，在中部地区也属于较高的省份。对此，江西省要加快物流业发展，抓住机遇，主动融入全国物流网络体系，尤其是充分利用国家在物流枢纽建设方面的最新政策，在物流枢纽和产业新城融合发展中有新的突破。

一是大力打造向塘江西省物流中心。一方面，打造向塘江西省物流中心有需求。江西省目前的物流园区规模小、功能单一、聚集效应不强，多数物流企业处于产业链低端，实力较弱，缺乏服务品牌。把向塘物流产业集群打造成江西省物流中心，可以更好地聚集资源，理顺机制。另一方面，打造向塘江西省物流中心有基础。2016年，向塘铁路口岸正式列入国家口岸"十三五"发展规划和中欧班列建设发展规划（2016—2020年）。京九、沪昆、皖赣、向莆均交汇于此，已成为全国少有的铁路"黄金"中心，是全国十二大铁路编组站之一。因此，建设向塘江西省物流中心可以快速聚集大量物流企业，迅速扩大规模，提升现代化水平，有效降低全省物流成本，提高对外商外资的吸引力。

二是借鉴鄂州经验，探索"国家级物流枢纽＋产业新城"的创新模式。近年来，顺丰集团在鄂州自建机场的基础上，与中国宏泰强强联合，共同投资设立了湖北省国际航空产业新城发展有限公司，投资数百亿在机场周边聚力打造产城融合的鄂州国际空港城，建成后将使鄂州一举成为全球第四、亚洲第一航空物流枢纽。在此基础上，鄂州再以临空现代生产性服务业为体，以"大物流、大资料"双擎驱动、"医疗健康、智慧制造"两翼发展，为货运物流产业打造全方位配套，从而有效促进鄂州产业集群发展，培育壮大与航空关联的高端制造业与现代服务业。

因此，当前江西省应根据国家在物流枢纽上的战略布局，用好政策，重点打造好向塘江西物流中心这个全省物流业的"火车头"。在建设向塘江西省物流中心的过程中，可以借鉴"鄂州经验"，注重将物流交通枢纽建设和招商引资相结合，以"合伙人"的心态和格局助力企业在全省投建物流枢纽。例如，可以主动对接普洛斯、嘉民、丰树等世界级工业物流巨头，探索"国家级物流枢纽＋产业新城"的创新模式，并与南昌临空经济区捆绑打造成全省强大的物流产业集群，实现货物流通陆水空一体化，推进物流枢纽和产业新城的有机融合和超常规发展。

同时，高度重视向塘物流产业发展相对滞后的原因，建议省委、省政府对此展开专门调研，切实解决向塘物流产业发展的各类瓶颈问题。调研发现，苏宁物流、京东物流等国内大型物流企业落户向塘的愿望极其强烈，甚至提出"如果单位土地面积无法达到税收贡献要求，公司愿意以现金补偿当地政府"的极其优惠的条件。然而囿于各种土地规划等原因，这些好项目迟迟不能落地，机会稍纵即逝。因此，迫切需要有关部门在充分调查研究的基础上，在更高的层面统筹加以解决。

（三）深挖社会资本

目前，全省各地的政府部门围绕招商引资群策群力，逐渐形成合力，营造了良好的营商招商环境。如南昌市，市发改委在做产业链全景图，市旅发委在做城市形象宣传片等。干部们纷纷反映："招商引资不是商务部门一家的事，而是党委政府大家的事。"然而，仅有政府自身的努力还不够，迫切需要将招商的动力由政府主导向社会动员转变，想方设法挖掘各方面社会资本，实现全员招商，形成"政府主导，企业主体，社会参与"的良性互动。

一是借鉴华夏幸福经验，引入社会资本招商模式。在政府单兵突进"拼人力、拼资源、拼政策"的传统招商引资之外，引入企业等市场力量，积极探索创新产业导入和城镇化同步发展的产业新城PPP模式，是未来江西省招商引资模式创新的重点和突破口。产业新城运营商致力于提供产业升级综合解决方案，通过优化营商环境和专业服务能力让进驻企业黏性增强，在"养商"的基础上对传统招商引资"搬商"（物理空间的搬迁）模式进行创造性突破。被国务院点赞的河北省固安县政府与华夏幸福共同探索的PPP模式正是这样的有益探索。在土地整理投资、基础设施建设、公共设施建设、产业招商服务、城市运营维护服务等方面，华夏幸福与地方政府进行全面合作，共同决策、共同推进。双方紧密协作，优势互补，创造出"1+1>2"的效果。截至 2017 年底，华夏幸福已为固安产业新城引入企业 500 余家，实现项目签约投资额超过 1200 亿元，形成了航空航天、高端装备制造、电子信息、现代物流、生物医药等五大产业集群。

对此，各市县应以开放型经济新体制综合试点为契机，积极探索"政府主导、企业运作、合作共赢"的政府与社会资本合作模式，引入市场化运营主体，将全球资源与本土优势完美融合，致力于打造集生产、生活、生态于一体的产业新城。各地既可以引进华夏幸福、宏泰发展、招商蛇口等专业园区开发运营主体，也可以培育本土国资和民营产业新城运营主体，核心在于完善 PPP 合约，建立"谁投资谁受益"的激励机制。运营主体一方面通过市场化融资解决产业新城开发建设所需的巨量资金，一方面通过分享产业园区整体经营成果（委托区域内新增财政收入地方留成或新增固定资产投资额分成）收回投资成本，获取合理回报。这样，政府在提升开发建设效率、坐收财政收入稳定增长的同时，又能避免独资建设累积巨额债务之忧。

二是借鉴武汉经验，探索校友招商模式。近年来，武汉市政府与武汉大学、华中科技大学等知名高校签署市校战略合作协议，让校友企业家与城市结成奋斗共同体、利益共同体、命运共同体，同频共振，充分发挥了武汉高校资源丰富的人才资源优势，实现资本回汉、智力回汉，形成了校友招商的"武汉经验"，奇迹般地实现了"每一场都是千名校友，以及超过一千亿的投资"这样一个"千人千亿"的招商引资效果。2017 年 5 月 29 日，华中科技大学校友招商专场，签订投资项目总额达 989.7 亿元；8 月 27 日，武汉大学校友招商专场，签下 1576.7 亿元；9 月 17 日，中南财经政法大学招商专场，现场签下 1546 亿元；11 月 4 日，武汉理工大学招商专场，现场签下 2607 亿元；11 月 12 日，华中农业大学专场，现场签下 1014 亿元。截至 2017 年底，武汉全市招商引资实际到位资金 6307.5 亿元，同比增长 43.1%，创历史新高。

对此，江西省各市可以借鉴武汉的经验做法，与辖区内的高校及相关科研院所签订战略合作协议。各市可以以出资设立人才引进基金助力高校引进人才、出资助力各高校建设"双一流"等措施作为奖励政策，充分调动辖区内各高校针对杰出校友开展招商引资的积极性。利用"特定群体心理认同"招商引资的做法不限于校友会，还可在开发区内的国家级工业园区、各级商会等存在较强抱团抱群心理的企业家群体中借鉴实施。

课题组组长：
张文君　中共江西省委党校经济学教研部副主任、副研究员，江西省首届省情研究特约研究员

成员：
姚金海　中共江西省委党校经济学教研部副教授
罗　天　中共江西省委党校经济社会发展战略研究所讲师

—24—
江西营商法治环境存在的主要问题及对策建议

江西省社会科学院课题组

内容提要：营商法治环境是营商环境的核心环境之一，直接决定了一个区域营商环境的总体质量。目前，江西省营商法治环境建设取得了显著成效，但政务法治环境、司法环境、信用环境和安全环境等均待优化完善。进一步优化江西省营商法治环境，要着力改善制度规则、政务法治、司法、信用和安全五大要素环境。

营商环境是区域竞争软实力的核心，是新时代推动经济高质量发展的关键。江西省委十四届六次全会把推进高质量、跨越式发展作为江西的首要战略，明确提出要千方百计提升营商环境，努力打造政策最优、成本最低、服务最好、办事最快的"四最"营商环境。

营商法治环境，是营商环境的核心环境之一，是一个区域涉及营商的法律法规政策及其执行和遵守的商业经营环境，包括营商领域中的制度规则环境、政务法治环境、司法环境、信用环境和安全环境五大要素。营商法治环境的好坏，直接决定一个区域营商环境的总体质量。为此，课题组就江西营商法治环境的现状深入开展调研，并赴深圳、浙江等发达省市学习先进经验，在深入剖析营商法治环境存在的主要问题的基础上，结合实际提出对策建议。

一、江西省营商法治环境建设取得的主要成效

江西省委、省政府历来重视营商法治环境建设，特别是党的十八大以来更加突出其地位与作用，取得良好成效。

本文于2018年10月发表，获省委常委、政法委书记肯定性批示。

（一）制度规则环境全面提升

据不完全统计，江西省目前有效的涉及营商环境的省级法规约30部，相关政府规章数量更加可观。尤其是2016年以来，江西省委、省政府先后出台降成本优环境"130条"及《关于加强作风建设优化发展环境的意见》，标志着营商环境建设走上了法治化制度化轨道。

（二）政务法治环境建设成效显著

出台《江西省重大行政执法决定法制审核办法》，全省上下加大执法规范化、服务高效化改革，政府角色定位更加清晰，优服务意识增强。截至2018年6月，江西省本级调整189项政务服务"一次不跑"，312项政务服务"只跑一次"。

（三）营商司法环境大幅度提升

全省上下不断深化司法体制综合配套改革，案件执行率和办结率大幅度提高，司法公正和效率水平明显提升。近五年，全省法院受理案件172.84万件，结案170.50万件，法定期限内结案率93.7%；全省执结案件44.92万件，实际执结22.05万件，上升92.3%；到位金额1010.24亿元，上升206.17%。截至2018年5月，江西省法院执行工作18项指标列全国前十。

（四）营商信用法治环境明显优化

出台《江西省加强政务诚信建设的实施方案》，率先在全国建成的"法媒银"失信被执行人曝光台。"法媒银"平台创建以来，江西累计发布失信被执行人22.9万余例，建立"一处失信，处处受限"失信机制，"信用江西"建设成效显著。

（五）营商安全环境全面加强

2016年全省公安机关受理经济案件2888起，立案2517起，破案2120起，挽回经济损失4亿元；2017年打击经济犯罪涉案总金额414亿元，挽回经济损失4.99亿元。两年打击侵犯知识产权案件160余起，涉案金额3.7亿元。2018年以来，全省深入开展扫黑除恶专项斗争，着力打击经济领域涉众违法犯罪和知识产权违法犯罪，以赣州市为代表的打击建设工程领域围标串标活动等，取得明显成效。

二、当前江西省营商法治环境存在的主要问题

相较于其他经济较发达省市，江西省营商法治环境还存在一些突出问题，主

要表现如下。

（一）营商环境建设亟须涵盖全领域的顶层设计

一是亟须涵盖全领域的整体性营商环境建设规划。营商环境包括经济环境、政务环境、法治环境和社会环境。江西省虽已出台"优环境130条"及《关于加强作风建设优化发展环境的意见》等文件，但大多只涉及企业成本、部分政务和部分法治环境。营商环境建设需要进一步整体规划，覆盖全领域，对营商环境建设目标、任务、基本原则等进行规定。

二是亟须全局性的机构统筹推进营商政策的落实。目前营商环境建设职能，分散在发改委、规划、工商、商务、国土、统战、招商等部门内设职能机构，各机构职能交叉重叠，联动机制不足，难以形成合力提升实效。2016年由省发改委牵头成立的省级降成本优环境专项行动领导小组，不是常设性专门机构，也难于从全局推进营商环境建设。

（二）营商规则制度环境存在较大改善空间

一是个别部门擅自增设市场准入条件的情况仍然存在。以药品批发企业设立为例，在国家药监局的规定之外，省食药监局另行规定开办药品批发企业应当具有自主产权的营业场所，提高了市场准入门槛。

二是少部分营商环境政策可操作性有待提高。近些年，江西省制定了不少政策，在提升优化营商环境方面取得瞩目成效，也有不少营商环境政策，原则性倡导性规定多，具体强制执行内容少。可操作性不强的政策，容易误导企业家产生"政策虽好，政府不执行"的不良印象。

三是企业对营商政策了解不充分。调研发现，不少行业协会、商会对全省性的营商政策不清楚，更遑论一般中小企业对惠企政策的了解。企业制定行业发展规划滞后乃至脱节于国家整体产业规划，难以主动适应全省乃至国家经济导向。

（三）营商政务环境存在较大不足

一是招商引资埋下隐患。各级地方政府对招商引资都极为重视，但在招商引资过程中，个别地方政府对项目是否符合法律和政策规定、引进企业是否能够持续发展没有足够重视和评估。招商项目落地后，企业面临一系列难以解决的问题，政府后续服务供应不足，严重影响当地营商环境声誉。

二是职能部门"简政放权"不到位，公共服务意识不足。"门好进、脸好看、事难办"没有完全得到克服，部分企业反映"一次不跑""只跑一次"在县市落实比较难到位。调研发现，如个别县市违反物权法关于抵押登记的规定，不给民间债权债务进行不动产抵押登记；个别地市房管局对通过中介进行的房产交易，强制要求资金托管；各地政府对于公众查询注册企业工商信息设置较多障碍。

三是企业退出市场成本高昂。我国新《公司法》对企业准入和退出市场做了较为宽松规定，而江西省实际操作中往往严于法律法规规定，企业注销捆绑诸多条件，致使大量"僵尸企业"难以退出市场，增加了市场运行的制度成本。

（四）诚信不足严重削弱营商法治环境

一是个别地方政府诚信不足。主要表现为新官不理旧账时有发生，政府招商引资中虚假陈述等不诚信行为，在各地调研中较为普遍存在，严重弱化营商环境声誉。

二是企业不诚信经营现象较多，个别地区行业市场秩序失范。在一些行业，如家装行业，部分企业虚假宣传等扰乱市场秩序较严重，导致守法守信企业生存环境恶劣。

三是劳务人员不诚信问题也较为突出。部分行业务工人员不守合同，随意乃至恶意跳槽现象较为严重。南昌市有一区县纺织行业务工人员通过微信群等手段"窜忙"，呈现集体跳槽，有时人数高达数千人，造成该区作为支柱产业的整个纺织行业整体质量和品牌下滑。"窜忙"，在其他劳动密集型行业也不同程度存在，严重扰乱整个市场秩序。

（五）司法环境不能满足经济发展需要

一是法院存在滥用终结本次执行程序的现象。调研发现，少数基层法院和中级人民法院为了应对考核，违规将不符合条件的案件进入"终结本次执行程序"，胜诉当事人合法权益得不到保障。一些企业对此反应较为强烈。

二是法律对于民企的产权保护力度不足。"国企优于民企"观念存在不少司法人员脑中。在司法实践中，民企产权司法保护明显弱于国企，尤其是在刑事保护方面。在知识产权的司法保护方面，从知识产权案件数量上看，相较于发达省市，江西省也显得较弱。

（六）营商安全环境亟须进一步优化

一是串通投标违法犯罪行为时有发生。在建设工程领域，一些串通招投标现象较为严重地破坏了市场秩序。个别地市甚至呈现出"逢标必围"，围标呈"职业化、公开化、专业化、跨区域化"特点。

二是新型扰乱市场经济秩序的违法犯罪现象增加。由于打击经济犯罪警力不足，新的技术手段带来的非法集资、网络传销等经济违法犯罪现象增多，暂未得到有效遏制，营商安全环境存在较大隐患。

三、进一步优化江西省营商法治环境的对策建议

事实表明，经济发达省市都有着较为良好的营商法治环境。借鉴浙江、深圳等省市经验，江西省应高度重视优化营商法治环境，着力改善制度规则、政务法治、司法、信用和安全五大要素环境。

（一）以顶层设计高位推动营商环境建设

一是成立全局性优化营商环境建设领导机构。成立涵盖经济、社会、法治等全领域的优化营商环境建设领导小组，由省委、省政府主要领导担任组长，分管领导任副组长，各职能部门领导任成员的高层次机构，打造高位推动的营商环境建设平台。

二是出台覆盖全领域的营商环境建设纲领性文件。改变目前侧重经济和行政政策的局面，出台覆盖优化全省经济、政务、法治和社会等全领域的营商环境纲领性文件，规定建设目标、任务、基本原则等，作为指导全省营商环境各领域政策制定和实施的依据。

三是加强《关于加强作风建设优化发展环境的意见》操作执行。加快出台相关实施细则和考核细则，将每项政策落实执行。

（二）建立健全营商规范政策清理审查制度

一是全面清理削弱营商环境的规范性文件。根据可行性、客观需求度、公平竞争审查等基本原则，尽快清理修订不符合江西省经济发展现状的法规规章，尤其是严重影响营商环境的重大营商法律法规和政策。组织全省各部门和各设区市，根据优化营商环境的需要，对已颁布的营商规范性文件进行全面梳理审查修订，消除妨碍营商环境的一切规定。

二是建立和完善营商制度规则评估审查制度。加强营商规则可行性审查评估、客观需求审查评估、公平性竞争审查。借鉴发达省市经验，在不违背现行法律法规前提下，给市场和企业更大的自由，而不是从便利政府管理的角度出发设置企业经营规则。营商制度规则从制定到公布实施再到监督执行，应当全过程向社会公开透明。

（三）进一步加强政务法治环境建设

一是严格限制政府对企业经营活动的不当介入。明确政府权力与市场边界，以给企业松绑、降低企业经营成本为目标，管住有形之手，严格控制政府权力干扰具体经营活动。

二是进一步强化政府严格执法、规范执法。严肃处理执法过程中乱作为现象，尤其是在处理涉及企业发展根本利益问题时，应该按规范程序严格执法和提供公共服务，严禁无故或变相提高企业经营门槛，严禁环保、安全生产等领域搞"一刀切"。

三是加大宣传力度，强化落实已出台放管服政策。完善政务服务等网络、实体宣传平台，及时将惠企政策传达到企业；积极探索第三方专业机构对特定职能部门专门事项的服务承接；以评促建，监督和测评营商政策的执行性和实效性。

四是考核推动，强化各级党政干部对营商法治环境重要性的认识。将营商法治环境建设列入各级党政干部考核指标。启动建立营商法治环境第三方评价机制，全面、准确、及时地反馈全省营商法治环境现状，并将结果公之于众。以评促建，不断优化江西政务法治环境。

（四）全力打造"诚信江西"

一是打造"诚信政府"，强化政务诚信建设。建立完善公务员诚信档案、政务失信记录、政务诚信监督机制、社会监督和第三方社会机构评估机制、守信激励与失信惩戒机制；实行负责人负责制，并纳入部门和个人的考评体系，对负责人建立"失信否决机制"。

二是打造诚信企业。完善企业信用评价机制，加快完善征信体系信息平台建设，利用"信用江西"平台，将企业信用信息公开，便于社会查询。将企业信用与优惠政策捆绑。

三是打造"诚信江西人"。在全社会营造打造"诚信个人"的浓厚氛围。将"法媒银"曝光平台经验推广到较为严重的个人民商事领域，尤其是对国家机关公务人员、企事业单位劳动者。对"失信人"建立"一处失信，处处受罚"的联合惩戒机制。

（五）进一步深化司法体制改革

一是进一步加大力度破解执行难问题。在现有成效基础上，学习发达省市法院的创新做法，如浙江有条件的"父债子还"等经验，加大力度解决司法基本执行难问题。

二是改进法院内部考核评价机制。增加对"终结本次执行"案件的执法检查，对明显不符合条件终结本次执行案件比例过高的，追究相关人员的责任。

三是加大企业产权保护力度，建立一定的容错机制，正确处理历史遗留问题。学习借鉴发达省市做法，以历史和发展的眼光看待和处理企业在改革开放过程中出现的不规范问题，在不违背整体法治精神的前提下，对企业历史经营活动中的"五险一金"缴纳不规范、历史避税问题、不规范的劳动用工等违法问题有条件的从轻或不处罚，引导企业逐步规范经营行为。

四是建立严格的禁用刑事手段插手经济纠纷案件机制。依法保护企业家的人身自由和财产权利。

（六）加大危害经济秩序违法犯罪行为的打击力度

一是源头预防。对危害经济秩序的各种违法犯罪行为，采取露头就打政策。将一切破坏经济秩序的犯罪扼杀在萌芽状态。

二是集中力量专项打击当前较为严重的经济犯罪。尤其是打击严重破坏营商安全的串通投标、以互联网金融非法吸收公众存款、集资诈骗等犯罪活动。同时，严格区分经济犯罪与民商事纠纷，对以刑事手段插手经济纠纷的，坚决处理。

课题组组长：

赖丽华　江西省社会科学院法学所副所长、研究员，江西省首届省情研究特
　　　　约研究员

副组长：

万东林　中共江西省委政法委综治四处副处长

成员：

谢德城　江西省社会科学院法学所助理研究员

叶　扬　江西省社会科学院法学所助理研究员

涂明辉　江西省社会科学院法学所副研究员

袁小农　江西省社会科学院法学所副研究员

魏更新　定南县人民政府副县长

张　毅　全南县人民政府副县长

陈国方　共青城市政协副主席

── 25 ──

江西省"十佳营商环境县"的经验与启示

中共江西省委党校课题组

内容提要：江西省"十佳营商环境县"推进简政放权，打造务实高效的政务环境；坚持创新驱动，打造健康活跃的市场环境；优化资源配置，打造稳定有序的社会环境；强化担当实干，打造风清气正的政治生态。其经验做法值得其他县（市、区）参考借鉴，在优化营商环境中，要坚持有效性、开放性、公平性三原则，夯实基础设施、人力资源、金融服务三要素，实现政策发力、改革借力、产业助力多维度聚力。

江西省工商联、江西日报联合开展三届推选优化营商环境县（市、区）活动。南昌县、南昌市青云谱区、南昌市青山湖区、永修县、萍乡市安源区、崇义县、万载县、吉安市吉州区、安福县、抚州市东乡区等10县（区）荣获"第三届十佳营商环境县（市、区）"称号（以下简称"十佳县"）。"十佳县"相关经验做法值得学习借鉴。

一、推进简政放权，打造务实高效的政务环境

"十佳县"均把优化政务环境作为优化营商环境的重中之重，深入推进"放管服"改革，着力建设"快速、简便、灵活"的政务环境。

一是"快速"。明确规定限时办结"最多跑一次"，分级分类公布马上办、网上办、就近办、一次办审批服务事项目录。比如，抚州市东乡区建立"六个一"模式，在全区推行"一窗受理、一套材料报审、一张审批网、一个中介超市、一单督办、一套审批程序"模式，推进项目审批提速增效。崇义县推进"一窗式"

本文于2019年7月发表，获省长肯定性批示。

改革，开办企业实行"一窗受理、后台流转、一次申报、全程办结"模式，办理时限由 20 个工作日缩减为 4 个工作日。

二是"简便"。把该集中的权力集中起来、该合并的业务合并起来、该下放的权力下放到位。比如，南昌县试点开展相对集中行政许可权改革，挂牌成立全省首家行政审批局，将全县 27 个单位的印章"归一"、278 项审批"集结"，审批人员由 193 名精减到 69 名，实行"一个机构管审批、一枚印章发证照、一个大厅办成事"，按期办结率 100%。

三是"灵活"。推进"互联网+政务服务"改革，实现政务信息互联互通、资源共享。比如，安福县探索实体大厅、网上平台、移动客户端的功能互补、融合发展，打造以网上办事为主、实体办事为辅、自助办事为补的线下线上"双轨集成"模式，实现群众和企业办事从"少跑腿"到"只跑一次"再到"一次不跑"的转变。

二、坚持创新驱动，打造健康活跃的市场环境

"十佳县"以深入开展"降成本优环境"专项行动为契机，创造性落实各项优惠政策，全面激发市场活力。

一是降成本。比如，万载县实行涉企收费"三零二减半"政策，即零收费、零摊派、零处罚，县直单位对企业的事业性收费按国家规定标准下限的 50% 收费、涉及行政审批前置条件的经营服务性收费按国家规定标准下限的 50% 收取。萍乡市安源区对新进驻的节能环保、新材料、电子信息"2+1"产业企业，给予装修补贴、物流补贴、设备补贴、搬迁补贴，以及第一年租金全免、第二三四年租金减半等优惠。赣州市章贡区对用电大户实行电费补贴、对企业高管及高级技术人才实行个人所得税奖励，对固定资产投资 500 万元以上且经主管部门核准的工业技术改造项目实行技改补助，做到优惠政策"即达即兑"。

二是强融资。比如，南昌市青云谱区发起建立总规模 3 亿元的区创业创新基金，以股权投资的方式支持项目发展，支持小微企业融资。永修县成立工业融资担保机构，每年新增担保额度的 60% 以上用于工业企业，并成立工投公司，设立 2 亿元的工业创业投资基金和 16.8 亿元的中车绿脉绿色新能源投资引导基金，对"3+1"产业予以支持。万载县致力于提升农户小额信用贷款、下岗再就业贷款、

"中小企业担保中心"担保贷款、财政惠农信贷通、财园信贷通等低利率信贷产品的份额。

三是促转型。比如，南昌县突出承接汽车及零部件、电子信息、食品医药、电机电器等四大战略产业和以现代物流业为主的生产性服务业，对接国际国内产业转移，吸引"有技术、有品牌、有市场"的国际知名公司落户。同时，把发展加工贸易与南昌县产业结构优化升级结合起来，引导加工企业从传统的劳动密集型产品向高附加值、高新技术产品方向发展。

三、优化资源配置，打造稳定有序的社会环境

"十佳县"积极"筑巢引凤"，确保企业引得进、留得住、发展得好。

一是拓展园区平台。比如，南昌市青山湖区聚焦提升产业承载力，按照生产、生活、生态、生根"四生一体"的理念，高标准建设了一批创新示范园、创意产业园。永修县每年安排至少3亿元资金用于园区基础设施建设，确保企业落到哪里，"九通一平"就通到哪里。加快培育"双创"孵化基地，与世界200强企业思科公司合作运营的思科产学研创新孵化中心、与中国民营企业500强博能集团合作运营的新经济孵化器初见成效，已有农业科技、网约车等20个孵化项目入驻。

二是升级物流网络。比如，南昌县依托向塘铁路物流港，全力打造铁路口岸，向塘铁路物流基地升格为全省唯一的国家一级铁路物流基地，先后开通了3条国际货运班列、4条铁海联运外贸班列，集聚了京东物流、菜鸟联盟、招商局物流、平安物流等30余家国内领军型物流企业，有效推动了物流成本下降。

三是增强人力支撑。比如，萍乡市安源区先后引进5名院士、51名博士担任技术顾问或参与产学研合作，引进科技成果40余项，取得合作开发成果20余项。抚州市东乡区每年安排财政资金200万元，实施优秀企业家培训计划，分批组织企业家赴知名学府研修。

四是推进法治建设。比如，吉安市吉州区规范行政执法行为，组织全区32家行政执法单位编制本部门单位的"一单两库"。完善信用监督法律法规体系，建立政务失信记录档案和政务诚信"红黑榜"，做实信用信息记录和披露机制，强化守信激励和失信惩戒联动机制。

四、强化担当实干,打造风清气正的政治生态

"十佳县"深入贯彻落实江西省作风建设工作会议精神,聚焦"怕慢假庸散"等突出问题,着力打造风清气正的政治生态环境。

一是以上率下带出好作风。比如,南昌市青云谱区升级"阳光驿道"服务平台,成立以区委主要领导为组长、区政府主要领导为副组长、区四套班子领导为成员的"阳光驿道"工作领导小组,建立各街道、镇、园"阳光驿道"工作小组,形成一级抓一级、层层抓落实的长效联动机制。南昌市青山湖区推行"上门式"的主动出击,实现"点对点"精准帮扶,建立企业帮扶对接清单,要求挂点单位和挂点干部不定期主动上门走访调研,对企业反映的各类问题诉求,按照"谁挂点、谁负责、谁跟踪"的原则,全程跟进企业问题办理,提高帮扶企业实效性、精准性。

二是从严从实管出好作风。比如,萍乡市安源区加强作风整治考核评价,实行"一月一督查、一季一小评、半年一考核"制度,严厉查处涉企贪污腐败案件,对懒政庸政、形式主义、官僚主义、"吃拿卡要"等违纪行为严惩不贷。安福县实施追责问责、容错纠错、一线工作法、马上就办、先进标兵评选等五项具体制度为支撑的作风建设"1+5"体系建设,着力强化干部作风督查管理。

三是亲商安商练出好作风。比如,南昌市青山湖区要求党员干部服务企业要实行以"服务零距离、受理零推诿、办结零超时、工作零差错、违规零容忍"为主要内容的"五零工作法"。吉安市吉州区规范政商交往,在招商引资、项目对接、工程招投标等环节,按照轻准入、重监督、多扶持、少干预的工作机制,明确划定"红线"。

五、"十佳县"的经验启示

"十佳县"下大气力破障碍、去烦苛、筑坦途,在优化营商环境方面取得了很好的效果,其经验做法值得其他县(市、区)参考借鉴。

(一)坚持"三原则"

一要坚持有效性原则。在制定和执行政策法规时,要确保透明度,让企业了解制定政策法律的原委、走向,使经济主体建立稳定的预期,增强信心。同时,要树立"南门之木",构建强有力的执行体系。

二要坚持开放性原则。通过开放，倒逼存在短板的地区和领域不断提高自身实力，努力建设高标准的经济结构。

三要坚持公平性原则。经济体系中不同产业链之间、同一产业链内部，民营企业与国有企业、内资企业与外资企业都应地位平等、机会平等、规则平等。

（二）夯实"三要素"

基础设施、人力资源、金融服务是营商环境重要的"三要素"。

基础设施是前提。要加强园区水电设施厂房用地等平台建设，完善城市功能配套，发挥好工业园区资源整合、集约高效、转型升级的作用。

人力资源是支撑。要创新人才工作机制，完善人才引进绿色通道，加大本地人才培养，优化人才激励机制，探索建立分类管理、资源整合、机制创新的高端与紧缺人才开发体系。

金融服务是保障。要加强信贷产品、信贷服务的开发和推广，简化办理流程，提高审贷、放贷效率。整治银行业不合规、不合理融资收费，打击各种变相提高融资成本的行为，有效引导金融资金流向民营企业。

（三）"多维度"聚力

一是政策发力。不断建立健全覆盖技改扩建、创新创业、人才引进、品牌创建、项目用地、企业融资等各领域全要素的惠企强企政策体系，持续开展"降成本、优环境"专项行动，深化"放管服"改革，打造高效透明的政务环境。

二是改革借力。大力推进创新驱动发展战略，坚持以供给侧结构性改革为主线，运用市场化、法制化手段，加快完善信息网络平台建设，不断增加科技创新，构建开放活跃的创新体系。

三是产业助力。聚焦航空、电子信息、中医药、装备制造、新能源、新材料六大优势产业，做大做强产业集群，推动江西产业发展向数字化、智能化、绿色化转型，打造独特亮眼的品牌效应。

四是服务尽力。正确处理好政府和市场的关系，以主动服务、优质服务让群众舒心、企业顺心，做到政府服务企业"有求必应，无事不扰"，营造亲商安商的浓厚氛围。

课题组成员：

廖清成　中共江西省委党校副校长、教授，江西省首届省情研究特约研究员

许　立　中共江西省委党校研究室主任

刘　艺　中共江西省委党校研究室四级主任科员

曾　光　中共江西省委党校经济社会发展战略研究所副研究员，江西省首届省情研究特约研究员

共享篇

— 26 —

打好"后三年、三年后"脱贫攻坚战必须转变几个理念

赵波　岳莉斯

内容提要：当前扶贫工作存在扶贫政策用力不精准、产业扶贫效益不高、政策资源倾斜过度、保姆式扶贫增加返贫风险等问题。打好"后三年、三年后"脱贫攻坚战必须转变观念，做到由特惠制向普惠制、消除绝对贫困向缓解相对贫困、政府主导向市场驱动、不遗余力向精准适度、抓资金监管向抓效能提升五个转变，为巩固提升脱贫成果提供有力支撑和持久保障。

脱贫攻坚是决胜全面建成小康社会必须打好的三大攻坚战之一，是党中央对全国人民作出的庄严承诺。为如期打好打赢脱贫攻坚战，江西省委、省政府把脱贫攻坚作为最大的民生工程和重大的政治责任来抓，团结带领全省扶贫战线凝心聚力、克难奋进，推进脱贫攻坚各项工作纵深发展。井冈山市实现在全国率先脱贫摘帽，江西省扶贫开发工作成效考核也跃进全国第一档次位列第二。2013年末至2017年末，江西贫困人口由346万人减至87.54万人，累计减贫258.46万人，贫困发生率由9.21%降至2.37%，减贫成就有目共睹。

近期，笔者对扶贫政策执行和扶贫资金使用效益两个方面进行了调研。在调研中看到，各级政府和扶贫工作者已经在开始思考：今后三年如何更有针对性地开展帮扶工作，三年后如何巩固强化脱贫攻坚成果。

一、当前扶贫模式下应重点关注的几大问题

问题一：扶贫政策盲动加码，用力不精准

一是缺乏严格的瞄准机制。为完成脱贫任务，一些地方出于争先进、抢摘

本文于2018年11月发表，获省委书记、省长、副省长等3位省领导肯定性批示。

帽的政绩思维和怕出错、怕担责的求稳思想，层层加责任、加指标、加任务，导致帮扶举措堆砌，不能精准聚焦。如江西省规定贫困户住院费用自付比例不超过10%，通过新农合、大病保险、商业补充保险等报销比例仍达不到90%的，由政府兜底解决。而有些地方大而化之，不分病种、地域和药品规格，凡进入贫困户行列都一兜了之，且贫困户全家都能搭便车。有的甚至将报销比例提至95%，致使地方财政不堪重负。少数地方为"用足名额"，将一些个人生活困难但家庭整体收入水平不符合条件的对象单独剔出纳入贫困户范畴，浪费扶贫政策资金。

二是扶贫资源配置区域性失衡。扶贫资金不是依据贫困程度按需分配、精准施策，而是流向过于集中于领导关注的地方，使得扶贫变成领导干部和帮扶单位之间的竞赛和攀比。重要领导和强势部门挂点的村户，则成为"样板工程"，市县乡访贫问苦密集，短期内大量帮扶政策集中堆砌；其他没有重要领导和强势部门挂点的则常常"望邻兴叹"。

问题二：产业扶贫效益不高，长效性不够

当前各地积极实施"一村一品"工程，引进培育扶贫产业项目，为推动农村发展注入了活力。但调研发现，市场前景好的项目十分有限，好项目还常常面临市场波动的风险。总体来看，资本的投入与产出效益不成正比，存在话题"热"、现实"温"、实效"凉"现象，贫困户实际获益少。

一是产业趋同性高。扶贫产业多数集中在农业领域，同质化竞争较为严重，抗风险能力弱，可持续发展存在隐患。二是项目稳定性差。贫困地区项目多以种养殖和简单粗加工为主，"小、弱、散、单"特点明显，远未形成产业集聚和产业链条。三是政策依赖度强。许多扶贫项目都是政策性项目，一旦扶持政策离场，这类项目存续情况难判。如光伏扶贫项目一度受到热捧，但国家"531新政"出台，暂不安排2018年普通光伏电站建设规模，各地不得以任何形式安排需国家补贴的普通电站建设，使得依靠政策资金补贴快速成长起来的光伏扶贫形势严峻。四是贫困户获得感低。与庞大的扶贫资金投入相比，贫困户分享比例偏低，大比例资金留给了龙头企业和大户发展生产，实际贫富差距反而拉大了。如某县一毛竹加工厂，当地政府投入政策资金300万元，企业相应承诺4年内每年给予贫困户80万元固定分红，这相当于政策资金给企业做了无息贷款。光伏扶贫项目亦是如此。

问题三：政策资源倾斜过度，产生挤出效应

现行模式下，一些地方以大投入来保障和带动贫困户减负增收。在可用财力有限的情况下，地方政府只能通过申请政策性贷款、向商业银行融资等增加杠杆的形式筹措资金。为维持现行较高的保障水平，有些过去为抢占资源争得贫困帽的"假贫困县"大肆举债，变成真贫困县；而真贫困县因扶贫大量投入更加剧了贫困程度。如某县近两年投入5550万元用于贫困村集中式光伏电站建设；某县2017年为贫困户代缴参保费及医疗报销费用达7000万元，近三年累计投入26亿元用于扶贫项目。有限的资源过度集中在扶贫领域，不仅增加财政压力和债务风险，还会对其他民生工程，甚至对经济建设造成挤出效应。

问题四：保姆式扶贫增加返贫风险，加剧社会矛盾

目前，整个扶贫体系的目标是消除绝对贫困，政府在脱贫中扮演了保姆角色，贫困户已习惯于"平时有照顾、过节有钱物、挣钱有项目"。一旦脱离了政府帮助，这批人群返贫可能性将非常高。还有干部反映，个别贫困户以考评验收给"差评"为要挟，对帮扶干部提出超出其能力范围之外的要求，这类"懒贫""赖贫"行为让帮扶干部流汗又流泪。应当看到，扶贫机制退出后，各地更多面对的将是化解相对贫困问题，若延续以上模式，不但会增加社会负担，影响脱贫攻坚进程，还会打破资源分配的基本规律，为不良风气的滋生提供土壤，激化社会矛盾，给全面脱贫三年后的扶贫工作带来新的隐患。

二、原因分析

（一）存在包揽思想，过度揽责

一些中央和省里的扶贫政策在基层执行中经过不断修改和补充，导致走形变样，抑制、减弱甚至偏离了政策初衷。基层工作人员"摸着石头过河"，难以把握工作尺度，干预过多现象时有发生，推行结果常常事与愿违。如对贫困户的帮扶不是因需帮扶，而是搞"平均主义""撒胡椒面"式地给予一整套大而全的帮扶政策。虽然这种模式在一段时期内发挥了很好的减贫作用，但因此引发出一系列问题。

（二）缺乏市场思维，介入不当

很多扶贫措施是把目标、任务当做手段，通过行政手段直接配置资源、推进产业发展，本质上还是属于计划经济思维，大量扶贫资源没有发挥应有作用。有的地方政府强行摊派扶贫任务、提前垫付分红资金、盲目承诺项目收益，在产业选择和推进上唱主角，致使扶贫产业"一窝蜂"。直接原因是对市场、技术等知识的匮乏，本质上还是政绩观错位，用所谓的政治正确代替市场规律，贫困户很难长期稳定受益。

（三）效能评估机制欠缺，绩效理念不强

为打好脱贫攻坚战，近年来各级财政对扶贫领域持续超常规投入。尽管相关部门在预算安排、资金拨付使用等方面加大监管力度，但值得注意的是，扶贫资金使用与预算安排挂钩的绩效评价机制相对欠缺，重投入轻管理、重支出轻绩效的问题仍较突出，导致一些领域财政资金低效浪费。以光伏扶贫为例，因收益稳定、建设期短、收效期长等特点广受热捧，但与光伏电站的大量投入和后续补贴相比，真正转移支付到贫困户手中的资金收益比例过低。

三、脱贫攻坚思路的转变

笔者认为，不管是脱贫攻坚后三年，还是全面脱贫的三年后，都要切实转变思路，把提高脱贫质量放在首位，按照"核心是精准、关键在落实、实现高质量、确保可持续"的总要求，做到"五个转变"，为巩固提升脱贫成果提供有力支撑和持久保障。

（一）由特惠制向普惠制转变

脱贫攻坚是在现有经济社会发展水平尚不能实现全民普惠的情况下，针对贫困人口作出的过渡性安排，体现"兼顾效率与公平"的社会分配原则。但相对于普惠制而言，特惠制是次优安排。从长远看，对于贫困人口中无自主脱贫能力的70%人群（40%的因病致贫、16%的因残致贫、14%的孤寡老人），要加强兜底保障，把兜底保障的工作重点放到解决绝对贫困上，锁定"两不愁三保障"目标，确保他们病有所医、残有所助、基本生活有保障。对深度贫困地区加大政策倾斜力度，提升深度贫困地区的整体保障水平，着力补齐医疗、养老等服务短板，加强水、电、路等配套设施建设，改善贫困人口的生活环境。

（二）由消除绝对贫困向缓解相对贫困转变

解决相对贫困将贯穿于现代化的全过程。对于那30%有自立能力的贫困人

口，地方政府不能简单停留在单纯兜底上，要更加注重着眼长效，更加注重脱贫质量、脱贫实效、获得感导向，完善扶贫治理机制，切实提升科学化、精细化管理水平，着力解决脱贫攻坚期内因拔高标准、过度包揽、介入失当等问题产生的后遗症，保障今后扶贫工作有序有效开展。一要探索有效的利益联结机制。积极推动扶贫资金股权量化工作，加快形成供需对接、利益共享格局，让贫困群众深度参与产业发展，更多分享产业利润效益，避免出现"垒大户"现象。二要改进扶贫工作形式。鼓励各地创新渠道，探索行之有效的帮扶模式；积极引导金融、保险等行业参与扶贫开发，让有限的扶贫资金和政策资源实现综合效益最大化。三要理顺工作力量分配机制。干部工作重心应从送钱送物转移到督促政策落实细化上来。

（三）由政府主导向市场驱动转变

在实施产业扶贫时把准自我定位，尊重市场规律，减少直接干预，让产业扶贫工作走上良性发展轨道，也为乡村振兴打下坚实基础。在有条件的地方要依托现有资源培育本土产业，在扶贫产业选择上要综合考虑当地情况，避免遍地开花；在没有条件的地方，要转变思路，加强兜底保障，不能片面强调产业项目全覆盖。要重点做好产业服务指导。要坚持"补位不越位，到位不错位"，把工作重心转向加强改进管理服务、建立完善体制机制上来，通过设立产业引导基金、加强工农实用技术培训、开展电商知识进农村、加大农产品市场流通体系建设等举措，增强贫困地区造血能力。

（四）由不遗余力向精准适度转变

贫困问题的状态结构和发生原因异常复杂，不可能短时间彻底根除。要摒弃"运动式扶贫"模式，做好打持久战准备，理清政策资金与干部帮扶的界线，强化精准适度，统揽不包揽，引导不包办，做到"有度"和"有为"的有机统一。在扶贫帮扶上，要更多做好拾遗补缺工作，对贫困地区和贫困个人一对一地给予有针对性的帮扶，实现定点滴灌，保证有限的财政资金用在刀刃上，增强政府公信力和执行力。对于未脱贫的非因病因残青壮年贫困人口，要逐步减弱外部帮扶力度，更多采取生产奖补、劳务补助等形式，鼓励其自觉融入乡村振兴大局。

（五）由抓资金监管向抓效能提升转变

加强扶贫领域资金绩效管理，是优化政策资源配置、提升扶贫成效的内在要求。以往，扶贫资金的审计重点是资金使用是否到位问题，而今后更应从提升资金绩效着手，强化绩效理念。一要转变资金拨付形式。对基层申报实施的扶贫项目要完善论证机制，确保扶贫项目精准实施。要逐渐减少转移支付的帮扶方式，改为兜底式的直接支付，尽量避免企业和大户成了帮扶资金的最大收益受益者。二要继续加强部门资金整合力度。要推行一揽子政策，统筹各条线的政策措施，主动整合各口资金，集中调配、统一管理，防止重复建设、叠加使用现象。尤其是要重视解决扶贫保障政策如何更好落实落地的问题，如医疗保障出处过多，贫困户实际报销程序繁琐。三要科学配置扶贫资源。要淡化"挂点就要优先"的观念，弱化政治因素对扶贫资源配置的影响力，回归"挂点是便于领导深入基层"的初衷，避免因领导挂点导致资源无序堆砌，让政策更具连贯性和协同性。

作者：

赵　波　江西省政协副秘书长、民建江西省委副主委，江西省首届省情研究
　　　　首席专家
岳莉斯　民建江西省委干部

—27—

赣南苏区全面小康建设的成效、差距与决胜之策

彭道宾

内容提要：党的十八大以来，赣州市积极探寻贫困老区同步小康的新路径，苏区振兴初见成效，脱贫攻坚取得实效，但横向比较，全面小康进程比较滞后。实现赣南苏区同步全面小康，要在新发展理念的引领下谋求又好又快地发展，通过供给体系质量的提升来增强经济竞争力，努力使创新成为改变落后面貌的主动力，加大对赣南苏区民生福祉和公共服务事业的支持力度，聚合各方力量打赢脱贫攻坚战。

党的十八大以来，赣州市紧紧抓住党中央、国务院支持赣南等原中央苏区振兴发展的重大机遇，积极探寻贫困老区同步小康的新路径，开创了赣南苏区经济发展最快、城乡面貌变化最大、老百姓受惠最多的新时期。由于底子薄、基础弱、起点低等诸多原因，赣州市全面小康进程不仅存在较大差距，而且前进路上面临重重难关；经济发展水平不仅在省内处于劣势，而且在全国革命老区中处于低端，贫困人口不仅规模大，而且贫困程度深。只有坚持以习近平新时代中国特色社会主义思想为指针，坚持以新发展理念为引领，坚持以问题为导向，准确把握主要矛盾，牵住"牛鼻子"，以永不懈怠的精神状态和一往无前的奋斗姿态，担当实干、补齐短板、奋力追赶，才能实现全面建成小康社会的目标。

一、苏区振兴初见成效

近五年，赣州市从经济欠发达的实际出发，突出打好主攻工业、精准扶贫、新型城镇化、现代农业、现代服务业、基础设施建设六大攻坚战，经济社会发展

本文于2018年5月发表，获时任省委常委、常务副省长肯定性批示。

取得了显著成效。

（一）发展步伐乘势加快

全市经济指标五年间的平均增长速度都保持在10%以上。GDP、财政总收入、一般公共预算收入、规模以上工业增加值、固定资产投资、社会消费品零售总额、实际利用外资、出口总额、城镇和农村居民人均可支配收入等10项指标的五年平均增长率均高于全国，其中，7项指标平均增速高于全省。

（二）经济实力明显增强

主要体现在两个突破和三个翻番。全市生产总值突破2000亿元大关，由2011年的1335.98亿元增加到2016年的2194.34亿元。按可比价计算，年均增长10.3%，保持了两位数的增长，比全国同期增速高出3个百分点，比全省同期增速高出0.5个百分点；全市人均GDP突破25000元大关，由2011年15893元增加到2016年的25611元，人均GDP增量接近万元。2016年全市固定资产投资2205.5亿元，财政总收入366.32亿元，一般公共预算收入243.18亿元，分别增长1.7倍、1倍和1.2倍，均实现了五年翻一番。

（三）产业结构不断优化

三次产业之间的比例由2011年的17.4∶47.2∶35.4调整到2016年的14.6∶42.7∶42.7，一产、二产比重分别下降2.8和4.5个百分点，三产比重提高了7.3个百分点，服务业主导型的产业结构即将形成。农业基础更加扎实。2016年粮食总产量287.5万吨，保持了"十三连丰"。新型工业化进程进一步加快，全市规模以上工业增加值达847.9亿元，年均增长11.7%，比全省同期增幅高出1.1个百分点。党的十八大以来，装备制造业和高新技术产业提速增长，占比迅速上升，两者占规上工业增加值的比重达28.1%，比2012年提高7.5个百分点。服务业的发展进入快车道，2013—2016年服务业增加值平均增长11.1%，比同期经济平均增速高了0.5个百分点。

（四）民生福祉日益改善

城乡居民收入迅速增加。2016年，全市城镇居民人均可支配收入27086元，比2011年增加11028元，超过了同期人均GDP的增量，年均增长10.8%，跑赢了GDP的增长；农村居民人均可支配收入8729元，比2011年增加4045元，年均增长12.5%，高于同期城镇居民收入增幅，城乡居民收入差距由3.4∶1缩小到

3.1∶1。

五年共投入民生资金1700亿元,年均增长26.6%。改造农村危旧土坯房69.52万户,完成棚户区改造8万多户,建成保障性住房16万套,解决近300万农村人口安全饮水问题、近300万山区群众不通电和"低电压"问题;新建改建农村公路2万公里、桥梁580座;新(改、扩)建校舍503万平方米,建成或在建乡镇公办中心幼儿园283所;每千人病床数由2.71张增加到4.50张,增长66.1%。

(五)脱贫攻坚取得实效

2012—2016年,全市脱贫人口累计达到144.49万人,贫困发生率由此前的26.7%下降到6.6%,五年下降20.1个百分点,减贫幅度分别比全国及全省高11.9和11.25个百分点。通过贫困户直接发展产业和新型农业经营主体联结方式,带动11.45万户、43.21万贫困人口增收脱贫。大力建设易地搬迁扶贫房,帮助近20万人挪"穷窝"。在全国率先建设农村保障房,采取政府兜底的办法,由乡村统建产权公有的小户型房,为特困家庭新建农村保障房8683套。构筑居民基本医疗保险、大病保险、贫困人口疾病医疗补充保险、医疗救助四道健康扶贫保障线,着力阻断因病致贫返贫,贫困人口个人自负医疗费用降至10%左右。

二、小康路上差距悬殊

五年来,经过全市人民的共同努力,赣南苏区振兴发展取得了阶段性成效,但横向比较,又存在很大差距,全面小康进程远远滞后,经济社会发展的短板制约突出,欠发达的特征明显。

(一)全面小康进程远远滞后

小康监测初步数据显示,2016年赣州全面小康总体实现程度为80.49%,分别比全国及全省低13.8和7.7个百分点,约相当于全国2010年的水平、全省2013年的水平,比全国落后6年,比全省落后3年。衡量全面小康建设的五项一级指标都不同程度地低于全省平均水平。其中,经济发展实现程度仅74.08%,比全省低6.42个百分点;民主法制实现程度仅79.28%,比全省低13.12个百分点。文化建设实现程度仅73.61%,比全省低9.49个百分点。列入全面小康进程监测的35个指标中,有9个指标的实现程度在33%~66%之间,还有三分之一以上的路程差距，特别是反映经济发展水平的重要指标——人均GDP，只有目标值的一半。预计2020年赣州市全面小康实现程度为88%左右，同步小康难度很大，追赶的路上存在重重难关。

（二）发展水平处于全国老区低端

赣州市人口和土地面积分别占全省的四分之一和五分之一，主要经济指标占全省十分之一的落后面貌至今没有改变。从人均水平看，不仅多数指标深陷于全省的谷底，而且在全国革命老区中也处于靠后的位置。全市人均GDP为25611元，与延安、遵义、百色、临沂、黄冈、三明、龙岩等市相比，排在最后一位，只及第一位（三明市）的35%；人均固定资产投资25741元、农民人均可支配收入8729元，均排在最后一位，为并列第一位的三明市和龙岩市的30.5%及60.5%；人均规模以上工业增加值9896元、人均社会消费品零售总额9223元，均排在倒数第二位，为并列第一位的延安市和龙岩市的20.3%及33.1%；城镇居民人均可支配收入27086元，排在倒数第三位，只及第一位（龙岩市）的89%；人均财政总收入4275元，排在第四位，只及第一位（延安市）的28%。经济发展滞后、人均水平低，这是赣南苏区同步小康面临的最大困难。

（三）经济增长主要靠投资拉动、比较单一

由于长期习惯于靠投资拉动经济增长，进入新常态后又未能及时转变经济增长方式，不少地方的投资依赖症越来越严重。2016年，赣州市固定资产投资增速为23.5%，比全国高出15.4个百分点，比全省高出9.5个百分点，资本形成对经济增长的贡献率达80.6%，分别比全国及全省高出38.41和30.32个百分点；全市人均社会消费品零售总额分别只及全国的38.3%、全省的63.7%，并且呈现下降趋势，消费对经济增长的拉力过弱；而货物和服务净出口则出现巨额负值，为-58.4%。同期，全市劳动生产率为39107.8元/人，比全国低58.8%，比全省低43.8%，在全省十一个设区市中最低。

（四）民生建设和公共服务领域难点多

社保资金缺口大。2016年城镇职工养老保险基金缺口达13.61亿元；全市认定的40.7万被征地农民中，24万人已参加基本养老保险，目前部分县市区仍有5.9亿元配套资金未转入养老保险基金，另有约16万人至今没有参保，需要配套补贴资金近百亿元。卫生基础设施薄弱。2016年全市每千人病床为4.5张，在8

个革命老区市中排第七位,县级医院千人床位仅 1.5 张,差距更大。教育事业落后。学前教育资源严重不足,全市 1089 个村小附属幼儿园(班)师资少、条件差,与农村幼儿园办园标准相比差距较大。大班额问题突出,全市初中大班额和特大班额占到了 73.97%。18 个县(市、区)中有 6 个县实现义务教育基本均衡,仅占 33.3%,远低于全国 64%、全省 57.1% 的通过率;还有 12 个县(市、区)未通过国家评估认定,占了全省四分之一。

(五)贫困人口规模大、贫困程度深的状况尚未根本改变

到 2017 年 7 月底,赣州市仍有贫困人口 14.69 万户、50.39 万人,贫困人口占全省的 37.7%,贫困发生率比全国高出 47%,比全省高出 76%,仍然是全国较大的集中连片特殊困难地区之一。全市各地都不同程度分布有贫困人口、贫困村,但又相对集中于重点扶贫攻坚地区,11 个重点扶贫攻坚县(市、区)有贫困人口 40.86 万人,占全市贫困人口总数的 81.1%。全市仍有深度贫困村 458 个,其中,贫困发生率高于 15% 的贫困村和 25% 以上的农户仍住土坯房的行政村有 153 个,贫困发生率高于 10% 的非贫困村有 305 个。

三、决胜全面建成小康社会的对策

同步全面小康是赣南苏区人民的热切愿望,作为全国较大的集中连片特殊困难地区之一,要实现这个愿望,一方面仍须自强不息,急行军追赶;另一方面,需要加大帮扶力度,精准施策,务求实效。

(一)在新理念的引领下谋求又好又快地发展

进入中国特色社会主义新时代,我国社会主要矛盾已经转化为人民日益增长的美好生活需要和不平衡不充分的发展之间的矛盾。赣南苏区这种不平衡不充分的问题尤为突出,发展不足、经济欠发达的基本市情未变。从工业化发展阶段看,更是远远落后于全国和全省,加快推进新型工业化,跟上全国和全省的发展步伐,改变区域发展不平衡状况,实现同步全面小康,是一项紧迫的历史任务,必须加快发展不放松,小康提速不懈怠。

但在新常态下,依靠简单扩大固定资产投资来带动增长的路子已行不通,必须坚定不移贯彻创新、协调、绿色、开放、共享的发展理念,坚持质量第一、效益优先,发挥后发优势,建设现代化经济体系。把发展基点放在创新上,集中力量推进技术创新,加快发展以新技术、新产业、新业态、新模式为特征的新经济,转变经济增长动力；着力推进新型工业化、信息化、城镇化、农业现代化，促使经济社会协调并进；大力发展绿色、低碳、环保产业，形成覆盖城乡的资源循环利用体系，力促绿色崛起；主动参与构建陆海内外联动、东西双向互济的开放格局，开拓更加广阔的发展空间；合理调整收入分配结构，确保居民收入增长与经济增长同步，补齐民生短板，让发展成果更多、更公平、更实在地惠及苏区人民群众，实现经济社会又好又快发展。

（二）通过供给体系质量的提升来增强经济竞争力

一是做优做强做大工业。以产业链从加工制造向研发设计和营销服务两端延伸与提升为突破口，变制造业苦笑曲线为微笑曲线，尤其要促进互联网、大数据、人工智能和实体经济深度融合，注重发展工业设计，使之成为工业经济发展的主导因素，变单纯争夺现有市场为开拓新的市场需求。建议可适当放宽赣南苏区具备资源优势、具有市场需求的行业准入限制，扶持比较优势明显的产业项目优先发展，并在企业技术改造、工业转型升级、重大科技专项等方面给予倾斜，引导优强企业落户赣州市重大产业平台，推动赣南新能源汽车科技城、现代家居城、"中国稀金谷"、"青峰药谷"和赣粤电子信息产业带的建设，培育壮大新能源汽车、稀土钨新材料、现代家居、生物制药和电子信息等优势产业集群。

二是加快发展现代服务业。鼓励境内外金融机构在赣州设立经营性分支机构，推进产业与金融的全面嫁接，加强金融产品创新，量身定制适应赣南苏区振兴需要的金融产品。大力发展绿色金融，促使绿色资源转换绿色资产。着力推进赣州综合物流园、赣州港多式联运示范基地和赣州冷链物流中心建设，形成布局合理、便捷高效的现代化物流网络。推广线上线下互动社区、电子商务、移动电子商务等新模式，打造一批电子商务示范基地和产业集聚区，创建国家跨境电子商务综合试验区。高标准、高起点、组团式开发丰富的旅游资源，建成全国著名红色旅游目的地，形成若干个在省内外有竞争优势的旅游产品、旅游线路、旅游企业和公共服务体系。鼓励和支持健康产业、医疗养生、文化创意、信息咨询等新兴服务业发展。

三是致力于农业提质增效。唱响"生态赣南、绿色食品"品牌，推进绿色农业标准化、产业化、规模化生产，满足广大消费者日益增长的绿色农产品需求。创建以赣南脐橙为特色的国家现代农业示范区，打造江南重要的蔬菜集散地，扩大赣南油茶的市场占有率，形成一批国内外知名度高的拳头产品。实施"一县一园工程",建成覆盖不同产业类型、具有不同地域特色、示范带动作用强的现代农业产业园,促进现代农业发展。

(三)努力使创新成为改变落后面貌的主动力

一是在加大财政投入的基础上,引导全社会多渠道、多层次增加科技投入,提高科技投入强度,增加科技投入总量。认真落实企业研发经费投入的有关政策,引导企业开展研发活动。

二是制定更加优惠的政策,采取更加有力的措施,营造更加良好的环境,鼓励和支持规上企业建立研发机构,加大对企业技术中心和工程中心等研发机构的扶持力度,使企业真正成为创新主体,改变长期以来创新主体缺位的状况,让各种创新要素源源不断地汇集于企业,促进企业加快产品创新、产业组织创新、经营管理创新。

三是构建"多元开放、集成高效"的协同创新体系,促进开发类科研院所进入企业,建立多种形式的密切合作关系,促进创新要素有机融合,优质资源充分共享。

四是扩大面向国内外的科技合作交流,高度重视"引技引智"工作,引进一批优势科研机构、人才、项目、成果,广泛集聚国内外创新资源。

五是以创新支撑产业转型升级,注重用高新技术改造传统优势产业,聚焦战略性新兴产业,组织科技专项研发,建设国家重要的新能源汽车研发中心;推动赣州钨新材料产业基地上升为国家新型工业化示范基地;发展全国实木家具知名品牌示范区,培育一批自主品牌企业;依托青峰药业和国家重点实验室优势,大力开展新药研究和创制,促进现代中药、化学药制造等深度研发和加工;积极争取设立"电子薄膜集成器件国家重点实验室"赣州分实验室。

(四)加大对赣南苏区民生福祉和公共服务事业的支持力度

一是积极争取更多财政一般性转移支付资金、各类涉及民生的专项转移支付资金,增加赣南城乡居民基本养老保险转移支付,使之达到全国革命老区市的平均水平。帮助解决健康扶贫、被征地农民参保的资金缺口等问题。在中央预算内投资、中央专项彩票公益金和部本级福彩公益金等资金分配上给予重点支持,促进赣南民政事业发展。

二是尽快实现国家贫困地区儿童营养改善项目和国家地中海贫血防控项目的全面覆盖。

三是加大赣南苏区卫生基础设施建设投入,加强对市、县两级医疗卫生机构的对口帮扶，实施中青年卫生人才培养项目，提升赣南苏区整体医疗卫生服务能力。

四是持续支持部省共建赣州市教育改革发展试验区。在支持学前教育发展中央专项资金和扩大学前教育资源中央奖补资金的带动下，多渠道、多层次筹集配套资金，普惠性发展学前教育；加快实施城区学校扩容工程，注重改善乡村义务教育条件，将罗霄山片区县政策延伸到苏区县，共同享受农村义务教育营养改善计划、乡村教师补助等政策，促进义务教育师资力量、经费投入、办学水平均衡发展；实施普通高中改造计划，化解普通高中债务，制定普通高中生均公用经费标准，努力提升高中办学质量，推动高中教育普及发展。进一步加强与教育发达地区的合作，助推赣南苏区教育事业发展。

（五）聚合各方力量打赢脱贫攻坚战

一是政府牵头，聚合各方力量，构建专项扶贫、行业扶贫、社会扶贫相辅相成的大扶贫格局，举全社会之力攻克脱贫难关。

二是要转换观念，摒弃"等、靠、要"的懒汉思想，发扬自力更生、艰苦奋斗、勤劳致富精神，激发脱贫的内生动力，增强造血功能。

三是实施整村扶贫提升工程。以贫困村为单位，将产业发展、基础设施、社会事业、环境整治、乡村治理、文化建设等项目捆绑打包，整合涉农资金，整村推进、同步实施。

四是创建产业扶贫示范区。从国家产业扶贫引导资金中安排风险缓释金，扶助贫困户发展致富产业。围绕特色农业扶贫、电商扶贫、旅游扶贫、光伏扶贫等项目，安排专项补助资金，建设一批产业扶贫示范乡镇、示范村和示范户，发挥产业脱贫的示范和带动作用。

五是提高兜底政策保障标准。对于丧失劳动能力、自身没有经济来源的贫困人员，家有重病患成员的深度贫困家庭，要提高补助标准，保证已不能靠自己的勤劳来致富的这部分人能够摆脱贫困，同步进入小康。

作者：

彭道宾　江西师范大学苏区振兴研究院首席研究员、高级统计师，江西省首届省情研究首席专家

—28—

完善产业脱贫长效机制 化解产业脱贫突出问题

——基于2019年贫困县退出专项评估引发的思考

杨头平 罗良清

内容提要：江西省产业脱贫中存在贫困户增收主要来源于转移性收入、产业扶贫效果与初衷不一致、弱的产业加弱的龙头企业来带动发展能力弱的贫困户、产业帮扶措施与贫困户自身需求和能力不一致、产业化扶贫项目要求与贫困户自身条件存在偏差等突出问题。完善产业脱贫长效机制，要实施产业脱贫中的分类帮扶措施，加强产业脱贫中的载体培育与建设，拓展产业脱贫中的贫困户增收模式，完善产业脱贫中的风险防范机制。

2019年4月，习近平总书记在重庆考察时，着重提出要解决脱贫攻坚战中"两不愁三保障"突出问题，脱贫既要看数量，更要看质量。产业扶贫是高质量打赢脱贫攻坚战的利器，是稳定脱贫的关键。为此，笔者基于2019年贫困县退出专项评估调查，梳理总结产业脱贫中存在的系列突出问题，并就解决眼下问题、完善产业脱贫长效机制提出相应思考，以期为江西省产业脱贫效果提升与可持续，实现稳定脱贫提供一面可参考的镜子。

一、产业脱贫中存在的突出问题及根源

实现高质量脱贫，可持续增收是关键。实现可持续增收，产业脱贫效果至关重要。在扶贫实践中涌现一批产业脱贫典型，对贫困户稳定脱贫起到了积极的效果。然而，笔者基于2019年贫困县退出专项评估调查结果发现，产业脱贫效果

本文于2019年5月发表，获副省长肯定性批示。

与预想中的高期望尚存差距。

（一）贫困户增收主要来源于转移性收入

课题组调查结果显示，有些贫困县，增收来源主要靠各类财政补贴、亲友给钱等转移性收入的贫困户家庭占比仍较高。如某贫困县退出评估调查结果显示：受访的建档立卡户中，有近五成（共232户，占比48.5%）的家庭增收来源是各类财政补贴、亲友给钱等转移性收入；尽管第二大主要增收来源是务工、上班等工资性收入，共有161户，占比33.7%，但考虑到该贫困县建档立卡户公益性岗位的覆盖率达到97.3%，建档立卡户中的工资性收入基本来源于公益岗位工资。这也说明产业脱贫带动效果不明显。考虑到尽管近阶段脱贫不脱政策，一旦过完政策扶持过渡期，脱贫贫困户返贫风险大。

（二）产业扶贫效果与初衷不一致

产业扶贫初衷是通过产业发展，提升贫困户自主发展能力，实现贫困户可持续增收，达到稳定脱贫目标。目前，产业扶贫普遍提倡的是"合作社（公司）+农户（贫困户）"的做法。调查结果也显示，产业帮扶过程中，大部分贫困户通过加入合作社来发展产业，参加合作社比例超过90%。

但笔者发现，"合作社（公司）+农户（贫困户）"帮扶，大部分是以分红的方式带动贫困户增收，而不是从技术、参与产业等方面带动贫困户自主发展。如某县有91.2%的建档立卡户加入了合作社，其中86.9%是以分红的方式进行产业帮扶增收，其结果是大部分贫困户没有真正参与产业发展，自我发展能力没有得到提升。同时，产业帮扶过程中，"合作社（公司）+农户（贫困户）"的做法，存在依赖政府资金现象。如调查发现，某县的"明星"合作社，在带动贫困户发展中，其投资的5000万，有3000万来自政府投资。调查结果也显示，一些地区扶贫小额信贷使用中，相当多的比例不是扶持贫困户发展产业，而是通过合作社投放给企业使用，贫困户以分红方式获得收益，真正参与产业发展的比例低。

这种产业扶贫方式，一方面存在大比例以分红方式进行产业帮扶增收，贫困户从技术提升等方面参与产业发展不够；另一方面合作社（公司）依赖政府扶贫资金，在一定程度上挤占提升贫困户自我发展的帮扶资金。从专项评估检查结果看，贫困户致贫原因中，缺技术、缺资金致贫占比超过30%，有的县甚至高达50%。从扶贫方式效果、致贫原因两方面综合看，产业扶贫初衷与效果不一致。

（三）弱的产业加弱的龙头企业来带动发展能力弱的贫困户

目前普遍推行的"合作社（公司）+农户（贫困户）"产业扶贫模式，在实际运行过程中并不是以利润最大化的纯市场模式。政府给予一定资源与政策支持的条件是要求企业承担带动贫困户脱贫的责任，即与贫困户存在"利益捆绑"和"责任连带"。结果是一些有实力的企业往往对申请相关产业化扶贫项目的动力不足，而一些实力不足、经营业绩不理想、缺资金的企业为获取国家扶贫资源更有动力来申请相关产业扶贫项目，使得扶贫资源往往被实力较弱的企业所占有。再加上现实情况中扶贫产业多数是弱质的农业特色产业，且存在相邻县产业雷同，贫困户发展能力弱，结果是容易形成"弱+弱+弱"的产业扶贫局面，即弱的产业加弱的龙头企业来带动发展能力弱的贫困户。

（四）产业帮扶措施与贫困户自身需求和能力不一致

产业扶贫中倾向于集中资金打造统一性、规模化的经营模式。调查显示，扶贫产业的统一性、规模化经营忽视了贫困户之间的异质性特征，未根据不同贫困户的需求和能力提供不同产业发展的可能性。没有劳动力的脱贫户和有劳动力的脱贫户得到各项产业帮扶的措施基本雷同，措施针对性不强，没有充分体现因户因人施策的精准要求。同时，集中资金打造统一性、规模化的经营模式也将增加农产品市场销售的风险。目前产业扶贫实际运行机制，相较生产环节帮扶，销售环节的帮扶工作还不到位，而统一性、规模化经营模式对市场价格弹性又非常敏感，一旦遇到价格波动则极易面临市场滞销问题。

（五）产业化扶贫项目要求与贫困户自身条件存在偏差

评估调查显示，产业化扶贫实际工作中，普遍存在自上而下、单向度的政府行为。政府预先设定产业扶贫项目与政策，然而在实际运行过程中，往往面临贫困户"无资金、无技术、无管理能力、无销售能力"困境。产业化扶贫项目的要求与贫困户自身条件存在偏差，导致贫困户参与产业发展比例低，大多以分红方式获得收益。结果是贫困户处在被动扶贫的境地，主观能动性和发展决策权没有得到足够的重视和挖掘。这在一定程度上助长了贫困户"等、靠、要"思想。

二、完善产业脱贫长效机制的建议与思考

产业脱贫中尚存一些影响脱贫效果的突出问题。这些问题不仅在笔者评估的

这些贫困县存在，在江西省乃至全国都可能具有一定普遍性。上述问题的明晰，对进一步完善江西省产业脱贫长效机制，进而提升产业脱贫效果，实现贫困户可持续发展与稳定脱贫具有一定的启示与参考价值。

（一）实施产业脱贫中的分类帮扶措施

不同类型贫困户对产业化扶贫意愿与诉求不同，如按同一标准实施，可能导致产业帮扶措施与贫困户自身需求不一致、产业化扶贫项目要求与贫困户自身条件存在偏差，结果达不到预期效果。为此，需精准把握贫困户的类型分类施策，提高贫困户对帮扶的参与度。具体来说：

针对有一定劳动能力、无产业发展意愿的贫困户，可大力推进就业创收帮扶模式。

针对有一定发展意愿但无劳力的贫困户，可采取合作共赢模式进行帮扶。一是股份合作共赢模式。贫困户以自有资源和扶贫资金入股，资源变资产、资金变股金、农户变股东，进而享受入股分红。二是金融合作共赢模式。贫困户以获得金融支持资金与龙头企业（合作社）合作，按一定比例收取返还收益。

针对有一定劳动能力和产业发展意愿的贫困户，要通过适当帮扶模式将其参与发展意愿提升为主动参与产业发展的动力。一是返租倒包领养领种模式。贫困户按"保底+提成"的方式获取收入，获得保底工资收益的同时，超出定产部分还可按一定比例分红获得收益，进而提升参与发展动力。二是订单帮扶模式。考虑到贫困户自身能力与视野的相对不足，对产业的选择存在一定困难，实施"政府出单、贫困户点菜、政府买单、全程服务"的帮扶模式，即政府基于贫困户致贫原因和本地实际，列出产业扶贫项目菜单供贫困户自愿选择，同时，政府对帮扶项目给予政策支持、资金补贴、技术与市场指导等。

针对无劳动能力、无产业发展意愿的贫困户，要积极探索相应帮扶模式，使上述类型贫困户也能从产业扶贫中获得收益。一是采取产业托管模式。政府利用产业扶贫资金帮助购置产业发展资产（牲畜、机械设备），由企业（合作社）托管，托管企业与贫困户按产生收益的一定比例进行分配。二是可积极探索资产收益扶贫模式。

（二）加强产业脱贫中的载体培育与建设

一是在产业上深挖特色。要立足当地资源，通过特色、差异化发展，集中打造系列品牌产业、品牌产品，同时也可避免当前普遍存在的邻近地区产业发展同质现象；立足特色，通过与二、三产业融合，以特色产品为基础衍生新产品，进而延伸产业链；立足特色，从市场角度拓宽产品边界，因地制宜开发高附加值小众农产品。

二是理顺政府、产业经营主体、贫困户之间的利益联结机制，避免政府与经营主体互不信任的格局，即经营主体担心扶持政策变化，政府担心经营主体动机不纯（套取国家扶贫资源）。一方面，政府用好扶贫政策，为吸引、壮大经营主体创造好的环境。包括加强基础设施、公共服务建设；用好扶贫资源对经营主体的激励作用，如土地、税收、财政资金、信贷资金等。另一方面，要设计政策制度，将对经营主体激励政策反向作用于贫困户对产业脱贫的参与与受益，进而将经营主体与贫困户紧密捆绑连接成有机整体。如政府可发挥扶贫资源（财政资金、金融支持政策等）的引导功能，设定贫困户参与产业发展受益标准，并将此作为给予经营主体扶持的准入条件，让其承担起相应的脱贫责任和义务，真正起到带动贫困户的功能；设定准入条件还可将实力不强的经营主体排除在外，吸纳真正有实力的经营主体参与产业脱贫。

三是加强市场销售。探索"平台+农户"模式，加强销售主体建设，平台除基础的信息服务功能外，还具组织功能，包括组织农产品生产资料供应，农产品收购、加工、储运、销售等，实现产业脱贫中农产品供产销一体化。平台打造，可通过政府引导支持，由有实力经营主体功能延伸形成，如龙头企业、合作社等；也可由有实力销售企业（电商平台）功能拓展形成。通过"平台+农户"模式，降低产业脱贫中农产品价格波动对农户的影响，走出"蛛网困境"。

（三）拓展产业脱贫中的贫困户增收模式

关键要创新扶贫资源投入与运行机制，即明晰扶贫资源所有权、放活扶贫资源经营权、确保扶贫资源收益权、落实扶贫资源监督权，将经营主体与贫困户利益捆绑，使他们在发展中成为有机整体。一方面，在遵循"四权"基础上，贫困地区可结合自身实际，积极探索并丰富拓展贫困户增收模式；另一方面，"四权"明晰落实，确保让贫困户在产业发展中实在受益的同时，风险最大程度减小。让贫困户在产业化扶贫中实实在在受益、在产业化扶贫参与过程中风险最小，激发贫困户参与产业脱贫内生动力，使贫困户在产业化扶贫中真正变被动扶贫为主动参与，进而实现产业脱贫过程中，通过产业带动贫困户持续发展落到实处。

（四）完善产业脱贫中的风险防范机制

1. 落实贫困户在产业脱贫中的利益保护制度

一是实行参与产业脱贫的企业准入条件。在产业扶贫过程中，建立企业、合作社等参与产业脱贫的准入制度，打造一批有实力、有经验、有社会责任感的组织参与产业扶贫，真正发挥好以强带弱的作用；在此基础上，指导企业、贫困户签订合作协议，建立明确的利益联结机制；此外，还要将有损贫困户合法利益的企业纳入企业失信名单并予以一定惩戒。二是实行贫困户农产品价格保护制度。结合当地实际，对产业脱贫中涉及的主要农产品制定保护价，如遇市场价格低于保护价时，或实行政府给予贫困户价格补贴，或政府通过政策支持，引导参与扶贫企业与贫困户签订最低收购价条款，化解贫困户参与产业脱贫的经营风险。

2. 把好产业风险评估关

事先对贫困户参与产业脱贫项目的潜在收益、前景与风险（包括自然风险、市场风险、技术风险、政策风险评估等）说清楚，减少贫困户盲从行为，以便更好地引导贫困户基于自身条件、能力、需求等选择合适参与的产业脱贫项目，改变产业脱贫过程中政府主导较多、对产业发展风险和农户意愿与诉求尊重不够的现象。

3. 完善产业脱贫中的风险补偿和分担机制

除了政府部门设立产业扶贫风险基金分担外，尤其要发挥保险在扶贫开发中的积极作用，结合当地实际，应尽可能将相应脱贫产业纳入政策性保险范围，特别要积极开展有地方特色的农产品保险，探索以保险兜底自然灾害和市场价格下跌的风险。

作者：

杨头平　江西财经大学协同创新中心副教授，江西省首届省情研究特约研究员

罗良清　江西财经大学统计学院首席教授，江西省首届省情研究特约研究员

29

以学科评估助推江西省高校跨越式发展

——全国第五轮学科评估形势分析及对策建议

王乔　汪金龙

内容提要：学科评估已经逐渐成为国家和地方"双一流"遴选、资源配置等工作的重要依据。迎接第五轮学科工作，省级行政主管部门要持续跟进、当好"桥梁"，明确目标、知己知彼，对标对表、精准发力，着眼大局、整合提高，抓"软指标"、补失分项。

学科评估已经逐渐成为国家和地方"双一流"遴选、资源配置等工作的重要依据。全国学科评估工作已经开展四次。此项工作既加强了国家和社会对各高校学科发展现状的了解，也促进高校加强学科建设，尤其是全国第四轮学科评估，在评估理念、评估指标、评估过程等方面实现了较大突破，获得了社会各界的广泛关注与认可。

一、上一轮（第四轮）全国学科评估回顾

（一）全国第四轮学科评估概要

2016年5月，教育部学位与研究生教育发展中心启动全国第四轮学科评估工作，参评学科由2002年的1355个学科增长到7449个学科，江西省大部分一级学科均参加评估。

本轮评估指标按不同学科门类设置了9套指标体系。以人文社科类学科为例，设置了4项一级指标、10项二级指标、17项三级指标（9项客观性指标、7

本文于2019年9月发表，获省长、副省长2位省领导肯定性批示。

项主观性指标、1项主客观综合指标）。与前几轮学科评估相比，主观性指标内容、篇幅和权重大幅增加，在指标设计上更加关注人才培养质量、师资队伍整体质量、学科的特色以及社会服务贡献（见表1）。

表1　第四轮学科评估指标主要观测点

指标类型	指标名称	指标主要考察内容	指标来源
客观性指标	专任教师数	本学科专任教师总数。此指标设置"上限"，超过"上限"均为满分	学校填报
	课程教学质量	①国家级\省级教学成果奖②国家级课程	公共数据
	学生国际交流	①研究生赴境外学习交流连续超90天②来华学习超过90天的境外研究生	学校填报
	学位论文质量	全国博士学位论文抽检情况	公共数据
	授予学位数	授予博士和硕士学位人数，设置"上限"，超过"上限"均为满分	公共数据
	出版专著	近四年出版的学术专著	学校填报
	出版国家级教材	获批的"十二五"国家级规划教材与出版的"马工程教材"	公共数据
	科研获奖	①国家、教育部科研成果奖②省级科研获奖	公共数据
	科研项目	①国家级科研项目（含人均情况）②省部级及重要横向科研项目（限填30项）	学校填报
	学术论文-师均收录数	师均被SCI、SSCI、EI、A&HCI、CSCD、CSSCI收录的论文	学校填报
主观性指标	师资队伍质量	提供师资队伍基本情况和20名骨干教师情况，由专家进行综合评价	学校填报，专家评价
	优秀在校生	列举15名优秀在校学生并简要介绍其主要在学成果	学校填报，专家评价
	优秀毕业生	提供近四年毕业生的总体就业情况，并列举20名近十五年优秀博士、硕士毕业生	学校填报，专家评价
	导师指导质量-在校生调查	对在校生进行问卷调查，考察导师对学生的指导情况	问卷调查
	毕业生质量-用人单位评价	提供毕业生联系方式，学位中心直接联系其所在部门联系人进行网上问卷调查	问卷调查
	代表性学术论文专家评价	30篇代表论文（国内论文不少15篇,同一人最多填写5篇）	学校填报，专家评价
	社会服务	提供学科在社会服务方面的主要贡献及4个典型案例	学校填报，专家评价
	学科声誉	同行和行业专家对学术声誉和学术道德等进行评价	专家调查

2017年12月，教育部学位与研究生教育发展中心公布全国第四轮学科评估结果，共有460所高校（不含科研院所）的5112个学科获得分档排名（位列前70%），其中A+学科共有210个、A学科共有156个、A-学科共有344个、B+学科共有722个、B学科共有736个、B-学科共有729个、C+学科共有761个、C学科共有725个、C-学科共有729个[①]。

从各省份学科评估成绩来看，北京处于遥遥领先的位置，A以上学科约占全国1/4，A+学科约占全国1/2。之后依次是上海、湖北、浙江、湖南、安徽、陕西、黑龙江、四川、山东、广东等地。江西省共有4个学科获评A类，数量位列全国各省（市）第19位。

（二）江西省高校第四轮学科评估结果分析

全国第四轮学科评估江西省共有11所高校的90个学科获得分档排名（位列前70%），占全国高校学科总数的1.76%。其中，A学科1个、A-学科3个、B+学科4个、B学科5个、B-学科19个、C+学科20个、C学科23个、C-学科15个。

根据《江西省各高校全国第四轮评估结果统计表》（表2）和《江西省高校第四轮学科评估结果B-级以上学科一览表》（表3）分析，江西省第四轮学科评估呈现以下特征：

一是省内各城市间优质学科分布严重不均衡。从江西省获评A类、B类学科的高校地理位置看，4个A类学科全部集中在南昌，28个B类学科中的26个在南昌，显示出省会南昌极高的优质学科集聚度，形成了优质学科"单城垄断"的局面。

二是全省优质学科的类型分布相对不均衡。从学科分布来看，江西省13个B等级以上（全国学科排名前30%）学科仅有3个自然科学类学科（工学、医学、农学各1个），其他10个集中在人文社科和艺术类。理工科的实力不强，对于创新驱动产业转型升级、助推江西省高质量跨越式发展有不利影响。

三是行业性高校在评估中的表现相对较好。江西财经大学2个学科为A-档，其余学科分布较为均匀，从B+、B、B-、C+均有学科分布；江西师范大学1个

---

① 全国第四轮学科评估结果根据"学科整体水平得分"位次，将排位前70%的学科分为9档公布：前2%（或前2名）为A+，2%~5%为A，5%~10%为A-，10%~20%为B+，20%~30%为B，30%~40%为B-，40%~50%为C+，50%~60%为C，60%~70%为C-。

A- 档，1 个获评 B，4 个获评 B-；景德镇陶瓷大学两个艺术类学科均进入 B+ 档；江西中医药大学中药学学科进入 B+ 档。相较而言，南昌大学除食品科学与工程学科排名进入 A 档，在 A- 档至 B 档之间出现断层，B- 档有多达 10 个学科，虽然提升潜力很大，但体量"大而不强、大而不精"的现象有所凸显。

四是部分高校优势学科的实力没有完全体现。在第四轮学科评估中，一方面，可能由于对学科评估的重视程度和对评估指标的理解不够，部分学科的实力没有体现出来。如南昌大学的材料科学与工程专业（国家"双一流"建设学科）、临床医学学科，江西财经大学的马克思主义理论学科，江西师范大学的化学、心理学学科等。另一方面，有的学科由于全国高校中开设得较少，学科体量小，虽然在全国排名居前，但百分位次排名靠后。如江西农业大学的畜牧学学科，华东交通大学的交通运输工程学科，东华理工大学地质资源与地质工程学科，江西理工大学冶金工程学科。

表2 江西省各高校全国第四轮评估结果统计表

高校名称	A 类		B 类			C 类			合计
	A	A-	B+	B	B-	C+	C	C-	
南昌大学	1	0	0	0	10	7	5	5	28
江西财经大学	0	2	1	3	1	1	0	1	9
江西师范大学	0	1	0	1	4	4	4	1	15
景德镇陶瓷大学	0	0	2	0	0	1	0	0	3
江西中医药大学	0	0	1	0	0	1	1	0	3
江西农业大学	0	0	0	1	1	0	4	1	7
华东交通大学	0	0	0	0	2	1	1	0	4
南昌航空大学	0	0	0	0	1	3	2	0	6
东华理工大学	0	0	0	0	0	1	3	1	5
江西理工大学	0	0	0	0	0	1	1	5	7
赣南师范大学	0	0	0	0	0	0	2	1	3
合计	1	3	4	5	19	20	23	15	90

表3　江西省高校第四轮学科评估结果 B- 级以上学科一览表

级别 百分位次	学校及一级学科名称	备注
A 2%~5%	南昌大学（食品科学与工程）	自然科学类1个
A- 5%~10%	江西财经大学（应用经济学，统计学）；江西师范大学（马克思主义理论）	人文社科类3个
B+ 10%~20%	景德镇陶瓷大学（设计学，美术学）；江西财经大学（工商管理）；江西中医药大学（中药学）	自然科学类1个；管理及艺术类3个
B 20%~30%	江西财经大学（理论经济学，法学，管理科学与工程）；江西师范大学（教育学）；江西农业大学（畜牧学）	自然科学类1个；人文社科及管理类4个
B- 30%~40%	南昌大学（新闻传播学，化学，生物学，机械工程，材料科学与工程，化学工程与技术，环境科学与工程，临床医学，管理科学与工程，公共管理）；江西师范大学（心理学，中国语言文学，数学，化学）；江西财经大学（公共管理）；江西农业大学（林学）；华东交通大学（控制科学与工程，交通运输工程）；南昌航空大学（环境科学与工程）	自然科学类13个；人文社科及管理类6个

二、全国第五轮学科评估形势分析

（一）江西省各学科第五轮学科评估趋势

对于全国各省市而言，全国学科评估的竞争主要是A类（排名前10%）学科数量的竞争。为了综合反映江西省各学科近几年来的建设情况，笔者对32个在第四轮学科评估排名B-以上的学科进行分析，判断其在第五轮学科评估位次变化趋势。主要观测要素包括2019年上海软科发布的"2018年中国最好学科排名"、2019年3月更新的"ESI学科数据"（前1%学科）、2019年1月更新的《中国高校科研成果统计分析数据库》中的期刊论文数据（人文社科学科全国排名TOP10%）和第五轮学科评估各学科参评数量的统计预测。据此，江西省各学科第五轮学科评估基本形势判断如下：

1.A、B类学科数量都将比上一轮评估有所增加

根据2019年软科发布的数据，江西省进入前10%的学科有4个，与上一轮学科评估相同；同时B类学科总体情况变动不大。但考虑到2018年全国新增了一批硕士点和博士点，第五次学科评估中某些学科的参评高校数量势必有所增加，

大部分学科将因此而受益,排名将有所提升。在评估指标体系不出现大的变化的情况下,预计江西省 A 类学科数量将由第四轮评估的 4 个增加至 8 个左右。

2. 在成果聚焦、提高精度的前提下,各高校本轮评估总体成绩都会有所提高

具体到学科:(1)南昌大学的材料科学与工程可能由 B– 等次直接进入 A 类学科;(2)江西师范大学马克思主义理论,江西财经大学应用经济学、统计学都有可能进入 A 等次;(3)景德镇陶瓷大学设计学、江西财经大学工商管理有可能进入 A– 等次;(4)江西中医药大学的中药学、中医学(最新软科排名全国第五)在成果聚焦的情况下二者选一,有一个可能会进入 A– 等次;(5)南昌大学新闻传播学、化学、生物学、临床医学、管理科学与工程,江西师范大学教育学、心理学、中国语言文学,江西农业大学畜牧学,江西财经大学理论经济学、管理科学与工程都有可能提升档位。

3. 在 A+(全国排名前 2% 或前 2 名)学科上取得突破的可能性不大

在上一轮评估中江西省获得的最好名次是南昌大学的食品科学与工程学科,排名全国第 3,但与前 2 名的江南大学和中国农业大学相比,在重大科研和获奖等方面还有一定的差距,突破的难度较大。

4. 部分学科不排除出现名次下滑的可能

如果在评估体系中主观性指标所占权重和比例增幅过大,由于话语权及东中部地区差异,江西省部分学科,尤其是人文社科类学科不排除有出现名次下滑的可能。

(二)全国第五轮学科评估政策导向分析

根据 2019 年 5—7 月教育部学位与研究生教育发展中心召开的第五轮学科评估工作研讨会和相关座谈会精神,第五轮学科评估将在保持原有四个一级指标框架基本稳定的基础上,在十个方面改革创新。一级指标可能发生的变化有:

一是师资队伍与资源指标。可能增设"师德师风"二级指标并放在评价首位(提供师德师风机制建设总体成效、正面典型、负面事件处理情况,由专家评价);"师资队伍质量"二级指标不变,仍为队伍结构质量和代表性骨干教师相结合(提供师资队伍的整体情况和规定数量的"代表性骨干教师"情况,由专家评价);专任教师数二级指标可能会取消。

二是人才培养质量指标。可能增设"思政教育成效"二级指标(提供开展思

政教育的主要措施与成效，由专家评价；通过学生问卷调查，了解导师对学生进行思政教育和学风教育的情况与成效）。"在校生质量"二级指标中，可能用"学生在学成果"取代"代表性优秀在校生"。"毕业生质量"二级指标中，可能增设"学生就业质量"指标（提供学生总体就业情况）。

三是科学研究水平指标。"学术论文质量"指标可能会采用"定量与定性相结合"的方式评价（定量指标改变第四轮使用"扩展版ESI高被引论文"的做法，研制新的"质量指标"；在哲学社会科学学科中，可能会将"三报一刊"理论文章按论文认定）。"出版专著"指标可能改变第四轮评估仅统计专著数量的做法，改为列举代表性的专著、编著、译著等，由专家评价。"科研获奖"可能会增加部分重要的国际奖项和社会力量设奖（由各学科提出清单）。

四是社会服务贡献与学科声誉指标。本指标下设"社会服务贡献"和"学科声誉"两个二级指标。"社会服务贡献"指标的权重、提供案例的数量可能会进一步增加；"学科声誉"可能会在上一轮6个学科试点"国际声誉"调查的基础上，扩大试点学科范围。

三、迎接第五轮学科工作对策与建议

（一）对省级行政主管部门的建议

1. 持续跟进、当好"桥梁"

积极发挥省级教育行政主管部门在学科评估工作中的指导和"桥梁"作用。一是密切和教育部学位与研究生教育发展中心的联系，了解和掌握相关评估政策导向和指标设计情况，及时将相关信息传达给省属各高校，督促高校做好迎评准备工作。二是发挥省级教育行政主管部门在评估指标设计上的建议权，向教育部呼吁，保留省级相关教学、科研成果在评估指标中的地位和权重；按全校进行"绑定参评"，提高各学科总体参评学科数；将各高校的相关建议向上级部门进行反映。

2. 以评促建、统筹推进

将学科评估工作与全省"双一流"建设工作相结合，立足全省学科实际情况，合理制定评估目标，统筹推进在全国有一定优势的特色优势学科和具有发展潜力、是国家或地方发展急需但基础相对薄弱的学科发展。

3. 加大扶持、重点突破

全国学科评估进入 A 类的学科将是江西省下一阶段冲击国家 "一流学科" 的对象。因此，建议江西省对评估结果为 A 类的学科在政策导向、资源配置上进行重点扶持。一是在政策导向上，对 A 类学科在博士、硕士招生指标分配，教学、科研成果奖评定，人才引进及职称评定等方面制定专门的扶持政策；二是在资源配置上，加大 A 类学科的资金投入和平台建设力度。

（二）对参评高校的建议

1. 提高认识、全力以赴

各高校应将学科评估工作视为关系学校实现长远目标和学科未来发展的基础工作，在思想上高度重视。要注意到学科评估不仅是全国各高校间的横向比较，也包含了学科不同时间段的纵向比较，要深刻理解学科评估对促进高校学科内涵建设、提高人才培养质量、优化学科结构等方面的引领作用。

2. 明确目标、知己知彼

各高校应在充分调研的基础上，明确全校各学科在第五轮学科评估中的目标定位。不但要全面深入地对比分析第四轮学科评估以来校内各学科的建设发展情况，摸清家底，对学科发展趋势进行全面的调研和判断，还要对学科所对应的其他高校 "标杆" 学科有所了解，做到 "知己知彼"，从而科学地确定学科评估目标。

3. 对标对表、精准发力

密切跟踪、仔细分析全国第五轮学科评估的评估思路、政策导向和指标体系变化，加强学科顶层设计，科学谋划，深入剖析学科自身的短板与不足，了解差距，明确提升和努力的方向。

4. 着眼大局、整合提高

在学科评估过程中，各高校要全校配合、全面参与、形成合力，各个学科及相关职能部门都要协调配合，力求做到 "成果特色无遗漏，数据资料无差错"，不能仅将学科评估看成是学科自身的事情。

同时，学科相关数据不能只是简单罗列，应认真仔细地统计分析发展所取得的成果，客观真实反映学科建设水平。相关成果，尤其是不同学科间交叉所产生成果，应在充分对比分析的情况下，放到能产生最大效用的学科中去，树立 "个人服从学科、学科服从学校" 的意识，做到全校学科 "一盘棋"。

5. 抓"软指标"、补失分项

从全国第四轮评估开始,主观性指标的数量和权重大幅增加,专家"主观评价"有6项(师资队伍质量评价、在校生评价、毕业生评价、社会服务特色与贡献评价、学科声誉评价、代表性学术论文评价),问卷调查有2项(在校生调查、毕业生用人单位调查)。

根据前期所了解的评估政策导向,第五轮评估的"主观评价"数量和权重还将进一步增加(可能会增加师德师风评价、思政工作评价、专著质量评价等),而"主观评价"等"软指标"往往是地方性高校的弱项,是学科评估的失分项。因此,在实事求是的基础上,早做准备,加强对参评学科系列申报材料的总体设计,写好"主观评价"方面的材料,凝练和体现学科的优势和特色成为学科评估准备工作的重中之重。

作者:

王　乔　江西财经大学党委书记、教授,江西省首届省情研究首席专家

汪金龙　江西财经大学研究生院学科建设科科长

30

加快乡村振兴 多管齐下推进江西农民持续增收

朱丽萌 雷怡琰

内容提要：江西农民增收未来不确定性因素增多，依靠打工收入支撑和财产性收入驱动的农民增收模式面临挑战。推进江西农民持续增收，要多管齐下，大力发展设施农业，促进务农稳定增收；延伸农业产业链，促进经营性收入持续增长；积极拓宽农民就业渠道，促进工资性收入持续增长；加快推进农村产权制度改革，大幅提高财产性收入和贡献；充分利用"绿箱"政策，进一步挖掘转移性增收潜力；全力推进精准扶贫，帮扶低收入群体收入增长。

实施乡村振兴战略是党的十九大明确提出的重大战略部署。农民富作为乡村振兴的终极目标，从一个侧面表明促进农民持续增收是乡村振兴战略的难点和核心要务。江西是一个农业大省，2000—2012年间农民人均纯收入在全国31个省市之中排名从第15位上升至第14位，且自2010年开始增速高于城镇居民；城乡人均收入比从2.39∶1扩大到2.54∶1，绝对差距从2968.3元扩大到12032.54元。自2013年始，我国采用农民人均可支配收入统计指标衡量农民收入。2013—2017年间，江西农民人均可支配收入在全国31个省市之中排名从第14位上升至第11位，且增速始终高于城镇居民，但增速放缓趋势明显；城乡人均可支配收入比从2.43∶1缩小到2.36∶1，但绝对差距从13030.88元扩大到17956.24元。

尤其值得关注的是，近些年江西农民人均可支配收入构成的78%以上是家庭经营性收入和工资性收入，其中工资性收入正在成为江西农民收入的最主要来源，且农民增收的驱动力正在逐渐转向依靠财产性收入和工资性收入的强力推动。然而，这种依靠打工收入支撑和财产性收入驱动的农民增收模式未来不确定因素

本文于2019年1月发表，获时任省委常委、常务副省长肯定性批示。

增多。江西农民增收的潜力在哪里?加快乡村振兴,多管齐下推动农民持续增收才是其根本出路。

一、江西农民收入现状与基本特征

(一)农民收入结构基本稳定

2000—2012年,江西农民来自于家庭经营性收入和工资性收入的份额高达91%以上,且除了2012年以外的其他年份,家庭经营性收入始终高于工资性收入。2013—2017年,江西农民来自于家庭经营性收入和工资性收入的份额也高达78%以上,从开始的家庭经营性收入高于工资性收入的状态转变为家庭经营性收入低于工资性收入的状态。工资性收入正在成为江西农民收入的最主要来源。江西农民来自于财产性收入和转移性收入的份额最高出现在2013年,也仅为21.22%。特别是财产性收入的占比非常低,不足2%。

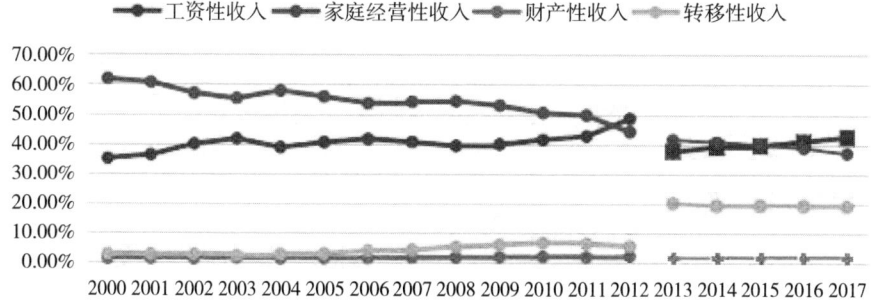

图1 江西农民收入构成

(注:图中2000—2012年为农民人均纯收入构成,2013—2017年为农民人均可支配收入构成)

(二)农民增收的驱动力转向依赖于财产性收入和工资性收入的二元增长模式

2000—2012年间,江西农民来自于财产性收入、转移性收入和工资性收入的年均名义增长率分别高达19.29%、19.05%和14.5%。但2013—2017年间,江西农民仅来自于财产性收入和工资性收入的增长率处于较高水平,年均名义增长率达到14.04%和13.33%,其余增速均不足10%,特别是经营性收入增速仅为

6.67%。

表1　农民人均纯收入和可支配收入的增长率

指标	2000—2012年年均名义增长率（%）	指标	2013—2017年年均名义增长率（%）
农民人均纯收入	11.43	农民人均可支配收入	9.87
一、工资性收入	14.5	一、工资性收入	13.33
二、经营性收入	8.33	二、经营性收入	6.67
三、财产性收入	19.29	三、财产性收入	14.04
四、转移性收入	19.05	四、转移性收入	9.06

（三）农民家庭经营性收入增长贡献快速下降

江西农民家庭经营性收入主要来源于第一产业，二、三产业占比较小。其中，第一产业经营性收入占家庭经营性收入的比重高达65%以上。但从发展趋势看，第一产业经营性收入占家庭经营性收入的比重呈下降趋势，从2013年的71.64%下降至2017年的65%。农业对农民增收的贡献率快速下滑是导致家庭经营性收入增长贡献率下降的最主要原因。江西农业经营性收入对农民增收的贡献率自2014年的19.12%显著下降到2017年的-5.10%。

表2　江西农民人均可支配收入增长贡献率（单位：%）

指标	2014年	2015年	2016年	2017年
农民人均可支配收入	100	100	100	100
一、工资性收入	52.32	44.56	56.24	59.28
二、经营性收入	33.70	31.76	26.14	15.99
（一）第一产业经营性收入	22.25	19.72	8.53	-4.43
1.农业	19.12	6.80	6.40	-5.10
2.林业	0.67	-2.89	-2.47	-4.38
3.牧业	1.13	12.56	9.92	4.39
4.渔业	1.32	3.25	-5.32	0.65
（二）第二产业经营性收入	3.59	3.69	1.15	5.47
（三）第三产业经营性收入	7.86	8.35	16.46	14.95
三、财产性收入	2.59	3.06	1.98	0.89
四、转移性收入	11.40	20.62	15.64	23.84

（四）工资性收入占比与增长贡献率呈波动上升态势

江西农民工资性收入占江西农民收入的比重呈波动上升态势，其工资性收入增长对农民增收的贡献率从2014年的52.32%下降到2015年的44.56%，再上升到2017年的59.28%。在江西农民工资性收入中，工资收入占工资性收入的比重显著攀升，到2016年高达99.64%，2017年略微有所下降至98.68%。打工正在成为农民工资性收入的唯一途径。其中，农民工资性收入增加在很大程度上是依靠农业农村之外的城市产业支撑。

表3 2013—2017年江西农民人均工资性收入

	2013年	2014年	2015年	2016年	2017年
工资性收入（元）	3399.73	3937.44	4393.04	4954.66	5609.17
其中：工资（元）	2675.60	3356.04	3811.69	4936.72	5534.97
实物福利（元）	2.19	2.06			
其他（元）	721.94	579.34			
工资占工资性收入比重（%）	78.70	85.23	86.77	99.64	98.68

（五）农民财产性收入占比和增长贡献率低

江西农民人均财产性收入增速最快，2013—2017年间年均名义增长率达到14.04%，但财产性收入占比较低且变化不大，增长贡献率从2014年的2.59%下降至2017年的0.89%。江西农村居民人均财产性收入明显偏小，且低于全国平均水平。江西城乡人均财产净收入差距呈现显著缩小的态势，从远高于全国城乡比的状态逐渐缩小到与全国城乡比较为接近的状态，但2017年城乡比仍高达12.28∶1。

表4 城乡居民人均财产性收入差距

指标	分组	2013年	2014年	2015年	2016年	2017年
城镇居民人均财产净收入（元）	江西	2276.47	2489.66	2591.75	2619.25	2630.47
	全国	2551.5	2812.1	3041.9	3271.3	3606.9
农村居民人均财产净收入（元）	江西	126.66	153.27	184.55	204.37	214.23
	全国	194.7	222.1	251.5	272.1	303.0
人均财产性收入城乡比	江西	17.97∶1	16.24∶1	14.04∶1	12.82∶1	12.28∶1
	全国	13.10∶1	12.66∶1	12.10∶1	12.02∶1	11.90∶1

（六）农民转移性收入占比基本稳定，增长贡献率上升

2013—2017年间，江西农民转移性收入占人均可支配收入的比重基本维持在19%上下，转移性收入增长对农民增收的贡献率从2014年的11.40%上升至2017年的23.84%。江西农村居民人均转移性收入从过去的高于全国水平到略低于全国水平；城乡居民人均转移性收入差距从2013年的2.16∶1扩大到2017年的2.42∶1，但仍小于全国城乡转移性收入差距。

表5 城乡居民人均转移性收入差距

指标	分组	2013年	2014年	2015年	2016年	2017年
城镇居民人均转移净收入（元）	江西	3893.6	4235.01	4965.37	5533.42	6167.20
	全国	4322.8	4815.9	5339.7	5909.8	6523.6
农村居民人均转移净收入（元）	江西	1802.20	1919.33	2130.20	2286.39	2549.62
	全国	1647.5	1877.2	2066.3	2328.2	2603.2
人均转移性收入城乡比	江西	2.16∶1	2.21∶1	2.33∶1	2.42∶1	2.42∶1
	全国	2.62∶1	2.57∶1	2.58∶1	2.54∶1	2.51∶1

（七）农村居民收入分化趋势显现，但好于全国分化加剧的局面

2013—2017年间，江西农民高收入户的人均可支配收入增长速度最快，年平均名义增速为12.54%；中等收入户的人均可支配收入增长速度最慢，年平均名义增速为9.33%；高收入户与低收入户之间的差距在不断地扩大，两者之间的收入比从6.20∶1增加到6.55∶1，但好于全国平均水平。到2017年，江西农村居民人均可支配收入名义增速最快的仍是高收入户，达到9.74%；增速最慢的是中等偏下收入户，仅为5.84%；低收入户增速为8.46%，但其增速均低于全国平均水平。

表6 农村居民按收入五等份分组的人均可支配收入增长

分组		人均可支配收入（元）					名义增长率（%）			
		2013年	2014年	2015年	2016年	2017年	2014年	2015年	2016年	2017年
低收入户（20%）	江西	3063.82	3538.6	4005.31	4290.70	4653.77	15.50	13.19	7.13	8.46
	全国	2877.9	2768.1	3085.6	3006.5	3301.9	−3.82	11.47	−2.56	9.83
中等偏下户（20%）	江西	5702.36	6816.2	7329.80	7867.14	8326.85	19.53	7.53	7.33	5.84
	全国	5965.6	6604.4	7220.9	7827.7	8348.6	10.71	9.33	8.40	6.65

续表：

分组		人均可支配收入（元）					名义增长率（%）			
		2013年	2014年	2015年	2016年	2017年	2014年	2015年	2016年	2017年
中等收入户（20%）	江西	8145.04	9578	10194.34	10798.61	11638.11	17.59	6.43	5.93	7.77
	全国	8438.3	9503.9	10310.6	11159.1	11978.0	12.63	8.49	8.23	7.34
中等偏上户（20%）	江西	11275.06	13085.1	13863.17	15003.17	16373.51	16.05	5.95	8.22	9.13
	全国	11816	13449.2	14537.3	15727.4	16943.6	13.82	8.09	8.19	7.73
高收入户（20%）	江西	18992.58	22248.1	24864.95	27764.78	30468.27	17.14	11.76	11.66	9.74
	全国	21323.7	23947.4	26013.9	28448	31299.3	12.30	8.63	9.36	10.02
高收入户与低收入户收入比	江西	6.20:1	6.29:1	6.21:1	6.47:1	6.55:1				
	全国	7.41:1	8.65:1	8.43:1	9.46:1	9.48:1				

二、江西农民增收面临的挑战

在全球经济复苏不稳定、区域发展不平衡、国内转方式调结构优环境等背景下，江西农民增收未来不确定性因素增多，仍将面临巨大挑战。

（一）农民务农增收面临自然和市场的双重压力

江西是全国遭受自然灾害较为严重的省份之一，灾害种类多、发生频率高，平均每年因自然灾害造成的直接经济损失100亿元左右，直接影响农民务农收入的增长。同时，农民务农又面临农产品市场价格波动的风险。仅以猪周期为例，"价高伤民，价贱伤农"的周期性猪肉价格变化轮番上演，极大地制约了农民务农收入的可持续增长。更值得关注的是，近年来种子、农药、化肥、机械作业费等农业生产资料涨幅较大，农民务农增收的空间大大压缩。根据江西省2017年农户购买农资情况调查数据，预计早籼稻、晚籼稻、油菜籽、棉花、烤烟的种子费同比约增1.9%、1.7%、0.7%、0.9%、1.2%；农药费同比约增6.2%、5.5%、4.6%、4.7%、2.6%；机械作业费同比约增2.4%、2.6%、2.6%、0.4%、3.0%。农民务农比较效益低下，导致青壮年劳动力对从事种植业积极性不高，纷纷选择外出打工。

（二）农民经营性收入增长面临农业产业链短和竞争力弱的双重制约

江西农业存在产业链短、附加值低，突出表现在农业产业经营水平偏低，农业龙头企业尤其是深加工、销售型的龙头企业不多，缺乏集农产品生产、加工、流通、销售和服务于一体的农业产业组织，导致农村一二三产业联系度低且融合不足。江西优质农产品不多，以大路货为主。与周边省市相比，农产品同质化严重，重数量轻质量的现象普遍，农产品竞争力下降趋势明显。这些将对农民经营性收入的可持续增长构成严重威胁。

（三）农民工资性收入增长面临外部环境和农民自身素质的双重挑战

江西农民工资性收入保持较快增长态势，但在世界经济发展波动较大和国内转方式调结构优环境等背景下，城市传统部门吸纳农村转移劳动力的速度正在减缓，江西农民依靠进城务工的工资水平不确定性因素增多，农民工资性收入加速增长的可能性不大。事实上，近些年江西省农民工资性收入增速已经出现放缓趋势。另一方面，农民受教育水平较低也进一步制约了农民工资性收入的增长。2017年，江西农村劳动力高中以上文化程度比重仅为14.07%，小学及以下文化程度者占38.79%。

（四）农民财产性收入增长面临土地出让金有限和产权制度的双重瓶颈

对于江西农民而言，目前最主要的财产性收入是土地出让金。2017年全省农地流转率达到40.5%，处于全国的领先地位。但由于受丘陵山地多和耕地总面积小的限制，既存在土地流转较为分散且规模难以做大的问题，又存在一些农户宁愿土地撂荒也不愿转租他人的问题。对于已经流转的土地，因签署一定年限，农民通过土地出让金进一步增收的可能性不大。农民通过其他途径获得财产性收入的份额也不大。如农村住房因产权制度的制约限制了农村住房租赁和出售行为的发生，农民从住房获得租金和其他处置收益的可能性低。

（五）农民转移性收入增长面临"天花板"效应和"黄箱"政策的双重限制

转移性收入主要来源于国家政策补贴、因灾补偿等。近些年全省农民转移性收入占人均可支配收入的比重基本维持在19%上下，在一定程度上表明转移性收入已经受到"天花板"效应的限制，未来农民通过此渠道获得收入增长的空间有限。以农业补贴为例，我国在加入WTO时承诺"黄箱"补贴上限不超过农业产值的8.5%，"黄箱"补贴规模和范围必须根据情况不断削减。在我国对农业补贴已经接近"黄箱"补贴的状态下，农民增收空间将受到极大地压缩。

（六）中低收入户农民增收面临后劲乏力和返贫的双重困境

如前所述，近两年江西中低收入户的人均可支配收入相对高收入户而言，增长速度较慢，且呈明显下滑趋势，增长乏力的状态凸显，与高收入户的差距呈拉大态势。这表明农村中低收入人口的扶贫攻坚已经进入"啃硬骨头、趟深水区"的关键期。同时，这些中低收入户又容易面临脱贫不稳定导致返贫的尴尬处境。如因病因残因灾等返贫的情况时有发生，难以稳定实现贫困人口"两不愁三保障"，贫困人口脱贫攻坚任务依然繁重。

三、多管齐下推动农民持续增收的举措

在农民增收面临巨大挑战的背景下，江西省要加快推进乡村振兴战略，多管齐下推动农民增收，以确保农民收入稳定性增长，贫困人口全面脱贫，推动城乡居民收入水平差距不断缩小，最终朝着农民富的方向迈进。具体建议如下：

（一）大力发展设施农业，促进农民务农稳定增收

一是要将设施农业建设纳入农业发展总体规划，按地域类型或农产品分布区域统筹规划设施农业建设，发展适应江西地域特色的设施农业；二是要争取更多的设施农业技术装备、生产、加工机具等进入政府补贴目录，或采取以奖代补的方式支持企业研发适合本省的设施农业技术及其配套设施，扶持一批有优势有特色的以设施农业为主的龙头企业发展；三是要建立设施农业示范基地，加强设施农业从业人员技术培训，健全设施农业技术推广服务体系，带动江西省设施农业的蓬勃发展。

（二）延伸农业产业链，促进农民经营性收入持续增长

一是要依托优良的生态环境品牌，并用好"全国绿色有机农产品示范基地试点省"这块金字招牌，大力发展"三品一标"农产品，提升农产品品质和价值，创建农产品生产标准和管理标准，打造绿色生态优质农产品基地"江西样板"；二是在凸显"生态鄱阳湖、绿色农产品"品牌的前提下，推动赣南脐橙、南丰蜜橘、广丰马家柚、瑞昌山药、广昌白莲、泰和乌鸡等地域品牌，绿海茶油、双胞胎饲料和煌上煌等企业品牌，以及"四绿一红"茶叶等产品品牌的知名度进一步提升，依托品牌效应带动农民增收；三是要扶持一批农业龙头企业发展农产品深加工，推进农业与旅游、科教、文化、健康养老、信息、互联网等产业深度融合，

促进休闲农业、体验农业、乡村旅游、健康养老,以及农产品个性化定制服务、会展农业、农业众筹、农村电商等新型业态蓬勃发展,以此振兴农村经济,全面带动农民增收。

(三)积极拓宽农民就业渠道,促进农民工资性收入持续增长

一是要抓好农民就业指导服务,加强对农村劳动力转移的组织领导,完善与经济发达地区、产业园区的劳务协作机制,深化区域劳务合作,确保农民在外务工收入稳定增长;二是要积极扩大农村内需,加快乡村振兴步伐,拓宽农民农村就业渠道,并支持农民工返乡创业,以创业推动就业,促进农民来源于农村的工资性收入持续增长;三是要在巩固现有农村基础教育与相关培训的基础上,继续实施新型职业农民培育工程,配套出台新型职业农民培育管理办法,全面建立职业农民制度。鼓励通过政府购买服务的方式,支持有能力的农民合作社、专业技术协会、农业龙头企业等主体承担培训工作,培养更多爱农业、懂技术、善经营的新型职业农民,增强农民就业能力。

(四)加快推进农村产权制度改革,大幅提高农民财产性收入和贡献

一是要在遵循合法、自愿、有偿原则的基础上,在维护土地农用性质不变的前提下,完善土地承包经营权流转市场,创新土地流转模式,按照转让、转包、互换、出租、股份合作、土地入股等多种流转模式,推进农村土地流转,整合农村土地资源;二是要加快农村集体产权制度改革,将农村集体预留地和部分资产作价成立股份制公司,推动农村集体经济组织建设成产权明晰、自主经营、开放竞争的市场经济主体,村民则通过入股获得收益;三是要在建立健全农村住房确权登记制度的基础上,推进农村住房产权制度改革,保障农民拥有完整的住宅产权,为农民住房的租赁和出售提供制度保障;四是要加快农村金融体制改革,增加专为农民服务的稳健型金融理财产品等,拓宽农民获得财产性收入的渠道。

(五)充分利用"绿箱"政策,进一步挖掘农民转移性增收潜力

一是要有针对性地创设不与农产品价格挂钩的"绿箱"补贴,将补贴生产经营逐步转到支持耕地地力保护,加大财政支持农业科研和推广、质量安全和检验检测、农产品流通设施和农民培训等的力度,完善支持和保护农业的政策性农业保险制度等;二是要加大对环境友好型领域绿色补贴的支持力度,如增加对治理农业环境突出问题的补贴,支持退耕还林还草与湿地恢复的补贴,以及使用有机

肥等环境友好型生产措施的补贴等，为江西绿色生态农业品牌的提升保驾护航；三是要在完善城乡社会保障信息系统的基础上，创造条件不断加大对农村社会保障的支持力度，稳步提高其保障水平，探索渐进推进基本养老、医疗保险与最低生活保障等基本保障在内的城乡一体化社会保障体制，逐步缩小其与城市居民的保障差距。

（六）全力推进精准扶贫，帮扶农村低收入群体收入增长

一是要继续推进实施建档立卡、一户一脱贫计划等举措，进一步完善专门扶持贫困农民的政策措施，扩大扶贫项目覆盖面；二是要按照一年一算、一年一识别的原则，建立健全贫困人口动态监测体系，更多地关注农村低收入群体实现由瞄准区域扶贫目标向瞄准群体扶贫目标的转变；三是要建立后期帮扶跟进机制，落实责任人对已脱贫人口的跟踪服务，继续帮助这些脱贫人口解决生产生活中的困难，直至其实现持续发展和稳定脱贫；四是要继续完善大病救助和商业保险制度、政府救助兜底制度、教育扶贫制度、就业扶持制度等，确保中低收入户不因病、因灾返贫，确保贫困人口受到良好的教育与培训，确保政府、企业和社会提供更多的非农就业机会给贫困人口等。

作者：

朱丽萌　江西财经大学江西经济发展与改革研究院研究员，江西省首届省情研究特约研究员

雷怡琰　江西财经大学江西经济发展与改革研究院研究助理

后　记

这本汇聚了首届省情研究特聘专家兴赣智慧的读本，能够在短短几个月内顺利出版，得益于省社联党组的重视和支持，归功于所有参与者对新时代江西改革发展的使命和担当。

限于篇幅和体例，本书只收录了部分首届省情研究特聘专家的研究成果，还有不少专家的优秀成果，我们只能忍痛割爱。这也是选编过程中的遗憾之处。

在本书的编辑出版过程中，各位省情研究特聘专家给予了积极配合，江西人民出版社责任编辑陈才艳为书稿的最终出版付出了辛勤劳动。在此一并表示衷心的感谢！

由于时间较紧，书中难免出现疏漏及不足之处，敬请广大读者批评指正。

编者

2020 年 5 月